EL TEATRO DE BUERO VALLEJO

BIBLIOTECA ROMÁNICA HISPÁNICA

DIRIGIDA POR DÁMASO ALONSO

II. ESTUDIOS Y ENSAYOS, 198

RICARDO DOMÉNECH

EL TEATRO
DE BUERO VALLEJO

UNA MEDITACIÓN ESPAÑOLA

BIBLIOTECA ROMÁNICA HISPÁNICA
EDITORIAL GREDOS, S. A.
MADRID

© RICARDO DOMÉNECH, 1973.

EDITORIAL GREDOS, S. A.

Sánchez Pacheco, 81, Madrid. España.

Depósito Legal: M. 34108-1973.

ISBN 84-249-0525-3. Rústica.
ISBN 84-249-0526-1. Tela.

Gráficas Cóndor, S. A., Sánchez Pacheco, 81, Madrid, 1973. — 4176.

NOTA PRELIMINAR

No sorprenderá —creo— la publicación de este libro, un libro escrito en España sobre el teatro de Buero Vallejo, pues su urgencia y necesidad eran manifiestas. No sorprenderá tampoco que lo haga un escritor y crítico de la generación que ha sido receptora y testigo de la obra de Buero —las primeras lecturas de esa generación coinciden con sus primeros dramas— y que, a la vez, por no haber vivido en edad adulta la postguerra, puede mirar ese teatro y el marco en que se produce con una ventajosa perspectiva. Todavía sorprenderá menos, en fin, que sea yo quien asuma esa tarea, puesto que es bien conocida la alta estima en que tengo la obra de este dramaturgo y mi continuada atención crítica sobre ella.

En cambio, supongo que han de sorprender otras cosas, particularmente los diversos enfoques y los resultados de este trabajo. No quiero decir con ello que el presente libro resuelva todos los problemas de interpretación crítica que plantea hoy el teatro de Buero. Claro que no. Precisamente, cuando se avanza con profundidad en el estudio de un autor, se llega tarde o temprano a la conclusión de que esa tarea es interminable, de que constantemente se abre la posibilidad de advertir aspectos insuficientemente clarificados, nuevas conexiones e interrelaciones profundas, nuevas plataformas de asedio... Por eso, al llegar la hora de poner punto final a un trabajo de este tipo, inevitablemente se siente cierta sensación de frustración, una especie de llamada interior que invita a replantear cuestiones y a correcciones de enfoque ya imposibles. Por otra parte, queda en pie la deuda que este libro tiene contraída con algunas contribuciones críticas que le preceden; especialmente debo destacar las de Jean-Paul Borel, Gonzalo Torrente Ballester y Domingo Pérez Minik, que han sido los primeros en proponer una visión rigurosa de la obra de Buero, y, en general, del teatro español contemporáneo. Finalmente, otro hecho: la inevitable *provisionalidad* de todo trabajo crítico que se refiera a una obra contemporánea. He de confesar que, para mí, no hay tarea crítica más apasionante que el estudio de los fenómenos contemporáneos, pero a la vez no puedo dejar de reconocer que ésta conlleva servidumbres y riesgos difíciles de superar; en relación con los cuales, no basta una severa actitud vigilante que preserve nuestro trabajo tanto del panegírico como de la condenación, o, dicho de otro modo, que sitúe éste en un plano de serenidad y de equilibrio, desde el cual lo importante no es *juzgar*, sino *comprender*... Pero no basta con eso, bien lo sé, aunque se trate de una *conditio sine qua non*, de un básico imperativo de decencia intelectual.

Por todas estas cosas que digo —y por otras que callo, y que nada tienen que ver, *aunque tienen que ver*, con la crítica y el teatro— el presente libro no puede resolver —ni lo pretende— todos los problemas que suscita el teatro de Buero. En cambio, sí es posible que resuelva —y en todo caso, es seguro que se propone cuestionar— una parte de ellos, justamente los que reclaman hoy más urgente consideración para que podamos llegar a formarnos una idea suficientemente comprensiva y fundamentada de este teatro, de su *unidad* y de su *totalidad*, de sus peculiaridades artísticas, de su mensaje trágico y, en suma, de su condición de testimonio excepcional de una época.

Añadiré, por último, que para el acopio documental de este libro he tenido que molestar muchas veces al propio Buero Vallejo, a quien debo agradecer desde aquí la amabilidad con que ha atendido siempre mis consultas.

R. D.

Madrid, 17 febrero 1972.

POST SCRIPTUM

Ya en pruebas este libro, en septiembre de 1973, procedo a la puesta al día de la Cronología y de la Bibliografía. Quiero destacar también los nombres de tres lectores que, con independencia de Editorial Gredos, ha tenido el texto mecanografiado: Elena Catena de Vindel, Luis Rosales y Buero Vallejo. A los tres debo observaciones de detalle, que mejoran el original, y una opinión generosa y para mí estimulante.

CRONOLOGÍA

1916: El 29 de septiembre nace Antonio Buero Vallejo en Guadalajara. Su padre, don Francisco Buero, es capitán de Ingenieros del Ejército. Un hermano: Francisco (n. en 1911). Infancia en Guadalajara. Vocación muy temprana por el dibujo y la pintura.

1926-1933: Nace su hermana Carmen. Bachillerato en Guadalajara. Amistad con Ramón de Garciasol, condiscípulo suyo. Lecturas: generación del 98, Ibsen, Bernard Shaw. Con su narración titulada *El único hombre* obtiene el primer premio en un concurso literario convocado para alumnos de Segunda Enseñanza y de Magisterio de Guadalajara. Pero su vocación es —y cada día más resuelta— la pintura.

1934-1936: Estudios en la Escuela de Bellas Artes de San Fernando. Entre los profesores: don Aurelio Arteta, don Manuel Menéndez, don Rafael Laynez Alcalá, don Enrique Lafuente Ferrari. El padre es destinado a Madrid. Buero Vallejo, en una edad tan fundamentalmente receptiva, pinta, lee, trabaja infatigablemente. La brillante vida intelectual y artística madrileña de aquel momento abre nuevos horizontes en el espíritu del joven pintor. A su devoción por la obra de la generación del 98 se suman nuevas lecturas y preocupaciones. Impacto de la literatura y el pensamiento marxistas. En 1935 dicta algunas conferencias sobre arte en los cursos nocturnos para obreros, organizados por la F. U. E. en la Universidad de San Bernardo. El teatro queda aún fuera de sus proyectos, pero sigue la marcha de la vida teatral en sus más importantes manifestaciones: estrenos de *Yerma, La zapatera prodigiosa, Bodas de sangre,* de García Lorca; *El otro,* de Unamuno; *Divinas palabras,* de Valle-Inclán, etc.

1936: El 18 de julio estalla la guerra civil. Buero Vallejo quiere alistarse voluntario para ir al frente, pero su familia se opone. Hasta la movilización oficial, por la llamada de su quinta, trabaja en el taller de propaganda plástica de la F. U. E. Después es destinado a un batallón de infantería. El 7 de noviembre, don Francisco Buero muere fusilado en Madrid.

1937-1939: Destinado al frente del Jarama, en la oficina de la Jefatura de Sanidad de la 15 División. En 1938 se traslada con su jefe al Ejército de Maniobra, en el frente de Aragón. Fusión del Ejército de Maniobra y el Ejército de Levante, bajo el nombre de este último. Ininterrumpidamente, allí sigue prestando Buero Vallejo sus servicios hasta que termina la guerra. Detenido, pasa al campo de concentración de Soneja (Castellón). Ante la imposibilidad de mantener el alto número de población reclusa en el campo, se autoriza a los presos a regresar a sus lugares de origen, con la orden de presentarse allí a las autoridades. Buero regresa a Madrid.

1939-1946: Encarcelado, procesado en juicio sumarísimo y condenado a muerte por «adhesión a la rebelión». Ocho meses más tarde, conmutación de la pena. Prisión de «Conde de Toreno», en Madrid, donde coincide con Miguel Hernández, a quien ya había conocido durante la guerra, pero con quien ahora traba una cálida y fuerte amistad. En las *Obras Completas* de Hernández se recoge el retrato que entonces hizo Buero de él, y cuyo original conserva su autor. Prisión de Yeserías, donde estuvo unas semanas para pasar ya a las siguientes colonias penitenciarias: Dueso (Santoña), tres años; Santa Rita (Madrid), un año; Ocaña, un año... En virtud de los decretos oficiales, obtiene sucesivas rebajas de condena, hasta que, en 1946, obtiene la libertad condicional.

1946-1949: Vuelve a pintar, pero los pinceles se resisten. Publica dibujos en algunas revistas. Dudas y perplejidades intelectuales, ideológicas. Dificultades económicas. Asiste regularmente a la tertulia literaria del café Lisboa. Empieza a escribir. Tras intentar y abandonar en seguida la narrativa, escribe teatro. La primera versión de *En la ardiente oscuridad* queda terminada a finales de 1946; al año siguiente, *Historia de una escalera;* entre 1948 y 1949, *Aventura en lo gris* y *El terror inmóvil*, entre otras primeras tentativas. Por encargo editorial, escribe un estudio crítico-biográfico sobre Gustavo Doré.

1949: Buero presenta dos obras, *En la ardiente oscuridad* e *Historia de una escalera*, al Premio «Lope de Vega», que el Ayuntamiento de Madrid ha vuelto a convocar después de quince años de suspensión. Con gran sorpresa en los medios en que era conocida la biografía de Buero, que con toda evidencia no era conocida en los medios teatrales, el premio recayó sobre *Historia de una escalera*. El estreno —preceptivo— se programa y lleva a cabo el 14 de octubre *, predestinándosele al espectáculo quince días de duración, supuesto que el 1 de noviembre se ha programado la tradicional reposición de *Don Juan Tenorio*... Pero el éxito de crítica y, sobre todo, de público es tan grande, que la mencionada reposición se suspende ese año. *Historia de una escalera* alcanzaría 187 representaciones, cifra que no superará el autor hasta *Las Meninas*, en 1960. El 19 de diciembre, y dentro del concurso organizado por la Asociación de Amigos de los Quintero para obras en un acto, Buero estrena *Las palabras en la arena*, que obtiene el primer premio. A partir de aquí se abre una nueva etapa en la vida de Buero y también en la del teatro español de este tiempo.

1950: Estreno de *En la ardiente oscuridad*, en su versión definitiva. *Historia de una escalera* será llevada al cine. Escribe *La tejedora de sueños*.

1952: Estreno de *La tejedora de sueños*. Asimismo escribe y estrena en este año *La señal que se espera*, que, en contraste con los éxitos anteriores, obtiene un fracaso rotundo. Estreno de *En la ardiente oscuridad*, en versión de Samuel Wofsy y Theodore Hatlen, en el Riviera Auditorium de Santa Bárbara, California (4 de diciembre). Escribe *Casi un cuento de hadas*.

1953: Estreno de *Casi un cuento de hadas*, que, como en el caso de *La señal que se espera*, está lejos de los anteriores éxitos. Escribe, y estrena a finales de este año, *Madrugada*, que encuentra una buena aceptación de crítica y público. Entre este año y el siguiente escribe *Irene, o el tesoro*.

1954: Estreno de *Irene, o el tesoro*. Estreno de *En la ardiente oscuridad*, en versión de Marianne Becker y Edda Schlabach, en el British Centre de Berlín (3 de febrero). Publicación de *Las palabras en la arena*, en Milán, traducción de Gilberto Beccari. La censura española prohíbe el estreno de *Aventura en lo gris*, programado

---

* Las fichas completas de los estrenos, al final del libro.

por Huberto Pérez de la Ossa para el Teatro Beatriz. Se autoriza la publicación en la revista *Teatro*. Buero escribe *Hoy es fiesta*.

1955: Estreno de *Historia de una escalera*, versión de Doris Deinhard y Florian Stern, en Dortmund (22 de octubre). Publicación en Milán de *La tejedora de sueños*, versión de Gilberto Beccari.

1956: Estreno de *Hoy es fiesta*. Se le conceden a la obra los premios «María Rolland» y «Nacional de Teatro», y el éxito de crítica y de público es muy grande. Durará en cartel hasta 149 representaciones.

1957: Escribe y estrena *Las cartas boca abajo*, concediéndosele de nuevo el Premio «Nacional de Teatro». Estreno de *En la ardiente oscuridad*, versión de Odile Chavert, en el Nouveau Théâtre de Poche, París (29 de noviembre).

1958: Escribe este año y estrena, con un éxito de público que igualará al de *Historia de una escalera*, el primer drama sobre tema histórico: *Un soñador para un pueblo*. Se concederán a esta obra los premios «María Rolland», «Nacional de Teatro» y «Premio de la Crítica de Barcelona», este último al estrenarse en dicha ciudad, al año siguiente. Publicación en Francia, versión de Jean Camp, de *Las palabras en la arena*.

1959: Contrae matrimonio con la actriz Victoria Rodríguez. El matrimonio tendrá dos hijos. La Fundación «Juan March» concede por primera vez los Premios de Literatura, otorgándose el de teatro a *Hoy es fiesta*.

1960: Termina de escribir y estrena este año *Las Meninas*, que constituye, seguramente, su mayor éxito de público: 260 representaciones. Una vez más, Premio «María Rolland». Polémica con Alfonso Sastre sobre posibilismo e imposibilismo.

1961: Estreno de su versión de *Hamlet*, y de *Irene, o el tesoro*, versión de Correia Alves, por el Teatro Universitario de Porto.

1962: Escribe y estrena este año *El Concierto de San Ovidio*, obra que asimismo se sitúa entre los mejores éxitos del autor. Obtendrá el Premio «Larra», de la revista *Primer Acto*. Estrenos de *En la ardiente oscuridad*, por el Teatro Universitario de Budapest, y de *Madrugada*, versión de Mario Bonito, por el Teatro Experimental de Porto. Asimismo, y en versión de Einar Christensen, se estrena *En la ardiente oscuridad* en el Norske Teatret de Oslo.

1963: Estreno, en segunda versión, de *Aventura en lo gris*. El espectáculo pasa inadvertido; críticas adversas. Le autorizan a Buero este año la salida de España, que hasta aquí se le había negado. Viaje a Francia. Participa en los «Coloquios sobre Realismo».

1964: Escribe _La doble historia del doctor Valmy_. Interesados varios empresarios por su estreno, ese interés se desvanece tras la previa consulta con censura, que no emite la plena aprobación de la obra. Estreno de _Historia de una escalera_, versión de Minako Nonoyama, en Tokio, y de _La tejedora de sueños_, por la misma adaptadora y en la misma ciudad.

1965: Publicación de _Historia de una escalera_, versión de Guilherme de Almeida, en Brasil, y radiación de _Un soñador para un pueblo_, versión de Angela Bianchini, en Italia. Trabaja en la versión de _Madre Coraje y sus hijos_.

1966: Estreno de su versión de _Madre Coraje_. Primer viaje a los Estados Unidos. Durante dos meses pronuncia conferencias y coloquios en numerosos centros universitarios norteamericanos. Escribe _El tragaluz_.

1967: Estreno de _El tragaluz_, con éxito arrollador de crítica y de público. De la obra se ofrecerán hasta 517 representaciones. El 26 de agosto, estreno de _El Concierto de San Ovidio_, versión de María Luisa Aguirre d'Amico, en el Festival de San Miniato (Italia), por el Teatro Stabile di Genova, con asistencia del autor. Publicación en la revista _Sipario_ (Milano) y, en versión de Farris Anderson, en _Modern International Drama_ (The Pennsylvania State University Press). La Televisión de Bratislava ofrece _Las Meninas_ en sus pantallas, en versión de Vladimir Oleriny. Publicación de _La doble historia del doctor Valmy_ en _Hispanic Arts_ (Indiana University).

1968: Viaje a Inglaterra para asistir, en Chester, al estreno mundial de _La doble historia del doctor Valmy_. Estreno de _El Concierto de San Ovidio_, versión de Victor Dixon, en la Universidad de Manchester. Reposición de _Historia de una escalera_ en Madrid (Teatro Marquina). Publicación de _Mito_.

1969: Estreno de _Las cartas boca abajo_, versión de Egito Gonçalves, en el Teatro Variedades de Lisboa (9 de abril). Representación de _El Concierto de San Ovidio_ en la Universidad de Plymouth.

1970: Estreno de _El sueño de la razón_, en Madrid, y —en versión de María Luisa Aguirre d'Amico— en el Festival de San Miniato (Italia), en ambos casos con asistencia del autor. Segundo viaje a U. S. A., invitado al Simposio de teatro español (Universidad de Chapel Hill). La Televisión de Bratislava ofrece en sus pantallas _El Concierto de San Ovidio_.

1971: Estreno de *Llegada de los dioses*. Elegido miembro de número de la Real Academia Española el 29 de enero, para cubrir el sillón X, vacante tras la muerte de don Antonio Rodríguez-Moñino. Viaje a Montecarlo para asistir al Congreso del Consejo Internacional de Autores Dramáticos.

1972: El 21 de mayo, discurso de recepción en la Real Academia de la Lengua (sobre *García Lorca ante el esperpento*); contestación de don Pedro Laín Entralgo. El 19 de octubre, estreno de *El sueño de la razón*, versión de Eugen B. Marian, en Baia Mare (Rumania).

1973: Se publica la traducción al checo de *Historia de una escalera*. El 2 de julio, radiación de *Las cartas boca abajo*, versión de Nicholas Round, en la BBC de Londres. Previstos para el otoño los siguientes estrenos: *El Concierto de San Ovidio*, versión de Victor Dixon, en el Unity Theatre de Londres; *El sueño de la razón*, traducida al alemán por Achim Gebauer, en Rostock (R. D. A.), traducida al ruso por Boris Kandel, en Moscú, y traducida al checo por Jan Makarius, en Praga. En Madrid, se anuncia ya el estreno de su última obra, *La fundación*, previsto para enero del 74, en el teatro Fígaro, dirección de José Osuna.

ADDENDA

1966: Publicación en Kiev de *Madrugada*, versión al ucraniano de Leon Olevski. Publicación de *Las palabras en la arena*, versión de Br. Victorinus, en Holanda. Corresponding Member of The Hispanic Society of America.

1967: *La tejedora de sueños*, en versión de William I. Oliver, se publica en la antología de *Teatro Español* (New York), y al año siguiente se representa en Northwestern University.

1968: En la citada versión de Anderson, *El Concierto de San Ovidio* se representa también en Grand Valley State College, Michigan.

1969: En versión de Marion Holt, *En la ardiente oscuridad* se representa en University of Missouri, St. Louis. Honorary Fellow of The American Association of Teachers of Spanish and Portuguese.

1970: Estreno mundial en español de *La doble historia del doctor Valmy* en Middlebury College, Vermont.

1971: Member of The Hispanic Society of America.

I

EL TEATRO ESPAÑOL DE POSTGUERRA

Para acercarnos al tema de estudio que aquí nos hemos propuesto, y más concretamente: para entender la significación que va a adquirir el teatro de Buero Vallejo en y desde el momento de su aparición, resulta imprescindible que tengamos muy a la vista cuál es la situación teatral de postguerra, aunque por fuerza sea en un esquema sumario [1].

[1] Para una visión más pormenorizada del teatro español de postguerra puede consultarse la bibliografía que sigue: Domingo Pérez Minik, *Teatro Europeo Contemporáneo*, Madrid, 1961, Ediciones Guadarrama; Gonzalo Torrente Ballester, *Teatro Español Contemporáneo*, Madrid, 2.ª ed., 1968, Ediciones Guadarrama. De obligada consulta son los números monográficos de las revistas *Cuadernos para el Diálogo* (Madrid, núm. monográfico sobre «Teatro Español», junio 1966) y *Sipario* (Milán, núm. monográfico sobre «Spagna oggi», núm. 256-257, agosto-septiembre 1967). José Monleón, *Treinta años de teatro de la derecha*, Barcelona, 1971, Tusquets Editor, 155 págs.; Jean Poutet y Pedro Páramo, *Le Théâtre en Espagne*, París, 1970, Notes et Études Documentaires, La documentation française, 27 págs. Dos extraordinarios ensayos son los de Fernando Lázaro (Carreter), «Teatro y Sociedad en España», *Acento Cultural*, núm. 3, enero 1959, págs. 67-76, y Francisco Sitja Príncipe, «Cincuenta años de teatro proscrito», *Ínsula*, núm. 157, diciembre 1959, págs. 15-16. Con gran provecho pueden consultarse las colecciones de las revistas *Teatro, Yorick* y *Pri-*

Este esquema ha de empezar por declarar que, entre 1939 y 1949, el mejor teatro español se publica o estrena fuera de España. Los nombres que más decisivamente cuentan en la renovación teatral de los años treinta desaparecen por completo de nuestra escena al término de la guerra. Federico García Lorca —con Valle-Inclán, la más alta cima del teatro español del siglo XX— ha muerto fusilado en Viznar, en agosto de 1936. Miguel Hernández —cuyas primeras tentativas dramáticas no podían ser más prometedoras— muere en la prisión de Alicante, en la más absoluta indigencia, en 1942. Actrices como Margarita Xirgu, directores como Cipriano Rivas Cherif, autores como Max Aub, Rafael Alberti, Pedro Salinas, Jacinto Grau e inclusive Alejandro Casona, críticos como Enrique Díez-Canedo, están en el exilio. Arrancado de su medio español, y a pesar de la muerte de su más importante dramaturgo, este movimiento teatral tuvo la suficiente energía para prolongarse y desarrollarse en tierras latinoamericanas, con gran ímpetu en los primeros años; con sensible disminución de su vitalidad, después. En el orden puramente escénico, Margarita Xirgu —por su fuerte personalidad y su extraordinario talento— simboliza muy bien este quehacer teatral fuera de España. Acogida con entusiasmo en Buenos Aires, Montevideo, etc., Margarita Xirgu ofrece un repertorio compuesto por obras de García Lorca, Alberti, Casona, sin faltar títulos muy notables

mer Acto; esta última, sobre todo, ha dedicado muchas páginas al examen crítico de la situación teatral española (encuestas, artículos, etcétera). Importantes documentos de época —ya que no, ciertamente, ejemplos de rigor intelectual— son los libros de Alfredo Marqueríe *Desde la silla eléctrica* (Madrid, 1942, Editora Nacional) y *En la jaula de los leones* (Madrid, 1944, Ediciones Españolas). La última contribución crítica —muy valiosa— es el reciente estudio de Francisco Ruiz Ramón, *Historia del Teatro Español. Siglo XX*, Madrid, 1971, Alianza Editorial, 544 págs.

de nuestro teatro clásico (*La Celestina, Peribáñez, La Dama Boba,* etc.). Verdaderos acontecimientos, históricos ya, son los estrenos de *Numancia,* en la segunda versión de Rafael Alberti, en 1943; de *El adefesio,* de Alberti, en 1944, y, sobre todo, el estreno póstumo de García Lorca: *La casa de Bernarda Alba,* en 1945.

La literatura dramática española que, durante la postguerra, se escribe y publica fuera de España es brillante y diversa. A los nombres antes citados, añádanse los de José Bergamín, Paulino Masip, Rafael Dieste, José Ricardo Morales... Es diversa en todo: en ideología y en estética. Al lado de un teatro político, de corte moderno (Alberti, Max Aub), encontramos un teatro simbolista, evasivo, rezagado (Casona). Al lado de una original continuación de la estética de Valle-Inclán y García Lorca (Alberti, Dieste y otros muchos), aparece un teatro realista, épico (Aub, sobre todo), o bien un teatro de asombrosa pulcritud literaria y temple cervantino: Pedro Salinas. Diversidad en todo: hay dramaturgos que, como Jacinto Grau, antes de abandonar España habían escrito y publicado ya lo mejor de su obra; hay otros —Alberti, Aub— que alcanzan la madurez en el exilio; hay otros que, precisamente en el exilio, se dan a conocer como dramaturgos —Dieste, Masip, Morales, etc.—. Un riguroso estudio de este teatro exiliado —las presentes observaciones intentan, únicamente, señalar su presencia, su huella— revelará no pocas sorpresas, el día que sea acometido en las debidas condiciones.

Dentro de España, la situación teatral ha sido descrita por Torrente Ballester en los siguientes términos: «En 1939, su reanudación (de la vida teatral) se aprovechó de piezas de repertorio. Muy pronto surgieron dramaturgos más o menos improvisados que montaron, sobre la confusión reinante, un negocio teatral de calidad inferior. Su vigencia duró algunos años, pocos. El contenido de estas piezas era indescriptible. Halagaban, con los recursos más gruesos, lo más bajo del alma humana»[2]. Por su parte, Pérez Minik nos dice: «Cuando terminó nuestra guerra, y ante un cuerpo de España dolorido y contristado, lleno de susto y con voluntad de paz, se puede afirmar que no existía un espectador teatral ni una sociedad estructurada para recibir ningún modo de ser de este viejo arte colectivo. Los dramaturgos y el espectador estaban por hacer»[3]. En fin, se ha dicho muchas veces que los escenarios españoles de postguerra importan más a la crítica sociológica que a la crítica teatral, y así es. Entre 1939 y, aproximadamente, 1949, apenas existe literatura dramática propiamente dicha. Por ejemplo, no aparece ni una sola tragedia importante. (Es una década de silencio.) Sin embargo, el momento no podía resultar más oportuno para que surgiera ese «autor nacional», que desde algunos sectores, y en nombre del nuevo *status*, se reclamaba con cierta insistencia. Ese autor no surgió, o no cuajó entonces, aun cuando dramaturgos como Pemán, Luca de Tena, Foxá, Calvo-Sotelo y otros tuvieron abiertas las puertas para llegar a ser ese «autor nacional» —acaso habría que decir mejor: «nacionalista»—, que se pudiera exhibir con todo el triunfalismo de la época.

En la necesidad de no prolongar demasiado este breve esquema, podemos ver en los siguientes puntos un resumen de cuál es el estado de los escenarios españoles entre 1939 y 1949:

1.º Triunfo casi absoluto y exclusivo en los escenarios de un teatro degradado, de un subteatro, que encuentra fácil acomodo entre el público, y que capitanean Adolfo Torrado

---

2 Gonzalo Torrente Ballester, *Panorama de la Literatura Española Contemporánea*, Madrid, 1956, Ediciones Guadarrama, pág. 465.
3 Domingo Pérez Minik, *op. cit.*, págs. 247-248.

y Leandro Navarro. A ese teatro aludía Torrente, en la cita que hemos recogido. Pueden incluirse en este apartado un gran número de revistas musicales, pseudofolklóricas, etc., etcétera. (La degradación del folklore es otro aspecto sumamente interesante de la época).

2.º Presencia de las «viejas glorias». Aun cuando, después del 39, no producen nada realmente estimable, en su mayoría cuentan de un modo efectivo en la programación de los teatros. Benavente, por ejemplo, llegó a producir 36 comedias. Sea como sea, casi todos estos autores mueren a lo largo de la década: Arniches, en 1943; el último de los Quintero, Joaquín, en 1944; Marquina, en 1946; Manuel Machado, en 1947... Sólo Benavente sobrevivió la década por espacio de cuatro años. Todos ellos eran hombres que pertenecían a una época anterior y en este período no hicieron sino repetir —nos referimos especialmente a Benavente y Álvarez Quintero— lo que ya habían dicho en su anterior y dilatada vida teatral, impermeables a la honda conmoción que había sufrido el país, y no carentes —con excepción de Arniches— de un notorio «oportunismo».

3.º Epígonos muy tardíos de la estética de Benavente, son los llamados autores de la derecha (Pemán, Luca de Tena, etc.) y también, aunque desprovistos de esa ideología expresa, los —para definirlos rápidamente— «evasionistas»: Ruiz Iriarte, López Rubio, etc., en quienes pueden percibirse, sin duda, ciertos ecos casonianos. Unos y otros autores —con todos los autores afines, posteriores— engloban lo que últimamente se conoce como «teatro de consumo». La definición, aunque cruel, no deja de ser exacta.

4.º En contraste con todo lo anterior, se registra en este período un teatro cómico de cierta importancia. Es el teatro de Jardiel Poncela, quien, desde el 39 hasta el 52 —año de su muerte— escribe y estrena una veintena de obras; es decir, casi toda su producción teatral. Asimismo en esta década, surgen algunas piezas cómicas muy valiosas, de la mano de Miguel Mihura: por ejemplo, *Ni pobre ni rico, sino todo lo contrario* (1943, en colaboración con Tono) y *El caso de la mujer asesinadita* (1946, en colaboración con Álvaro de Laiglesia).

La inexistencia de unas técnicas rigurosas de la interpretación y del espectáculo; la especial rigidez e intolerancia de la censura en aquellos años; la ausencia en los escenarios comerciales del mejor teatro extranjero (O'Neill, Giraudoux, Anouilh, Sartre, Camus, etc., etc., son considerados como autores «minoritarios», no deseables para el gran público), y, en fin, los primeros brotes de grupos de cámara, jóvenes e inconformistas, a partir de 1945, son otras tantas características que hay que sumar a las que preceden. En conjunto, el estado del teatro no puede ser más sombrío en este período, lo que, por otra parte, no dejan de advertir y señalar los mismos críticos de la derecha —en la época no hay otros— con machacona insistencia. En estos difíciles y oscuros años de la escena española —y de la vida española— Jardiel Poncela fue un antídoto eficaz frente a autores como Torrado, o bien frente a los intentos —frustrados— de crear un «teatro nacional». Quienes no estaban de acuerdo con todo ello, acudían a los estrenos de Jardiel en busca, simplemente, de algo distinto; sobre todo, los espectadores más jóvenes, que aplaudieron con calor tantas y tantas comedias suyas, de humor alegre y desenfadado, original e «inverosímil». Piénsese en *Eloísa está debajo de un almendro* (1940), *Madre, el drama padre* (1941), *Los ladrones somos gente honrada* (*ibid.*), *Es peligroso asomarse al exterior* (1942), *Blanca por fuera y rosa por dentro* (1943)... En enero de 1949, se estrenó su última obra: *Los tigres escondidos en la alcoba.* Unos meses más tarde, en el marco ya de la temporada siguiente, se estrenó *Historia de una escalera*. Se diría que uno y otro estreno señalan el final y el comienzo de dos períodos perfectamente diferenciados del teatro español contemporáneo. Con *Historia de una escalera* se acabaron las bromas.

«Como en todo lo que escribo, pretendí hacer una comedia en la que lo ambicioso del propósito estético se articule en formas teatrales susceptibles de ser recibidas con agrado por el gran público», declaraba Buero en su autocrítica[4], el día del estreno. En otras ocasiones hemos aludido a la significación de ese estreno, y es éste un tema sobre el que, reiteradamente, se ha venido escribiendo, por lo que de momento no parece oportuno insistir más en algo que todo el mundo sabe; de otro lado, y al estudiar *Historia de una escalera* en un próximo capítulo, se podrán contemplar las razones *de fondo* que explican el porqué de su impacto en 1949. En cambio, sí resulta conveniente señalar ya dos hechos: 1.º, la extremada cautela con que Buero se presenta ante sus coetáneos en este su primer estreno: ¿no sorprende el *tono* de sus palabras en un autor novel?, y 2.º, la significación que desde ese instante va a cobrar su teatro en la escena y la sociedad españolas: no se puede decir que el teatro de Buero esté hoy en el mismo punto que estaba en 1949, claro, pero sí que su *posición* y su *significación* quedan definidas desde entonces hasta hoy. Pues bien: se trata de dos hechos confluyentes. La cautela de Buero —cautela de un *vencido* que tiene la osadía de escribir y, sobre todo, de estrenar obras dramáticas: *éstas*, precisamente— es consustancial a su carrera de escritor y en cierto modo el único medio para sostenerse en un difícil equilibrio: el de estrenar con éxito —no sólo escribir— un teatro poderosamente crítico

---

[4] Antonio Buero Vallejo, «Autocrítica», en *Teatro Español 1949-50*, Madrid, 3.ª ed., 1959, Aguilar, pág. 93.

en una sociedad que no destaca, precisamente, por su tolerancia ante cualesquiera críticas, desde un escenario o desde
donde fuere. Ese criticismo, como hemos de ver más adelante, no es todo el teatro de Buero, y a decir verdad —como
comprobaremos al final— lo más crítico de Buero no está
en ese criticismo, visto de un modo inmediato, sino en lo que
su obra tiene de *conciencia trágica*, examinada ésta en una
perspectiva profunda. Pero baste señalar ahora, en líneas
generales, que Buero Vallejo ha sido considerado y aceptado
entre sus contemporáneos como un escritor crítico, como
un fustigador de lacras sociales y morales, y ello pese a
cualesquiera reservas e incluso a veces ataques muy duros
de los más opuestos sectores ideológicos, más acá o más
allá de una general anuencia con respecto a su obra.

Dos testimonios acerca de la posición y significación del
teatro de Buero debemos recordar de inmediato. Escribía
Pérez Minik hace unos años, y sus palabras conservan plena
actualidad: «Después de nuestra guerra civil, la historia de
la convivencia española necesitaba un proceso. De esto no
cabe duda. Nuestro dramaturgo no ha hecho otra cosa, a lo
largo de su brillante carrera escénica, que abrir un proceso
a gran parte de la existencia de nuestro país»[5]. Por su parte,
Martí Zaro ha descrito muy bien el clima de expectación en
que se han venido dando la mayoría de los estrenos de Buero: «Es una expectación que se avecina mucho a la que
provoca el trapecista cuando prescinde de la red en su actuación, o al torero cuando se mete demasiado en los pitones.
Es una sensación de peligro inminente, como si flotara en el
aire la sospecha de que Buero lo arriesga todo en la partida»[6]. Este carácter procesal de su obra y esta sensación

---

5 Pérez Minik, *op. cit.*, pág. 385.
6 Pablo Martí Zaro, «Buero y su teatro», en Antonio Buero Vallejo,
Teatro, Madrid, 1968, Taurus, pág. 30.

de peligro acompañan cada aparición dramática de Buero, trátese de los primeros estrenos o de los últimos.

No es fácil predecir cuál será el valor definitivo que el futuro adjudicará al teatro de Buero. Las circunstancias del teatro español y de la sociedad española le han sido adversas, en tanto que ha debido hacer frente a muchos obstáculos, condicionadores o limitadores. En otro sentido, le han sido favorables, en tanto que el vacío existente a su alrededor —la mediocridad del teatro español en cuyo ámbito ha surgido y se ha afirmado plenamente— le ha permitido ganar con facilidad una pronta adhesión de vastos sectores de público, que le han convertido en su autor predilecto. En todo caso, quedará en pie el hecho de que ningún otro autor español de las últimas tres décadas ha calado tan profundamente en la conciencia de sus contemporáneos; de que ningún otro —con posterioridad a García Lorca— ha sido capaz de armonizar la calidad y la pureza de su mensaje trágico con un amplio éxito de público. Ello hace que Buero Vallejo sea, indiscutiblemente, el dramaturgo español más representativo de esta —como él diría— «edad de dolor», y que, en consecuencia, internarnos ahora en su teatro equivalga a sorprender, como a través de una secreta celosía, la turbada existencia española de esta edad.

II

ESTÉTICA

La pregunta del periodista fue: «¿Cuál es, a su juicio, la misión principal del escritor dentro de la sociedad que le rodea?». A lo cual contestó Buero resumiendo un concepto que ya había expresado en ocasiones anteriores: «El escritor debe convertirse en una parte de la conciencia de su sociedad. Y a menudo lo es de tal modo que resulta incómodo, y se le denigra»[1]. Si queremos averiguar de qué forma ha intentado responder el autor a este imperativo de «convertirse en una parte de la conciencia de su sociedad», conviene que realicemos una previa indagación en algunos de sus escritos teóricos. Aunque esporádicos y circunstanciales, en ellos ha expresado Buero, con cierta cautela, cuál es su visión del arte —de sus medios y de sus fines—, y, con bastante claridad, cuál es y cómo el arte dramático que ha querido hacer.

---

[1] «El escritor y su espejo: Antonio Buero Vallejo», *A B C*, 26 agosto 1965.

En 1957, definía su teatro en los siguientes términos:
«Viene a ser el mío (...) un teatro de carácter trágico. Está
formado por obras que apenas pueden responder a las in-
terrogaciones que las animan con otra cosa que con la reiteración conmovida de la pregunta; con la conmovida duda ante
los problemas humanos que entreví»[2]. Esta declaración nos
parece sumamente valiosa, pues en ella se expone, de un
lado, una meta fundamental del autor —hacer un teatro trágico... que se convierta, añadiríamos, en «conciencia de la
sociedad»— y, de otro, el rasgo eminentemente dubitativo,
receloso, más inquiridor que afirmativo, de ese teatro trágico. ¿Cuál es, pues, el concepto de la tragedia, o de lo *trágico*, en el pensamiento de Buero Vallejo? ¿Y qué valor tiene
para él esa prioridad de la interrogación y la duda sobre
cualesquiera respuestas?

«La tragedia —ha escrito Buero— no es pesimista. La
tragedia no surge cuando se cree en la fuerza infalible del
destino, sino cuando, consciente o inconscientemente, se empieza a poner en cuestión el destino. La tragedia intenta explorar de qué modo las torpezas humanas se *disfrazan* de
destino»[3]. Así pues, la tragedia tiene un carácter abierto, en
cierto modo optimista y, desde luego, esperanzado. Más aún,
tragedia y esperanza son conceptos sinónimos o, en todo
caso, inseparables: cara y envés de un mismo tejido dramático[4]. Abundando en esta cuestión, insiste el dramaturgo:

[2] «El autor y su obra. El teatro de Buero Vallejo visto por Buero
Vallejo», *Primer Acto*, núm. 1, abril 1957, pág. 5.
[3] «Sobre teatro», *Ágora*, núm. 79-82, mayo-agosto 1963, pág. 14.
[4] A propósito del género trágico en general, y con particular referencia a los trágicos griegos, Buero ha desarrollado ampliamente
esta idea en su ensayo: «La tragedia», en Guillermo Díaz-Plaja, *El
Teatro. Enciclopedia del Arte Escénico*, Barcelona, 1958, Noguer, páginas 63-87.

Los hombres no son necesariamente víctimas pasivas de la
fatalidad, sino colectivos e individuales artífices de sus ven-
turas y desgracias. Convicción que no se opone a la tragedia,
sino que la confirma. Y que, si sabemos buscarla, advertimos
en los mismos creadores del género. Mas, al tiempo, convicción
que abre a las mejores posibilidades humanas una indefinida
perspectiva. Pese a las reiteradas y desanimadoras muestras
de torpeza que nuestros semejantes nos brindan de continuo,
la capacidad humana de sobreponerse a los más aciagos reveses
y de vencerlos inclusive, difícilmente puede ser negada, y la
tragedia misma nos ayuda a vislumbrarlo. Esa fe última late
tras las dudas y los fracasos que en la escena se muestran;
esa esperanza mueve a las plumas que describen las situaciones
más desesperadas. Se escribe porque se espera, pese a toda
duda. Pese a toda duda, creo y espero en el hombre, como
espero y creo en otras cosas: en la verdad, en la belleza, en
la rectitud, en la libertad. Y por eso escribo de las pobres y
grandes cosas del hombre; hombre yo también de un tiempo
oscuro, sujeto a las más graves pero esperanzadas interrogantes [5].

Ahora bien, esta esperanza, según Buero, no encuentra
su verdadero cauce en unas soluciones concretas, formuladas
didácticamente desde el escenario. Inversamente, halla ese
cauce a través de unos planteamientos lúcidos, de una visión rica, compleja, indagadora ante los conflictos elegidos,
cualquiera que sea la naturaleza de éstos. «El teatro ha de
apoyarse en lo que se sabe, pero ha de explorar lo que se
ignora. No puede ser, pues, exclusivamente *solucionista* y
deberá tener, en algún grado, problematismo» [6]. Y no solamente eso, sino que «si el teatro ideológicamente más afirmativo no deja abierta la puerta al posible replanteamiento
sobre nuevas bases de las preguntas que pretende contestar,

---

[5] «El autor y su obra...», cit., pág. 6.
[6] «Sobre teatro», cit., pág. 12.

no se inserta activamente en un progreso efectivo»[7]. Esa «puerta abierta» supone a su vez este hecho: «Si una obra de teatro no sugiere mucho más de lo que explícitamente expresa, está muerta. Lo implícito no es un error por defecto, sino una virtud por exceso»[8].

¿Cómo ha de ser una obra dramática para insertarse en «un progreso efectivo», para convertirse en «conciencia de la sociedad»? Ha de ser «un modo de contemplación activa». Confrontemos con este nuevo texto:

> Considerado como simple instrumento de transformación de lo real, el teatro puede convertirse en apéndice muerto de ideologías previas y perder su fuerza actuante en vez de ganarla. Considerado tan solo como forma intuitiva de conocimiento o contemplación de lo real, el teatro puede caer en la arbitrariedad y la deshumanización. Todo gran teatro, como todo arte, supera este dilema aparente y viene a ser un modo de contemplación activa. Pero todo autor tiene también derecho a sus errores: en actividades tan sujetas a procesos intuitivos como las artísticas, los errores son necesarios y ningún camino debe ser condenado[9].

Es así como el teatro, según Buero, se inserta en un progreso efectivo, como llega a convertirse en una parte de la conciencia de la sociedad. Ahora bien, ya Buero nos ha dicho que, a menudo, el escritor es esto de tal modo que «resulta incómodo, y se le denigra». Es decir, que la relación de esta estética con la sociedad no resulta de ningún modo fácil. Resulta, por el contrario, conflictiva, problemática. Pasamos con ello a otro de los grandes debates planteados en nuestro tiempo: el de la comunicación del intelectual y el artista con la sociedad. Buero Vallejo responde con su idea del *posibi-*

---

[7] *Ibidem.*
[8] *Ibid.*, pág. 13.
[9] *Ibid.*, pág. 12.

lismo. Manifestada en numerosas ocasiones anteriores, esta idea aparece muy bien sintetizada en el presente texto de 1966:

> Ni siquiera en las sociedades políticamente libres se puede considerar que el escritor escribe con verdadera y absoluta libertad. Escribe también condicionado, aunque muchas veces ni siquiera se da cuenta de que lo está. Estos son problemas de nuestro tiempo que a menudo se han discutido entre nosotros y frente a los cuales yo siempre he proclamado la necesidad del posibilismo. Pero lo he proclamado, porque, en mi opinión, el posibilismo es una realidad: es decir, no hay otra cosa que posibilismo; lo que sucede es que los márgenes de este posibilismo son muy diferentes en cada lugar y, por supuesto, son dinámicos, variables y nosotros somos uno de los factores que los hacen variar; pero debemos tener muy en cuenta que nuestra presencia como autores tiene que ser una presencia efectiva, no una esterilidad; tenemos que hacer un posibilismo dinámico, progresivo, combativo [10].

Este postulado se armoniza perfectamente con todo lo anterior, pero puede conducir a un equívoco si no añadimos unas someras aclaraciones. El valor de lo implícito, tan enérgicamente defendido por el dramaturgo, ¿responde, pues, a posibilitar en los escenarios el planteamiento de una serie de problemas que, explícitamente planteados, habrían sido «imposibles» en la sociedad española de este tiempo? Si respondiéramos que no, nos equivocaríamos; si nos limitáramos a responder que sí, nos equivocaríamos también. No cabe duda que, ante una buena parte de la producción dramática de Buero, el espectador avisado —o el lector avisado— ha podido encontrar alusiones, sugerencias soterradas a temas

---

10 «El teatro español visto por sus protagonistas. Autores. Mesa redonda con: A. Buero Vallejo, L. Olmo R. Rodríguez Buded, A. Gala, C. Muñiz, J. M. Martín Recuerda y A. Sastre», *Cuadernos para el Diálogo*, III, monográfico sobre Teatro Español, junio 1966, pág. 45.

y situaciones cuya formulación clara, explícita, era «imposible». Los aplausos a ciertas frases de doble sentido son ya tradicionales en los estrenos de Buero Vallejo, y parece evidente que el autor es el primero en ser consciente de este guiñar el ojo a sus espectadores. Ahora bien, por lo mismo que empequeñeceríamos el alcance de su teatro si lo limitáramos a *eso*, que no pasa de ser secundario y bastante accidental, empequeñeceríamos también su concepto de lo implícito si lo redujéramos a la actitud de un viajero que trata de «pasar» ciertos objetos prohibidos bajo la mirada inadvertida de los aduaneros. Lo implícito es un valor en sí, y aún más: para Buero es una *conditio sine qua non* de toda verdadera obra de arte, cualesquiera que sean las circunstancias del medio social e histórico en que se produce. Lo implícito es... «una virtud por exceso».

En este conjunto de manifestaciones teóricas, que acabamos de seleccionar y de articular, creemos obtener una adecuada síntesis del pensamiento estético del dramaturgo, útil en el doble aspecto de que en ella se nos revela cuál es su postura frente al arte en general y también, y sobre todo, cuáles son sus propósitos en relación con su arte dramático en particular. Fácilmente se habrá visto hasta aquí que esa estética del autor se halla lo más lejos posible de un manifiesto —de cualquier signo— o de algo parecido. «Ningún camino debe ser condenado»: ¿cabe mayor eclecticismo? Antes de intentar responder a la pregunta de *cómo debe ser el arte* —la pregunta que el siglo XX ha formulado quizá más veces que cualquier otra época, a pesar de que, superficialmente, suele creerse que las poéticas y las preceptivas han caído en desuso—, nuestro autor se sitúa en el campo de quienes, con mayor modestia aparente, empiezan por preguntarse *cómo puede ser el arte* para ser efectivamente arte; esto es, cuáles pueden ser las condiciones internas y externas que consientan un libre desarrollo de las facultades creadoras del artista. Pero no se trata de construir utopías, sino de saber que vivimos en un mundo dado: precisamente *este mundo*, con todas sus tremendas limitaciones. En el pensamiento estético de Buero Vallejo cabe advertir un decidido propósito de encontrar y propiciar unas condiciones de libertad, y ello, no de un modo abstracto y meramente ilusorio, sino de un modo real, efectivo, verificable en *este mundo*. Tal propósito apunta en dos direcciones cardinales. En primer lugar, desde el punto de vista de la proyección del arte sobre la sociedad, de la comunicación del artista con sus contemporáneos —aquí, sobre todo, su idea del *posibilismo*—. Y en segundo lugar, desde el punto de vista de la creación artística en sí misma: aquí, su rechazo de todo didactismo, su defensa de lo implícito, su convicción de que «el arte ha de explorar lo que se ignora», su escepticismo e incluso su antipatía por las teorías y fórmulas cuya frecuente rigidez tiende a convertirse, inevitablemente, en una camisa de fuerza que constriñe la imaginación, que acorta la facultad del pensamiento creador [11].

Simultáneamente, esta estética de la libertad es también una estética de la responsabilidad. «El escritor debe convertirse en una parte de la conciencia de su sociedad». No se trata de que pueda serlo o pueda dejar de serlo. Se trata de un *deber*. Quien nos ha dicho que en arte «ningún camino debe ser condenado», quien ha rechazado el didactismo y

---

[11] En no pocos escritos de Buero, hay un cierto prurito por encontrar contradicciones entre las formulaciones teóricas y las obras artísticas que les corresponden, con ventaja siempre para éstas. Véase, por ejemplo, «A propósito de Brecht», *Insula*, núm. 200-201, julio-agosto 1963, y «De rodillas, en pie, en el aire. (Sobre el autor y sus personajes en el teatro de Valle-Inclán)», *Revista de Occidente*, número 44-45, noviembre-diciembre 1966.

defendido la libertad del arte en su doble faz de creación y de comunicación, nos dice al mismo tiempo que el arte tiene que cumplir un fin en la sociedad: el de ser una parte de la conciencia de esa sociedad. Así pues, que el artista gane una libertad para sí se justifica en la medida en que, al ganarla para sí, la gana para los demás. Un arte *en* libertad es, por lo tanto, un arte *de* y *para* la libertad.

Esta preliminar incursión en el pensamiento estético de Buero Vallejo nos sitúa en una perspectiva ventajosa para abordar, con cierta probabilidad de éxito, el estudio de su teatro.

FORMAS DRAMÁTICAS

Ahora es necesario que nos preguntemos cuáles son, y cómo, las formas dramáticas que corresponden a esta estética buerista. Se trata de una cuestión que hasta hoy apenas ha sido atendida, o sólo superficial o tangencialmente considerada [12].

Páginas atrás, hemos comprobado que, para Buero, «ningún camino debe ser condenado», y en un fragmento de su autocrítica a *Historia de una escalera*, nos ha hablado de «formas teatrales susceptibles de ser recibidas con agrado por el gran público». ¿Quiere ello decir, por consiguiente, que estamos ante un teatro desprovisto de preocupaciones formales o, cuando menos, no especialmente interesado en investigaciones y búsquedas de esta naturaleza? ¿Un teatro obediente a las formas teatrales ya establecidas? No hay tal cosa. Más aún: todo lo contrario. Para Buero Vallejo, cada

---

[12] Al margen de algún artículo sobre aspectos particulares, únicamente cabe citar el opúsculo de José Ramón Cortina, *El arte dramático de Antonio Buero Vallejo*, Madrid, 1969, Gredos, 130 págs. (Fuera de Colección.)

obra constituye, primera y fundamentalmente, un problema
de formas dramáticas. Puede que esta afirmación sorprenda
a más de un lector desprevenido, y yo me explicaría esa
sorpresa por dos razones: en primer lugar, porque el autor
ha llevado a cabo esta investigación formal con mucha cautela, sin aspavientos, sin gestos [13]; esforzándose en hacerla
compatible —*posible*— con los usos del teatro comercial de
hoy; y en segundo lugar, porque esta investigación no re-
chaza abiertamente otras formas anteriores, sino que intenta
asumirlas, partir de ellas y avanzar desde ellas en una
dirección nueva y original. En tal sentido, cabe señalar que
Buero Vallejo no es tanto un *innovador*, como sí —en este
y en otros aspectos que hemos de examinar más adelante—
un *continuador*, y que sus más importantes hallazgos formales nacen como resultado de un debate previo, a veces poco
notorio, casi subterráneo, con formas dramáticas preexisten-
tes. En ocasiones, esa *continuación* adquiere las características de una implícita *negación* y, en cualquier caso, de una
evolución que invalida la persistencia de formas anterior-

---

13 O sólo uno, en ocasión reciente: «Problemas del teatro actual»
(conferencia pronunciada en el XXVII Congreso Mundial de Autores,
el 26 de junio de 1970, en Las Palmas de Gran Canaria), *Boletín de la
Sociedad General de Autores de España*, abril-mayo-junio 1970, páginas 31-36. Trata allí el autor de la búsqueda actual de un nuevo
lenguaje y de una mayor participación del espectador, y propone
algunas soluciones, tomando como ejemplos algunos recursos formales de su propio teatro... sin decir que son de éste. Valorando sobremanera estos hallazgos formales del teatro de Buero —acerca de los
cuales nos detendremos más adelante—, y al margen de la ingenua
vanidad de la autocita del dramaturgo en el mencionado escrito, estimamos —y así lo hemos señalado en diferentes ocasiones— que estas
búsquedas actuales han venido a romper totalmente un concepto secular del espectáculo y de la función del actor y del texto dramático,
por lo que difícilmente cabe admitir que baste como solución técnica,
fundamental, aquella que pueda ofrecer hoy la literatura dramática
desde sus propios dominios.

mente dadas. Suele atribuirse a Buero Vallejo el mérito de haber desvelado nuevas posibilidades de expresión dramática en nuestra escena; esto es verdad en parte, y no pocos autores posteriores le son deudores en mayor o menor medida, a la vez que muchos de los mejores hallazgos formales de Buero permiten hoy —creemos— un amplio campo de ulteriores desarrollos. Con todo, y al contemplar en su conjunto las investigaciones formales que este teatro buerista contiene, nos inclinaríamos a atribuirle más bien un mérito —por tal, desde luego, lo tenemos— completamente distinto. No consistiría éste en haber abierto caminos, sino en haberlos cerrado; es decir, en haber descubierto y agotado los filones últimos, más secretos, del teatro español de toda una época.

Cuando Buero Vallejo empieza a escribir para el teatro —y ya en ese comienzo, según hemos visto, alienta el propósito de hacer un teatro trágico— existe un modelo inmediato de tragedia española: el de García Lorca. Las circunstancias en que ha muerto García Lorca, confieren una rara fuerza magnética a su figura. Además, su teatro no se puede representar en España, y esto acrecienta al máximo el interés por él. Además, el carácter «regresivo» de la sociedad española de postguerra presta una singular actualidad a las tragedias lorquianas, no obstante haber sido escritas antes de la catástrofe bélica: se diría que el silencio que reclamaba Bernarda Alba, al final de esta gran tragedia, se ha amplificado de un ámbito puramente doméstico a un ámbito social y nacional. La «moda Lorca», el «mito Lorca» [14] domi-

---

[14] Estas circunstancias plantean, a la larga, problemas muy agudos para la adecuada estimación del teatro de un autor, y ello por un movimiento de tipo pendular, perfectamente explicable. La reposición de las obras de Lorca en España a lo largo de la década 1960-1970 —una reposición a destiempo: por un lado, demasiado tarde;

nan plenamente en los medios intelectuales y literarios más
alerta; a lo que contribuye, de modo indirecto, la manifiesta
hostilidad oficial de un principio. Las ediciones argentinas
circulan —primero, de manera subrepticia; después, más
abiertamente— a una velocidad vertiginosa. Las nuevas pro-
mociones —o los jóvenes más inquietos dentro de ellas—
se saben de memoria los versos del *Romancero gitano* o de
Poeta en Nueva York, e incluso escenas enteras de las obras
dramáticas. En la mente de quienes han vivido la República,
queda todavía el recuerdo emocionado de los grandes estrenos de *Yerma* o de *Bodas de sangre*. Esta *presencia*
—tanto mayor cuanto que mayor es la ausencia— de García
Lorca y de toda una estética teatral que él asume y resume,
plantea en aquel momento, a todo escritor verdadero que
aspire a hacer un teatro trágico, la imperiosa necesidad de
proyectarse a través de *otras* formas dramáticas. Hacerlo
—o intentarlo— puede suponer, momentáneamente, el ir en
contra de la moda. No hacerlo —o no intentarlo— conduce,
inevitablemente, a la repetición de formas que han sido ya
muy desarrolladas, decantadas, elaboradas. Ante esta disyuntiva, Buero Vallejo —escritor auténtico— no vacila en su
elección [15].

---

por otro, demasiado pronto— llevó a algunos críticos a una incorrecta
subestimación, supuestamente desmitificadora, de la obra de Lorca.
Fuimos pocos, en aquel momento, los que sostuvimos que esa subestimación era inadecuada (así como era adecuada, sin embargo, con
el teatro de un Casona, por ejemplo). A partir del montaje de *Yerma*,
por la compañía de Nuria Espert y Armando Moreno, bajo la dirección de Víctor García, ha quedado abierta la posibilidad de una re-
interpretación del teatro de García Lorca, indagadora de cuanto hay
en éste de verdaderamente clásico: de permanente, de universal. Este
montaje se ha estrenado el 30 de noviembre de 1971, en la Comedia
de Madrid.

[15] Como ejemplo de honradez, de elegancia personal y de convivencia intelectual, merece destacarse al mismo tiempo la actitud

Por otra parte, había que asumir, desde la perspectiva de *lo trágico*, la reciente catástrofe de la guerra. Y había que hacerlo, desde el punto de vista *posibilista* del autor, en el marco de una escena profesional en la cual, no sólo habían sido proscritas las formas dramáticas más importantes de los años treinta, sino que, por añadidura, se había producido un retorno de formas dramáticas muy anteriores y ya, históricamente, superadas. En contraposición al «mito Lorca», que domina en ámbitos minoritarios, en los escenarios domina la presencia casi excluyente de Benavente, los Quintero y otras estéticas afines, cuando no más inferiores aún. En fin, y como ya nos ha dicho Minik, «el espectador estaba por hacer». Cabe añadir que hay obstáculos e intereses de todo orden —dentro del teatro y fuera de él— prestos a oponerse a cualquier renovación formal profunda, pues ya se sabe que, detrás de formas nuevas, subyacen siempre ideas nuevas, y tal cosa es incompatible con el *status* de la postguerra.

José Monleón ha visto bien este gran dilema que Buero Vallejo ha tenido que arrostrar:

> El problema de Buero sería que, desde su primera obra, se encuentra limitado por la forma habitual de nuestro teatro. Lo que era —y es— suficiente para contar pequeñas historias sobre las desavenencias matrimoniales y los problemas del servicio doméstico, se revela inmediatamente limitativo para afrontar la problemática que le interesa a Buero. A partir de esta

---

pública que Buero ha mantenido siempre con respecto al teatro de Lorca: el reconocimiento abierto, sin reticencias, de su valor y de su vigencia. Véase, por ejemplo, su respuesta a «Una Encuesta de *Ínsula*. El teatro de García Lorca», *Ínsula*, núm. 168, noviembre 1960, pág. 8. Y es muy de apreciar esta actitud —tan infrecuente en la vida española— precisamente por el hecho de que, para los dramaturgos españoles surgidos en la postguerra, y en particular para Buero Vallejo, ese «mito Lorca» ha constituido un tremendo obstáculo, sobre todo en el extranjero, para el reconocimiento de su obra.

consideración, todo el teatro de Buero habrá de plantearse
como un experimento o investigación formal; cada vez, a la
hora de expresar los conflictos, tendrá que empezar por interrogarse sobre los hipotéticos e inexistentes caminos por los
que aventurarse. Pero siempre sin «romper» rotundamente con
nuestras vías tradicionales, partiendo de ellas, no sé exactamente si como un lastre inevitable, un lastre conveniente o un
lastre superfluo [16].

Este partir de unas vías tradicionales supone a menudo,
como ya hemos dicho, una manera de debatirlas, e incluso
de trascenderlas. Pero veamos de qué vías dramáticas se
trata. En apretada síntesis, podemos señalar:

1.º El sainete. Sobre todo, en *Historia de una escalera*
y en *Hoy es fiesta*; parcialmente, en *Irene, o el tesoro*, etc.

2.º La comedia de corte naturalista. Esto puede apreciarse, por ejemplo, en *Madrugada* y en *Las cartas boca
abajo*.

3.º El simbolismo. Por ejemplo, en *Casi un cuento de
hadas, Aventura en lo gris, Irene, o el tesoro...*

4.º El teatro histórico. Cultivado en España por los epígonos del Romanticismo, tiene un rebrote posterior en algunos de los llamados «autores de la derecha», todo ello al
margen de algunas tentativas aisladas realmente valiosas
(Valle-Inclán, García Lorca, etc.). Los dramas históricos de
Buero Vallejo son *Un soñador para un pueblo, Las Meninas,
El Concierto de San Ovidio* y *El sueño de la razón*.

La sola mención de títulos basta para advertir hasta qué
punto la relación con esas vías tradicionales es básicamente
conflictiva: consiste en poner éstas en cuestión. Ahora bien,
lo mismo sucede respecto a otras vías dramáticas que dis-
tan mucho de lo tradicional. Así, por ejemplo, Brecht apare-

---

[16] José Monleón, «Un teatro abierto», en Antonio Buero Vallejo,
Teatro, Madrid, 1968, Taurus, págs. 23-24.

ce implícitamente cuestionado en *El Concierto de San Ovidio*; el *esperpento*, en *El sueño de la razón*. Todo ello sin contar con que, circunstancialmente, el autor toma prestados recursos de otros géneros. De la literatura de ficción científica, por ejemplo, en *El tragaluz* y, sobre todo, en *Mito* —bien entendido que siempre de un modo colateral, instrumental.

Estas consideraciones invitan a plantear el problema de esta forma: cualesquiera que sean los lastres de tipo tradicional, perceptibles en el teatro de Buero, este teatro se nos aparece en su conjunto como un amplio debate —original, independiente— con las formas y vías dramáticas anteriores, vigentes o presentes en la escena contemporánea. Quizá sea más fácil entender ahora la sorprendente afirmación buerista de que «ningún camino debe ser condenado». Cuanto hay en esta afirmación de indecisión, de cautela, de indeterminación (indeterminación que puede hallarse, asimismo, en los subtítulos de las obras, cuya ambigüedad es evidentemente premeditada y, en ocasiones, secretamente irónica) corresponde a ese *tour de force*, que caracteriza su teatro. El porqué de esta característica resulta más difícil de entender. Siguiendo a Monleón, puede pensarse que obedece a las circunstancias teatrales y no teatrales que han rodeado y condicionado el quehacer dramático de Buero, y esto nos parece exacto, al menos en cierta medida. Pero a la vez podemos preguntarnos si no proviene también, en medida no menos considerable, del talante artístico, personal del autor: de un cierto prurito por querer emular lo que otros han hecho, o por terciar con originales aportaciones en debates estéticos en boga. Talante artístico que, por otro lado, se apoya siempre en un cierto escepticismo, en la duda sistemática respecto a estas o las otras formas dramáticas; y a la vez —por lo mismo— en la convicción de que siempre es posible hacer algo que no ha sido hecho. En suma: una actitud indagadora, investigadora en el más profundo sentido.

En este continuado debate formal que es su teatro, hay una nota común a todas las obras: el permanente afán de perfección, de alcanzar lo que hace cincuenta años se llamaba *la obra bien hecha*. Torrente Ballester ha calificado a Buero, numerosas veces, de «gran constructor de teatro». Sitja Príncipe ha visto en ello, precisamente, el motivo de su amplio éxito como dramaturgo: «Es muy de apreciar y de elogiar que el teatro de Buero Vallejo haya prendido realmente en el público nacional, tan poco dado a admitir siempre cualquier creación artística que traiga consigo alguna que otra propuesta seria. Ello creo es debido a que Buero es un excelente constructor de teatro, y a pesar de todos los pesares y de todas las tendencias, lo que más respeta un hombre en otro hombre es su habilidad en el oficio, cualquiera que éste sea» [17]. Compartiendo con Sitja Príncipe este aprecio por la «habilidad en el oficio» de Buero Vallejo, nosotros pensamos —y damos por supuesto que Sitja Príncipe convendrá parcialmente con nosotros— que la repercusión del teatro de Buero en la vida española de este tiempo obedece también, y más fundamentalmente, a la naturaleza de su mensaje trágico, que en el presente estudio nos esforzaremos en desentrañar. Con todo, que Buero es «un excelente constructor de teatro» parece un hecho innegable, y en apoyo de lo cual podríamos aducir gran cantidad de testimonios críticos, coincidentes con ello. Ahora bien, de inmediato se nos plantea —si queremos profundizar en este campo— una pregunta sobremanera comprometedora: ¿qué debemos en-

---

[17] Francisco Sitja Príncipe, «Acerca de Buero Vallejo», *Ágora*, núm. 79-82, mayo-agosto 1963, pág. 29.

tender, en un sentido mínimamente riguroso, por «excelente constructor de teatro»? Hace treinta, cuarenta o cincuenta años, cuando se hablaba de «carpintería teatral», se podía emitir una respuesta con cierta soltura, con cierta seguridad en los conceptos que entraban en juego. Actualmente, cuando las formas teatrales están conociendo en todo el mundo cambios tan audaces como insospechados hasta fechas relativamente recientes —o, para ser más exactos, sólo sospechados y madrugadoramente entrevistos por unos pocos visionarios, mal comprendidos en su día—, responder a esa pregunta obliga, cuando menos, a una distinción matizadora. Por buen constructor de teatro se puede entender —y es lo que, comúnmente, se ha venido entendiendo, de manera única y exclusiva, en nuestros medios teatrales profesionales— la facultad *artesanal* de un autor (de un Benavente o de los hermanos Álvarez Quintero, por ejemplo, cabe decir que fueron buenos constructores de teatro en tanto que —*dentro de su estética*— fueron buenos artesanos). Pero hay una segunda significación —mucho más profunda, a la par que menos comprendida hasta hoy en la escena española— que concierne a la imaginación formal de un dramaturgo, a su facultad para idear y elaborar formas de original, de poderosa entidad artística (grandes constructores de teatro fueron en tal sentido —y para seguir con ejemplos españoles— Valle-Inclán y García Lorca). A esta segunda significación hay que darle toda prioridad a la hora de valorar, artísticamente, la obra de un dramaturgo, inclusive si en ella son perceptibles algunas deficiencias artesanales, pues el teatro actual demuestra continuamente que éstas pueden subsanarse a través de una adecuada dirección escénica.

Ahora comprendemos mejor algo que es muy peculiar en el teatro de Buero: el intento de aunar, en cada una de sus obras, una rigurosa investigación formal y una cuidada artesanía. Veamos cómo, separando estos tres elementos que integran toda forma dramática: el lenguaje, la acción y el espacio escénico.

LENGUAJE, ACCIÓN, ESPACIO ESCÉNICO

En el primero de estos aspectos, no se nos plantean problemas especialmente intrincados. Haro Tecglen, que fue un interesante crítico teatral de los años cincuenta, escribió en su reseña sobre el estreno de *En la ardiente oscuridad*, entre otras cosas: «...el drama es interno y profundo, y se resuelve en un lenguaje sencillo, tan sencillo que a veces suena como con vulgaridad. Esa vulgaridad no debe engañar a nadie que se sienta con un exceso de intención crítica, pues es el elemento deliberado y preciso para darnos la sensación de realidad que requiere la obra» [18]. Hasta cierto punto, y en líneas generales, esta observación podría aplicarse a todo el teatro de Buero. Lenguaje sencillo, de fácil comunicación con el espectador, aun siendo, como ciertamente es, continente de una problemática rica y compleja. Ello se hace particularmente notorio en aquellas obras en que Buero se debate con las formas naturalistas (en *Madrugada* o en *Las cartas boca abajo*) y, sobre todo, con las formas sainetescas: *Historia de una escalera, Hoy es fiesta*. En estas últimas, las pinceladas costumbristas —que, por lo demás, no exceden ciertos límites, cierta mesura— dan al lenguaje una vibración popular, colorista, siempre coloquial y de una gran llaneza. Pero este lenguaje sencillo, que habla por sí solo, nunca o casi nunca discursivo, se advierte también en

---

[18] *Informaciones*, 2 diciembre 1950. Crítica reproducida en *Teatro Español 1950-51*, Madrid, 3.ª ed., 1964, Aguilar, pág. 98.

las obras de corte simbolista y en los dramas históricos. En las primeras, el lenguaje no trasciende nunca las fronteras de lo real, pese a que éstas son sobrepasadas por las situaciones y por la incorporación de personajes fantásticos o alegóricos. Algo muy parecido cabe afirmar de los dramas históricos, a excepción —quizá— de *El sueño de la razón*, que es seguramente la obra en que Buero ha ido más lejos en su investigación formal. En estos dramas —*Un soñador para un pueblo, Las Meninas, El Concierto de San Ovidio*—, el autor introduce, de cuando en cuando, giros y términos hoy caídos en desuso, con lo que imprime en los diálogos un cierto alejamiento y, con él, una verosimilitud histórica en su efecto sobre el espectador. Pero a la vez, en todo momento rehúye lo que podría ser una imitación global del lenguaje de la época, cosa ésta que, claro está, sólo llevaría a un retórico amaneramiento. Un justo equilibrio parece ser el objetivo propuesto.

En cualquiera de las direcciones que acabamos de señalar, las cualidades más sobresalientes de este lenguaje son, desde el punto de vista literario, la pulcritud y la sobriedad expresivas (incluidos los momentos dramáticos más discursivos: por ejemplo, las intervenciones corales en *El tragaluz* y en *La doble historia del doctor Valmy*, o bien los instantes de mayor tensión dialéctica en *Las Meninas*) y, desde el punto de vista escénico, una gran eficacia (en aras de la cual el autor no descarta cierto estilo tradicional de «réplicas» y la reiteración de una o varias palabras, en el curso de los diálogos, lo que sirve de «ritornello» e indicio del mensaje trágico). Además —o a pesar— de esta sencillez, el lenguaje de Buero presenta en ocasiones una falta de elasticidad y de espontaneidad. Se trata, pues, de una sencillez alcanzada mediante una esforzada elaboración, y esto se advierte con alguna frecuencia, al contrario de lo que ocurre —por citar

unos ejemplos al azar— con la prosa de *Azorín* o con la poesía de Machado, donde el artificio suele quedar oculto a la
mirada del lector. En Buero, el artificio se hace visible algunas veces, sobre todo cuando el autor se propone una escena
de fuerte intensidad poética —no sólo en las obras más
próximas a la tendencia simbolista, aunque en éstas se pueden encontrar ejemplos más abundantes de ello—. Al eliminar la exuberancia, la frondosidad, el barroquismo como
cauce para la expresión poética, y situada ésta en el nivel
de una exigente sencillez expresiva, nos encontramos con
que lo pretendidamente poético de algunas escenas, al quedar al descubierto el artificio, se reduce a una nota sentimental o ternurista. Así sucede, por ejemplo, en una importante escena de *Las cartas boca abajo*, en que el piar de los
pájaros, al atardecer, se identifica con el ansia de libertad
de la protagonista. En el teatro de Chejov, un recurso de
este tipo —es, además, un recurso típicamente chejoviano—
fluye espontáneamente y, por lo tanto, convincentemente;
en *Las cartas boca abajo*, constituye un momento en que el
drama —que es, por otra parte, un gran drama— está a
punto de derrumbarse, justamente porque falta en el diálogo
una fluencia espontánea, en vez de una comparación rígida-
mente impuesta. Por fortuna para su teatro, Buero salva
pronto estos difíciles momentos que creemos percibir en
algunas de sus obras, y en relación con los cuales aquí nos
hemos limitado a poner un solo ejemplo; téngase en cuenta
también, por otra parte, que lo dicho no se refiere a todos
los momentos de fuerte tensión poética de sus obras, ya que,
en muchos de ellos, el autor encuentra una expresividad
adecuada, certera. Ahora bien, valía la pena hacer hincapié
en esto para comprender que Buero Vallejo pertenece a la
estirpe de escritores para quienes el lenguaje no es un instrumento de fácil manejo, sino que, por el contrario, se les

presenta erizado de dificultades y de iniciales y tercas resistencias. Este rasgo no disminuye el valor literario de su obra; simplemente, es una característica, y en cierto modo una cualidad, ya que en esta lucha —a veces titánica— es el autor quien sucesivamente ha venido ganando las batallas. Entre las primeras obras estrenadas por Buero y las estrenadas a partir de *Hoy es fiesta*, en 1957, cabe percibir una progresiva decantación del idioma, un dominio cada vez mayor de la expresividad literaria, lo que ha convertido a Buero en uno de nuestros primeros escritores actuales, en el teatro y fuera del teatro.

Como fuere, no es en este terreno donde el dramaturgo se ha propuesto sus mayores audacias formales. Buero no es, como Valle-Inclán decía de sí mismo, «un heterodoxo del idioma». Por el contrario, ha tendido a forjar un lenguaje cuya sobriedad y pulcritud se emparejan con una gran funcionalidad y eficacia escénicas. En lo que concierne a problemas técnicos, específicamente teatrales, el autor ha ido mucho más lejos, sobre todo en el estudio del espacio escénico y en la concepción de la plástica teatral. Pero vayamos por partes, y tratemos ahora de la acción dramática.

En este punto, las experiencias que se registran en el teatro de Buero son muy numerosas, heterogéneas e incluso contradictorias. Pondremos algún ejemplo límite. En *Madrugada*, se respetan las tres unidades clásicas hasta un extremo virtuosista y sorprendente. Toda la acción dramática, lineal, está presidida por un reloj, que marca *simultáneamente* el tiempo real y el tiempo de la acción dramática. Y el final de la obra coincide exactamente con la hora que, en la realidad, ese reloj ha de marcar. En *La doble historia del doctor Valmy*, por el contrario, la acción avanza en diferentes planos temporales: escenas presentes y retrospectivas. Pero en un determinado momento, el espectador se da cuenta de que en algunas de estas escenas retrospectivas él ha participado precisamente como espectador, y que ciertas acciones son posteriores a la representación en la que, en tanto que espectador, él se encuentra en *este* momento. En otras obras, la acción tiene la forma de una crónica narrativa, mediante cortes temporales muy espaciados —como en *Historia de una escalera*, cuyos tres actos abarcan un período de treinta años— o bien mediante una reconstrucción de escenas aisladas y a veces simultáneas entre sí —como la que llevan a cabo los investigadores de *El tragaluz*—. En muchos casos, advertimos la presencia de un coro, no en tanto que tal, sino en tanto que determinados personajes asumen una funcionalidad coral: trátese de un narrador (Haüy en *El Concierto de San Ovidio;* Valmy en *La doble historia del doctor Valmy*, etc.) o, simplemente, de un personaje que formula ante los demás reflexiones propias de un coro (por ejemplo, Euriclea, en *La tejedora de sueños*, viene a ser una reactualización del corifeo).

El modo como el autor articula la acción dramática en cada una de sus obras, más acá o más allá de esta extraordinaria diversidad que acabamos de señalar, responde siempre a un imperativo: el de que toda acción esté dramáticamente justificada. Ningún personaje de Buero hace las cosas *porque sí*, y, desde luego, ningún desenlace es gratuito o caprichoso. Esto, naturalmente, es una cualidad. Pero no podemos dejar de observar que, en ocasiones, comporta un excesivo detallismo, una acumulación episódica, que hace sumamente complicada la estructura de la acción. Ciertos ingredientes melodramáticos, que la crítica ha apuntado en algunas obras de Buero, son probablemente resultado de este empeño del autor en buscar siempre una lógica dramática, interna, para las acciones y reacciones de sus personajes. Por ejemplo: que Encarna, en *El tragaluz*, vaya a tener un hijo, es seguramente un elemento melodramático, pero, en otro sentido, es una *necesidad dramática* que hace verosímiles sus acciones y las de otros personajes con respecto a ella. Otro ejemplo: que Adriana, en *El Concierto de San Ovidio,* se entregue al repugnante Donato, puede considerarse también, a simple vista, como algo más o menos melodramático, pero es —como en el caso anterior— una necesidad dramática, sin la cual la acción no podría avanzar por el camino en que debe avanzar después. (Por otra parte, y al estudiar con detalle estas dos obras, comprobaremos cómo estos hechos, independientemente de la lógica dramática que los explica, adquieren una significación que afecta al mensaje trágico.)

¿Artesanía? ¿Imaginación formal? En lo referente a la estructura de la acción en cada una de sus obras, vemos en Buero Vallejo, sobre todo, una extraordinaria facultad artesanal, con esta doble cara: positiva, por su gran eficacia escénica; negativa, otras veces, por su excesivo detallismo. En cambio, en lo que atañe al espacio escénico y a la plástica teatral, Buero da su más alta medida artística, técnica; es allí donde se nos revela, no sólo como un hombre que domina con habilidad su oficio, sino como un dramaturgo excepcionalmente dotado para crear formas escénicas de original, de poderosa entidad.

Cabe decir que la plasticidad de las obras de Buero «salta a la vista». Tómense, como escenas ejemplares, las dos con que terminan, respectivamente, *Historia de una escalera* y *La doble historia del doctor Valmy.* En ambas, la sola presencia de determinados personajes (Fernando y Carmina, en *Historia de una escalera;* Mary y Lucila, en *La doble historia...*) y el intercambio de una lenta y profunda mirada entre ellos, basta para crear en el espectador un cúmulo de ideas, de sugerencias. Ambas escenas mudas tienen para sus protagonistas, además, el valor de una anagnórisis. Recuérdese también la figura de Anita, en *Las cartas boca abajo*. Anita es muda, pero su presencia en escena, precisamente a causa de su mudez, llega a adquirir una poderosa significación dramática. (Otro tanto sucede, en *Las Meninas*, con el dominico del Santo Oficio.) Abundando en esta concepción plástica, peculiar del teatro de Buero, pueden recordarse, y ahora en aspectos más generales, *El Concierto de San Ovidio* y *Las Meninas*: dramatización, en el primer caso, de un grabado de 1771, y, en el segundo, del célebre cuadro de Velázquez. Las escenas mudas y simultáneas, como ráfagas de imágenes, de la primera parte de *Las Meninas*, constituyen una utilización hábil y original de las posibilidades de expresión plástica del escenario. Asimismo, debemos recordar aquellas obras en que el autor visualiza el mundo interior de sus personajes: *Casi un cuento de hadas*, con el desdoblamiento de la figura de Riquet en dos actores diferentes; *Irene, o el tesoro*, con la incorporación de figuras alegóricas, y con una escena final en que el escenario se escinde y transforma: el balcón, situado al fondo de la escena, se convierte en «un maravilloso camino de luz» por donde encuentra su libertad la protagonista. En *Aventura en lo gris*, un escenario totalmente realista se convertirá de pronto en el ámbito misterioso de un sueño que sueñan a la vez todos los personajes. Esta utilización dual del escenario —que en última instancia manifiesta una imagen del mundo como realidad escindida— alcanza su mayor expresividad y perfección en obras posteriores, más recientes: en *El tragaluz*, en *El sueño de la razón*, en *Llegada de los dioses*. La incorporación de efectos musicales, o, simplemente, sonoros, contribuye frecuentemente a enriquecer este lenguaje escénico. Bien entendido que no se trata de un mero «fondo» musical o sonoro, sino de recursos técnicos dotados de significación temática. En *La señal que se espera* y en *El Concierto de San Ovidio*, por ejemplo, la música es un elemento intrínseco a la acción y al mensaje trágico; lo mismo sucede con los efectos sonoros de *El tragaluz* y de *El sueño de la razón*, de los que no se podría prescindir sin mutilar con ello, gravemente, ambas obras.

En cada uno de sus textos dramáticos, Buero se ha planteado la relación entre el escenario y la sala de espectadores como un problema nunca resuelto, como un problema que hay que resolver *cada vez*. Esta posición del autor y su concepción eminentemente plástica del escenario, nos explican aquellos que estimamos como sus más importantes hallazgos formales, y que suponen una contribución llena de interés a esta gran cuestión que tiene planteada el teatro contemporáneo: la investigación del espacio escénico. A falta de otro nombre mejor, proponemos para estos hallazgos la denominación de *efectos de inmersión* (la palabra *identificación* no resultaría suficientemente comprensiva, pues nos encontramos ante un tipo de identificación llevada a su más radical extremo). Tales *efectos de inmersión* pueden apreciarse en los siguientes dramas: *En la ardiente oscuridad, El sueño de la razón* y *Llegada de los dioses*; parcialmente, también en *El Concierto de San Ovidio* y en *El tragaluz*.

En una de las más importantes escenas de *En la ardiente oscuridad*, el autor obliga a sus espectadores a que compartan la ceguera de los personajes, haciendo que se apaguen completamente todas las luces de la sala, incluidas las luces-piloto. Mientras tanto, la acción continúa y nosotros, espectadores, participamos de esa acción sumidos en la misma oscuridad que aqueja a los personajes: ahora somos ciegos como ellos. En *El Concierto de San Ovidio*, el autor utiliza este mismo *efecto de inmersión*: en la escena en que un ciego —el protagonista— se vale de la oscuridad para matar a un vidente; también ahora se han apagado por completo todas las luces del teatro. En *Llegada de los dioses*, la ceguera del joven protagonista es igualmente compartida por los espectadores, del modo siguiente: cuando él está en escena, todo queda a oscuras o bien los demás personajes aparecen como una visualización de lo que, acerca de ellos, piensa el protagonista. Sus voces son «reales», pero sus imágenes —caprichosas, ridículas o terribles— son *el pensamiento* del protagonista. En *El tragaluz*, y además de la participación de los dos investigadores, que comprometen al espectador en la acción al modo de un antiguo coro, nos encontramos con una utilización del espacio escénico extraordinariamente sutil, que supone la *incorporación* del espectador al escenario del modo siguiente. En escena, que representa un semisótano, hay un tragaluz o claraboya —cuya fundamental significación estudiaremos más adelante— y su emplazamiento no se sitúa en cualquiera de las «tres» paredes del escenario, sino precisamente en la *cuarta pared;* de suerte que el tragaluz se hace visible en la proyección de sus rejas sobre la pared del fondo, cuando se abre la contraventana. Cuanto ocurre más allá del tragaluz, es decir, en la calle, se sitúa de este modo en la sala del teatro. Quienes estamos en esa calle imaginaria somos, pues, los espectadores. *Efectos de inmersión*, más similares a *En la ardiente oscuridad* y *Llegada de los dioses*, encontramos asimismo en *El sueño de la razón*. Ahora el autor obliga a sus espectadores a realizar la experiencia de la sordera, sumiéndoles en el mundo interior de Goya. Cuando Goya está en escena, oímos lo que dice Goya, pero no lo que le dicen los demás personajes, a quienes vemos gesticular sin que articulen sonido alguno. Y cuando estos personajes no son presencias mudas, lo que dicen es lo que Goya piensa que dicen o que podrían decir, al tiempo que una serie de efectos sonoros completan esta objetivación escénica del mundo interior del personaje.

Estos *efectos de inmersión*, cuya influencia difícilmente cabe predecir, constituyen, desde luego, la aportación técnica —*artística*— más original del teatro de Buero, y una de las más originales de todo el teatro español del siglo xx. Con respecto a los problemas que el teatro de hoy tiene planteados en lo referente al espacio escénico, es una respuesta de naturaleza similar a las que pudieron dar en su día un Pirandello o un Brecht; es decir, una respuesta que parte de una implícita aceptación de la separación escenario-sala, pero que busca por encima de esa separación un modo de relación más viva y fecunda entre el escenario y el espectador. Pirandello —y también un O'Neill, por ejemplo— hicieron salir a sus personajes por el pasillo del patio de butacas, con gran sorpresa para los espectadores de los años veinte. Brecht inventó los *efectos V* o *efectos de distanciación*, que tendían a convertir al espectador en un observador, a distanciarle emocionalmente del escenario, precisamente para que su relación con éste fuera más reflexiva y enriquecedora. Buscando, asimismo, una relación más fecunda con el espectador, Buero propone con estos *efectos de inmersión* algo enteramente distinto (en vez de alejar al espectador, introducirle completamente en el mundo de los personajes) pero análogamente orientado a este fin: romper los reflejos condicionados del espectador, resultado de tantas y tantas representaciones teatrales siempre iguales en sus procedimientos técnicos; sorprender a ese espectador, sacarle de sus casillas, justamente para que mejor pueda tomar conciencia del mensaje trágico que se le pretende transmitir.

Pero, ¿de qué mensaje trágico se trata? Al margen de que, al estudiar algunas obras concretas, volvamos a plantearnos determinados temas de estética teatral —que, por el momento, han quedado situados en una perspectiva general, comprensiva de todo el teatro de Buero—, en los capítulos que siguen queremos trazar las coordenadas necesarias para dar, con profundidad, una respuesta a esa pregunta.

III

EN LA ARDIENTE OSCURIDAD: GÉNESIS DE UN UNIVERSO DRAMÁTICO

Con bastante razón —y con no menos machaconería— Buero ha reivindicado numerosas veces la unidad radical de su teatro, frente al criterio —anterior al estreno de *Un soñador para un pueblo*— de que en éste se dibujaban dos tendencias: realista, una; simbolista, otra. Así, por ejemplo, escribe en 1957: «Opino que no hay tal tendencia doble, sino en realidad una sola que se disfraza de realismo y a veces de otras cosas. Mas, cualquiera que sea su apariencia, insisto en que encierra siempre o casi siempre parecidas exploraciones»[1]. Esta unidad —inclusive después de la serie de dramas históricos que inaugura *Un soñador para un pueblo*— es muy cierta, no obstante las múltiples y aun contradictorias experiencias formales que se registran en la obra buerista, a las que nos acabamos de referir; los distintos

---

[1] «El autor y su obra. Buero Vallejo visto por Buero Vallejo», *Primer Acto*, cit.

ambientes en que se sitúan las acciones dramáticas y lo aparentemente opuesto, en ocasiones, de los temas elegidos. Más aún: se podría añadir que este teatro, en conjunto, se reduce a unos pocos problemas esenciales, angustiosa y obsesivamente reiterados[2]. Es interesante observar que todos ellos se manifiestan o insinúan en su primer drama: *En la ardiente oscuridad*.

En consecuencia, ninguna obra mejor que ésta puede servirnos como punto de partida para entender esa unidad radical del teatro de Buero, sus dudas y perplejidades, su problemática medular que es a un tiempo trágica y esperanzada. Si el estreno de *Historia de una escalera* nos revela con notable precisión lo que ha significado y significa este teatro en la escena española y en la sociedad española de este tiempo, *En la ardiente oscuridad* nos facilita todas o casi todas las claves para comprender este teatro en su interioridad y en profundidad. De hecho, este drama viene a ser como un centro motor, del que parten —y al que regresan— las posteriores y sucesivas *exploraciones* del dramaturgo.

Visto de este modo, el teatro de Buero no responde a un desarrollo en forma de proceso lineal, sino que ese desarrollo responde a una forma espiral. Lo que este teatro quiere comunicarnos acerca del hombre y del mundo está básicamente enunciado o esbozado en su primer drama, y el porqué de ello es fácil de advertir: Buero escribe *En la ardiente oscuridad* a los treinta años, y por entonces ya tiene forjada en su mente una visión personal del hombre y del mundo; visión que es fruto, paralelamente, de su anterior experiencia

---

2 Gonzalo Torrente Ballester conviene en esta unidad, subrayando que «el principio subordinante último de todos los elementos del teatro de Buero es su significación ética». («Notas de introducción al teatro de Buero Vallejo», *Primer Acto*, núm. 38, diciembre 1962, página 14). Bien entendido: es una ética intelectualista, a lo Sócrates.

intelectual y artística, y de su dilatada experiencia vital. Ello no quiere decir, claro está, que a lo largo de más de veinte años de carrera dramática no haya perfeccionado y enriquecido su dominio de las formas teatrales y literarias —lo que creemos haber mostrado, ampliamente, en el capítulo anterior—, y menos aún que en este tiempo no haya incorporado a su obra experiencias, conflictos o preocupaciones de todo tipo, que han venido emergiendo en la anegada vida española de estos años. Más todavía: cada drama particular adquiere, en el contexto del teatro de Buero, una entidad poderosamente singularizada. Como escribe Martí Zaro, «para Buero, cada obra constituye de alguna manera, en alguna dirección, un objetivo absoluto que le empuja hacia el límite de sí mismo, que polariza y absorbe toda su energía y su capacidad de creación, porque es como una comprometedora y siempre última respuesta personal que necesariamente ha de dar, para no traicionarse ni traicionar a los demás»[3]. Nada de esto contradice —antes bien, lo confirma— ese desarrollo en espiral, a que hemos aludido, y cuyo más expresivo origen nos lo muestra *En la ardiente oscuridad*, obra escrita en 1946 y sometida por su autor a numerosas correcciones hasta el estreno en 1950.

DE LA OSCURIDAD Y LA LUZ

En la ardiente oscuridad es, superficialmente, un drama de ciegos. Superficialmente, porque la ceguera juega aquí el papel de un símbolo, según declara el autor: «Era a los seres humanos en general, en cuanto ciegos en algún sentido, a los que trataba de representar». Y también: «El símbolo de

---

[3] Pablo Martí Zaro, art. cit., *op. cit.*, pág. 31.

la ceguera —de las tinieblas— es doble. Su otra cara la
constituye la visión y la luz. Una luz que no es física, sino
cualquier suerte de iluminación superior, racional o irracional, que pueda distender o suprimir nuestras limitaciones» [4].
Este propósito del drama explica la posible falta de lógica
en algunos detalles marginales, como el injustificado anhelo
de visión en el protagonista, Ignacio, siendo así que se trata
de un ciego de nacimiento, o bien el hecho de que el inter-
nado para invidentes —en que transcurre la acción dramática de los tres actos— sólo acoja a muchachos que, como
Ignacio, no han conocido jamás la visión. Todos estos rasgos
tienden a subrayar la intención alegórica del drama.

En acotación previa, Buero nos dice de los internados
que son «ciegos jóvenes y felices, al parecer; tan seguros de
sí mismos que, cuando se levantan, caminan con facilidad
y se localizan admirablemente, apenas sin vacilaciones ni
tanteos»; nos dice también que «la ilusión de normalidad
es, con frecuencia, completa». Señalemos ya que esta «ilusión
de normalidad» constituye el gran objetivo del centro; también su gran mentira. Una mentira tan cotidiana, tan organizada, que ha llegado a erigirse en una verdad aceptada y

---

[4] «Comentario», *En la ardiente oscuridad*, Madrid, 1951, Escelicer.
Reproducido en *Sirio* (Revista Tiflológica), núm. 2, monográfico sobre
A. B. V., abril 1962, pág. 7. Véase también, en el mencionado número,
la entrevista «Hablando con Buero Vallejo», págs. 4-5, con interesantes declaraciones del dramaturgo sobre la ceguera como temática
predilecta. En igual sentido, véase: «La ceguera en mi teatro», *La
Carreta*, núm. 12, septiembre 1963, pág. 5. El símbolo de la luz, como
la otra cara de la oscuridad, encuentra una expresión sumamente
compleja, incitante, diversa en *Las Meninas*, donde el protagonista,
Velázquez, nos dice: «He llegado a sospechar que la forma misma
de Dios, si alguna tiene, sería la luz... Ella me cura de todas las
insanias del mundo. De pronto, veo... y me invade la paz». En relación
con este símbolo obsesivo luz-oscuridad, es obligado recordar la
inicial vocación pictórica del dramaturgo, aunque el tema no deba
reducirse a este simple dato.

vivida por todos: desde el director, Don Pablo, que asimismo
es ciego, hasta el último de los estudiantes. Cada uno de ellos,
claro es, vive esa «ilusión de normalidad» de diferente manera, de acuerdo con su temperamento y sus inclinaciones. Destaquemos dos figuras, dos posturas altamente características:
Miguelín y Carlos. El primero, un muchacho gracioso, simpático y superficial, vive esa mentira de la manera más trivial posible y trata de acallar sus dudas y temores con cínico
humor:

> MIGUELÍN: (...) Nosotros no vemos. Bien. ¿Concebimos la
> vista? No. Luego la vista es inconcebible. Luego los videntes
> no ven tampoco.
> PEDRO: Pues, ¿qué hacen si no ven?
> MIGUELÍN: (...) Padecen una alucinación colectiva. ¡La locura
> de la visión! Los únicos seres normales en este mundo de
> locos somos nosotros.

Por el contrario, Carlos, que es el alumno modelo, el producto acabado y perfecto de la doctrina oficial de este centro
para invidentes, vive esa mentira con calor dogmático, con
fe rígida y aparentemente sin fisuras: «La razón no puede
fracasar, y nosotros la tenemos». Ya bien avanzada la acción
podremos averiguar que, por debajo de ello, mal encubre la
duda y el escepticismo, que intenta sofocar repitiendo y re-
pitiéndose las consignas oficiales, engañosamente optimistas.
En esta «ilusión de normalidad» encuentra la única forma
de salvación; presiente que más allá está el vacío: las tinieblas, la verdad trágica de su condición, que él no se considera
capaz de afrontar y de asumir.

De este modo, la doctrina oficial del Centro viene a ser
algo así como un refugio, un *orden* que permite vivir en paz,
aunque esa paz sea ficticia; y el Centro, como una poderosa
estructura, como un engranaje de enorme capacidad de
acción y de coacción sobre el individuo: a éste no le garan-

tiza la verdadera normalidad —digámoslo de una vez: la
verdadera libertad—, pero, utilizando su inherente necesidad
de alcanzarla, le proporciona una «ilusión» de ella. Esa «ilusión» puede llegar a satisfacerle, al menos parcialmente. A
cambio de que acepte que es real lo que no pasa de ser una
ficción enmascaradora, de que acalle la voz más íntima de
la conciencia. Esa voz escondida que siempre, siempre nos
empuja a esta doble aspiración que confiere sentido y dignidad a nuestra vida: la aspiración a la verdad y a la libertad.
    Tal es la situación, el orden establecido, cuando se inau-
gura el curso y conocemos a un nuevo interno: Ignacio. Bien
pronto nos revela éste un espíritu difícil, complejo, atormentado. La ceguera es para él la cuestión esencial, y aun obsesiva:

> JUANA: (...) ¿Por qué sufres tanto? ¿Qué te pasa? ¿Qué es
> lo que quieres?
> IGNACIO (*Con tremenda energía contenida*): ¡Ver!
> JUANA (*Se separa de él, sobrecogida*): ¿Qué?
> IGNACIO: ¡Sí! ¡Ver! Aunque sé que es imposible, ¡ver! Aun-
> que en este deseo se consuma estérilmente mi vida entera,
> ¡quiero ver! No puedo conformarme. No debemos conformar-
> nos.

    Su posición viene a representar, por lo tanto, el polo
opuesto a todo lo que la institución significa y pretende; su
conducta, un ejemplo del enfrentamiento desgarrado de un
hombre, cara a cara, con su trágica verdad, con su propia
limitación: «Yo estoy ardiendo por dentro; ardiendo con un
fuego terrible que no me deja vivir (...) Ardiendo en esto
que los videntes llaman oscuridad y que es horroroso... porque no sabemos lo que es». En consecuencia, no podrá sor-
prendernos que Ignacio alce su voz para denunciar con
energía la trampa del orden establecido:

IGNACIO: Este centro está fundado en una mentira.
CARLOS: ¿Qué mentira?
IGNACIO: La de que somos seres normales.

En otro momento, dice a Juana: «No tenéis derecho a vivir, porque os empeñáis en no sufrir; porque os negáis a enfrentaros con vuestra tragedia, fingiendo una normalidad que no existe». Esta conciencia de la propia limitación no niega, sino que supone, un íntimo anhelo, muy poderoso, de superarla... «aunque sé que es imposible». Entre estos dos términos —lo que es y lo que anhela ser— se establece la grave tensión que desgarra el espíritu de Ignacio. No acepta las soluciones simplistas, engañosas, ilusorias del Centro, pero tampoco se hunde en una mera aceptación resignada, de tipo fatalista, de su ceguera, de las tinieblas. «No puedo conformarme. No debemos conformarnos». De este modo, al desear con todas sus fuerzas la visión, la luz que le ha sido negada, su vida es un vivir desviviéndose. Oigámosle todavía una vez más, en una de las más importantes escenas del drama:

IGNACIO: Ahora están brillando las estrellas en todo su esplendor, y los videntes gozan de la maravilla de su presencia. Esos mundos lejanísimos están ahí (*se ha acercado al ventanal y toca los cristales*) tras los cristales, al alcance de nuestra vista..., si la tuviéramos.

Un paso más, y el autor nos mostrará la vibración más profunda de este inquieto, inquietante, atormentado espíritu:

CARLOS: ¡Lo que quieres es morir!
IGNACIO: Quizá... Puede ser que la muerte sea la única forma de conseguir la definitiva visión...

Esta desesperación de Ignacio hunde sus raíces en las vetas más profundas de la cultura española. ¿Cómo no recordar a Fray Luis de León, en su *Oda a Felipe Ruiz*?

¿Cuándo será que pueda,
libre de esta prisión, volar al cielo,
Felipe, y en la rueda
que huye más del suelo
contemplar la verdad, pura, sin duelo?

¿Cómo no recordar la locura de Don Quijote, el unamuniano «sentimiento trágico de la vida» y tantas otras cosas?
Ignacio es un personaje empapado de desesperación española.
De desesperación... y de esperanza: la esperanza de lo imposible. Esta y no otra es la esperanza que Ignacio dice llevar
a sus compañeros. Pues claro es que este personaje irradia
en torno suyo un contagio de sus sueños y de su angustia,
lo que obedece en gran medida al hecho de que —según él
mismo confiesa— siente como propia la ceguera de los demás. Su actuación entre sus compañeros será, pues, de tipo
mesiánico, si bien conviene observar —y el autor llama la
atención sobre ello— que este mesianismo es solamente parcial: más allá de su conciencia lúcida, Ignacio es un ciego
como los demás ciegos. Su actuación será también profundamente destructiva. Destructiva, se entiende, en relación
con el orden establecido. En el segundo acto, comprobamos
con qué facilidad Ignacio gana adhesiones entusiastas entre
sus compañeros, y cómo éstos prefieren su *verdad trágica*
a la *ilusión de normalidad*. En el primer acto, el Centro
aparecía como una estructura poderosa, pero ahora esa estructura empieza a desmoronarse, minada en sus propias
raíces. Los estudiantes han perdido la confianza que tenían
en sí mismos, tanto en sus actividades cotidianas como en
lo más profundo de sus conciencias. Ahora viven en un clima
de tensión, de angustia, de inseguridad. Ahora *saben* que
son ciegos y *quieren* ver. Todo lo demás se les antoja superfluo. La situación llega a revestir caracteres tan graves que
el director, Don Pablo, se dirige a Carlos —que continúa

siendo el alumno modelo— para rogarle una difícil gestión: persuadir a Ignacio de que abandone el Centro, ya que la expulsión supondría un duro golpe para el prestigio de la institución y, naturalmente, la plena victoria de Ignacio.

Hasta aquí hemos visto que la rivalidad Ignacio-Carlos responde a una oposición ideológica. Pero esto no es todo. Hemos de añadir que, entre los adeptos que Ignacio ha ganado, se encuentra Juana, que era novia de Carlos. La rivalidad entre los dos personajes va a abarcar, pues, otra dimensión: se establece entre ellos, *también*, una rivalidad amorosa. «Es constante humana —escribe el autor a este propósito— mezclar de forma inseparable la lucha por los ideales con la lucha por nuestros egoísmos; a veces sólo luchamos por éstos cuando decimos o creemos combatir por aquellos. Tan intrincada es esta mezcla entre nuestro barro y nuestro espíritu, que la costumbre de separarlos en el teatro sólo conduce, por lo común, a la creación de comedias convencionales. Yo no quise en la mía desintrincar la mezcla. En mi propósito, Ignacio y Carlos pelean tanto por una mujer como por una idea»[5]. La observación del autor es certera, y no sería difícil señalar algunos importantes dramas del teatro contemporáneo, en los que, con contradicción o sin ella, con un fin u otro, aparecen igualmente mezclados los egoísmos y los ideales de los personajes, cuya conducta resultaría inexplicable en razón de uno solo de estos impulsos (recuérdese, por poner un ejemplo, el Hugo de *Les mains sales*, de Sartre).

No es el abandono del Centro por parte de Ignacio, ni tampoco su expulsión, lo que pone fin a la nueva situación insostenible, sino su muerte a manos de Carlos: un crimen que a todos conviene que sea tomado como accidente casual.

---

[5] «Comentario», *op. cit.*, pág. 9.

Con ello, la ideología del Centro nos descubre una vez más
su impotencia para asumir la verdad, y algo nuevo que
hasta este momento quizá no habíamos sospechado: su disposición para recurrir a la violencia cuando el orden existente se tambalea. En apariencia, múltiples detalles hacen pensar en un retorno a ese orden de antes, a la «ilusión de normalidad», y hasta con cierto agrado por los compañeros que
han sido más fieles a Ignacio —incluida Juana—, incapaces
de sostenerse por más tiempo en tan difícil tesitura espiritual. Sin embargo, sabemos que ciertos acontecimientos y
revelaciones en la vida colectiva impiden el regreso a situaciones anteriores. Además, los hombres como Ignacio nunca
mueren *del todo*: hay algo muy importante y peculiar de sí
mismos que pervive en la conciencia de quienes les han
conocido. Y además, en una tragedia los delitos no quedan
impunes. Las palabras finales de Carlos corroboran estas tres
cosas, y con tales palabras el autor imprime un convincente
sentido dialéctico a su historia. Carlos, cuando queda solo
en escena, repite, utilizando los mismos términos que Ignacio,
su anhelo de visión y de luz. Así, pues, va a ser el propio
Carlos quien va a reemplazar a Ignacio en esta aventura de
buscar y de afrontar la verdad, la trágica verdad de su ceguera, con toda la desesperación que esa esperanza lleva
consigo. Es el castigo por su delito: la respuesta a su *hybris*.

UNIDAD, DIVERSIDAD

A partir de esta exploración [6], cabe señalar algunas características y constantes del teatro de Buero Vallejo, que *En*

---

[6] Sobre *En la ardiente oscuridad*, que es desde luego una de las
obras más estimadas en el teatro de Buero, se han escrito interpretaciones críticas muy diversas, casi siempre elogiosas. El trabajo más

la ardiente oscuridad contiene como rasgos muy definidos
ya o, simplemente, como esbozos preliminares.

En este drama hemos encontrado una tara física, la ceguera, sobre la cual el autor ha proyectado un determinado
sentido alegórico: el de las limitaciones humanas. Todos
somos «ciegos», es decir, somos imperfectos, carecemos de
libertad suficiente para comprender el misterio de nuestro
ser y de nuestro destino en el mundo, pero necesitamos
comprender a toda costa ese misterio. «No debemos conformarnos», nos ha dicho Ignacio. Al mismo tiempo, el drama
sitúa esta aspiración en una realidad concreta, en un microcosmos social, y allí hemos presenciado un estimulante debate acerca del orden y de la libertad. La conclusión podría
enunciarse así: no somos libres y no podemos conocer el
misterio que nos rodea porque, *además*, vivimos en una sociedad organizada desde y para la mentira, una sociedad
que se empeña en convencernos de que no somos ciegos,
es decir, de que somos libres y felices, cuando en realidad
no somos libres y somos desgraciados. También ahora se
nos invita a exclamar con Ignacio: «No debemos conformarnos». Si no fuéramos ciegos, seguramente esta sociedad en que vivimos no estaría organizada sobre la mentira;
seguramente, esta sociedad así organizada es una prueba
más de nuestra ceguera. Sin embargo, el hecho de que esta
sociedad no estuviera organizada sobre la mentira, no significaría que por eso dejaríamos de ser ciegos. Seguramente
seguiríamos siendo ciegos. Pero esta sospecha no excluye la
esperanza de lo imposible: la de que alguna vez podamos

---

original e incisivo que conocemos es el de Enrique Pajón Mecloy,
«¿Ciegos o símbolos?», *Sirio*, núm. cit., págs. 11-14. Traza el autor un
sugestivo paralelismo de esta tragedia con el Mito de la Caverna, de
Platón (paralelismo que reencontraremos en *El tragaluz*), y sitúa el
pensamiento del dramaturgo en el ámbito del agnosticismo kantiano.

alcanzar la visión y la luz, para lo cual hay que empezar
por asumir la verdad trágica de nuestras tinieblas y sobre
esta verdad asentar nuestro vivir y nuestro convivir. Dicho
de otro modo, hay que empezar por conquistar la verdad
y la libertad en el aquí y el ahora que nos han sido dados.

Esta doble raíz conflictiva subyace en casi todos los dramas posteriores del autor, empeñado en hacer un teatro
trágico que exprese la *realidad total* del hombre: el misterio inherente a su condición y a la vez su cotidiano bregar
en una sociedad que se apoya en la mentira, en la injusticia
o en la violencia. El tema del misterio domina ampliamente
en las obras de corte más o menos simbolista, como *Irene,
o el tesoro, Casi un cuento de hadas, La señal que se espera,
Aventura en lo gris* o *Mito.* El tema social —la sociedad española actual, con todas sus injusticias, sus mentiras y sus
violencias—, en dramas como *Historia de una escalera, Hoy
es fiesta, Las cartas boca abajo* y *El tragaluz.* Pero ni aquellas obras ni éstas serían enteramente explicables si se inter-
pretaran en una sola dirección. En todas ellas está siempre
presente —o, cuando menos, latente— esa dualidad a que
nos hemos referido. Dualidad a la que no son del todo
ajenos los dramas históricos —*Un soñador para un pueblo,
Las Meninas, El Concierto de San Ovidio* y *El sueño de la
razón*—, donde no es difícil reconocer la esperanza y la
desesperación de Ignacio, ahora transmitidas a otros personajes —sean reales o inventados— en otras situaciones
concretas.

En la ardiente oscuridad pone de relieve, asimismo, una
preocupación básica en todo el teatro de Buero: mostrar lo
que uno de los investigadores de *El tragaluz* llama «la importancia infinita del caso singular». En otras palabras, la
tragedia del individuo. Este propósito resulta evidente, quizá,
a simple vista. Pero nos descubre todo su alcance cuando

tomamos en consideración el papel que las taras físicas —y psíquicas— desempeñan en este universo dramático. El número de ellas es demasiado elevado para ser casual. La ceguera reaparece en personajes de *La tejedora de sueños* (la nodriza), *Un soñador para un pueblo* (el ciego de los romances), *Las Meninas* (el semiciego Pedro Briones) y, en mayor número y más diversa significación, *El Concierto de San Ovidio*. Pilar, en *Hoy es fiesta*, sufre una grave sordera, como la figura de la abuela, en *La doble historia del doctor Valmy*. También el protagonista de *El sueño de la razón*, y en este caso se trata de algo más que de respetar el hecho cierto de que Goya fue sordo. La demencia o el desequilibrio psíquico son factores impulsores de las acciones en *Irene, o el tesoro*, *La señal que se espera*, *La doble historia del doctor Valmy*, *El tragaluz* y *El sueño de la razón*. Anita, figura clave y enigmática de *Las cartas boca abajo*, es muda, y de Riquet, el protagonista de *Casi un cuento de hadas*, nos dice el autor que su cara «está cercana a la más horrible fealdad»... Diferentes significados pueden deducirse de este cúmulo de imperfecciones, al margen de lo ya dicho a propósito de la ceguera como símbolo de las limitaciones humanas en general. Jean-Paul Borel, afortunado estudioso del teatro de Buero, ha profundizado en esta cuestión y ha encontrado otras dos interpretaciones posibles que son, cuando menos, tan importantes como la ya mencionada.

«La mayoría de los lisiados de Buero Vallejo —escribe Borel— poseen una especie de *segunda vista*, o de *sexto sentido*, como si su atención, por fuerza apartada de lo exterior, de lo llamativo, aprendiera a conocer lo profundo, lo esencial. La coexistencia de ciegos y gente normal significaría, pues, que no todos vemos las mismas cosas (o sea, que la noción de lo concreto, de lo que se ve, no es unívoca), y sobre todo que los que prestamos atención a algunos aspectos de

lo real, nos volvemos ciegos para otros aspectos». Un paso
más y comprobaremos que las taras físicas se orientan hacia
una peculiar revelación de la soledad trágica del individuo.
Escribe Borel, casi a continuación: «Ciegos, no lo somos
absolutamente (o, por lo menos, no sólo absolutamente), sino
en relación a los demás. Soy ciego, luego no veo lo que ve
el prójimo; quedo apartado de lo que a él le es dado inmediatamente; pertenezco a otro mundo que él; estoy solo
en mi universo sin colores (...) Estoy condenado a no conocer sino *mi* realidad (...) Estoy encerrado en mi mónada,
sin puerta ni ventanas, según dijo Leibniz, y éste es el sentido
profundo de nuestra ceguera: la soledad»[7]. Un rasgo muy
notable hemos de añadir, y es el que se refiere a la significación que a menudo cobran algunos lisiados frente a personajes «normales»: una significación premeditadamente ambigua y en extremo sugerente. Anita, en *Las cartas boca
abajo*, y Pilar, en *Hoy es fiesta*, llegan a constituirse —merced a su tara física— en la conciencia de, respectivamente,
Adela y Silverio. (No es menos sugerente la locura de El
Padre, en *El tragaluz*, según veremos más adelante.) El tema
de la soledad individual se amplifica, de este modo, al tema
de la personalidad, y ello desde una perspectiva que abarca,
sustancialmente, las connotaciones éticas de ese tema.

La antinomia Ignacio-Carlos volveremos a encontrarla,
con cualesquiera variantes, en no pocas obras posteriores.
Es, en parte, la antinomia Fernando-Urbano (*Historia de una
escalera*); es, desde luego, la de Silvano-Goldman (*Aventura
en lo gris*), la de Riquet-Armando (*Casi un cuento de hadas*),
la de Anfino-Ulises (*La tejedora de sueños*), la de David-
Valindin (*El Concierto de San Ovidio*), la de Mario-Vicente

---

7 J. P. Borel, «Prólogo. Buero Vallejo, ¿vidente o ciego?», *El Concierto de San Ovidio*, Barcelona, 1963, Aymá, págs. 10-11.

(*El tragaluz*)... En algún grado es también la de Irene-Dimas (*Irene, o el tesoro*), la de Luis-Enrique (*La señal que se espera*), etc. A un lado están los hombres *contemplativos;* al otro, los *activos* —por decirlo con los términos utilizados en uno de los más recientes dramas en que tal antinomia aparece: *El tragaluz*—. Este esquema, no menos persistente que las taras físicas o psíquicas, se apoya en una preocupación íntimamente conectada con lo anterior: la preocupación acerca del *comportamiento del individuo.* Y hace constar un doble desacuerdo: el desacuerdo entre pensamiento y acción; el desacuerdo entre el individuo y *el otro.*

A un lado, los *contemplativos;* al otro, los *activos* —hemos dicho—. Debemos añadir en seguida que si partimos de una rígida clasificación de este tipo, en la cual estas figuras antitéticas están condenadas a enunciar meramente la existencia de «dos bandos contrapuestos», corremos el peligro de no comprender en su profundidad y diversidad este continuado debate que aparece en el teatro de Buero Vallejo. En primer lugar, porque hay obras en las que se plantea ese debate y, sin embargo, no aparece abiertamente en escena la figura del personaje *activo* (esto sucede, por ejemplo, en *Hoy es fiesta*). En segundo lugar, porque lo frecuente es que, en relación con ello, cada obra adopte un punto de partida distinto y, consecuentemente, suministre aspectos nuevos y particulares. Así, por ejemplo, en *Historia de una escalera* encontramos un falso *contemplativo* —Fernando— y un *activo* —Urbano— que es profundamente diferente de todos los demás y que escapa a toda comparación con ellos. En *Un soñador para un pueblo*, encontramos un *activo* que, fundamentalmente, es capaz de soñar —Esquilache— y en *El Concierto de San Ovidio*, un *contemplativo* que es capaz de actuar: David. Más aún: hay personajes que superan, en sí mismos, esa antítesis. La supera Amalia, en

Madrugada, a causa de su amor. La superan Velázquez, en *Las Meninas*, y Goya, en *El sueño de la razón*, a causa de su arte, que es —diríamos, parafraseando al propio Buero— un «modo de contemplación activa».

Lo dicho remite a la necesidad de examinar con detalle, en cada obra concreta, la manera especial como el autor se replantea —y nos plantea— esta persistente antinomia. Ahora bien, es posible esbozar unos rasgos de conjunto, preliminares y abiertos a sucesivas matizaciones en cada caso particular. Por lo común, y no hay que olvidar las excepciones que acabamos de citar y otras que encontraremos más adelante, el personaje *activo* revela una carencia mucho más grave que cualquier tara física: la carencia de escrúpulos. Piénsese en Carlos, Ulises, Dimas, Valindin, Vicente... o Fernando VII, por no recordar al siniestro Paulus (*La doble historia del doctor Valmy*). Impulsados por sus egoísmos o por sus bajos apetitos, todos estos personajes se valen de cualesquiera medios, y estos medios suelen ser la crueldad y la violencia, para hacer realidad sus deseos. Son víctimas de sí mismos y convierten en víctimas a quienes están a su alrededor o bajo su poder. Ante ellos, el espectador comprende inmediatamente que, por un elemental imperativo ético, no se puede ser así y, sobre todo, *no se puede actuar así*. Ahora bien, ¿quiere esto decir, como Vicente dice en *El tragaluz*, que «toda acción es impura»? A través de sus personajes *contemplativos*, el autor parece corregir esta afirmación del modo siguiente: toda acción *puede ser* impura. Depende del cómo y el porqué de cada acción particular.

La galería de personajes *contemplativos* precipita un modelo humano bastante homogéneo. Piénsese en Ignacio, Riquet, Silvano, Anfino, David, Mario... Sin olvidar las figuras de Esquilache —en cuanto éste tiene de soñador, como sucede con el gran Pedro Briones de *Las Meninas*—, de Silverio y tantos otros. Son personajes escrupulosos, dubitativos, angustiados, que no pueden vivir en un mundo que les viene demasiado pequeño, que tienen clara conciencia de las limitaciones de su propia condición o de las imperfecciones de la sociedad, que sueñan una libertad y una perfección superiores... Casi todos fracasan, en el sentido inmediato de que no consiguen verificar su sueño en el mundo de la realidad en que viven. No lo consiguen porque sueñan lo imposible, o quizá porque su capacidad de acción es inferior a los obstáculos del mundo hostil que les rodea, o quizá porque no son suficientemente buenos, suficientemente limpios, para conseguirlo. Sea cual sea el motivo que más directamente pueda explicar ese fracaso, hay que añadir en seguida que todos estos personajes «se salvan» porque han verificado una relación humana con *el otro*. Han muerto o han sido aniquilados en su lucha por la verdad y por la libertad, pero esa lucha no ha sido en vano. Precisamente por y a partir de ella, acaso *otros* puedan convertir un día en realidad lo que para estos personajes sólo ha sido un sueño. Es en este punto donde el teatro de Buero Vallejo despliega, más abiertamente, su repertorio de exigencias éticas, y donde, sin duda, mejor puede corroborarse su idea de la *esperanza trágica*.

A estas características y constantes de su teatro, que venimos describiendo, es imprescindible sumar, cuando menos, esta otra: la que se refiere al tema de España. Heredero de una cultura aplastada bajo los escombros de la guerra y de la postguerra, nuestro autor ha adoptado desde el principio una clara voluntad integradora y restauradora. Jean-Paul Borel subraya que en el teatro de Buero se reaviven temas, preocupaciones cardinales del mejor teatro español anterior a la guerra civil [8], y ya hemos observado, páginas

---

[8] Jean-Paul Borel, *El teatro de lo imposible*, Madrid, 1966, Guadarrama, págs. 227 y sigs.

atrás, que la esperanza y la desesperación de Ignacio hundía sus raíces en substratos muy profundos de la cultura española. Podemos decir ahora que, movido por esta voluntad restauradora y continuadora, el teatro de Buero reencuentra el tema de España desde una perspectiva intelectual muy semejante a la de un Larra, a la de un Galdós, a la de los escritores del 98... Esto es, una perspectiva desde la cual el criticismo aparece como la forma más positiva, necesaria y honrada de un patriotismo auténtico; criticismo que surge al comprobar con melancolía lo que la España real es, en contraste con lo que la España soñada puede ser.

Algo muy nuevo, muy personal, puede apreciarse, sin embargo, en este criticismo buerista: esa preocupación de signo primordialmente ético, que acabamos de hallar, y que en parte resulta explicable al considerar cuál es el momento social e histórico en que el autor escribe: a partir de —y también, *a pesar de*, y en otro sentido, *a causa de*— las ruinas materiales y morales de nuestra última discordia civil. El tema de España, perceptible incluso, de una manera mediata, en aquellas obras en que el dramaturgo sobrepasa los límites de la realidad, es especialmente visible, de una manera inmediata y fundamental, en estas acabadas pinturas de la sociedad española de este tiempo, que se titulan *Historia de una escalera, Hoy es fiesta, Las cartas boca abajo* y *El tragaluz*. Lo es, igualmente, en los dramas históricos —en *Un soñador para un pueblo*, en *Las Meninas*, en *El sueño de la razón*—, dramas que contemplan circunstancias fronterizas de nuestra historia, conflictos que en su día no fueron resueltos y que han prefigurado, en notable medida, nuestro presente. En todas estas obras, el autor se afana en descubrir las grandes lecciones transmitidas y desoídas, los cimientos éticos desde los cuales habría sido posible —y todavía hoy puede serlo— construir la España soñada.

El espectador se siente llamado, muy pronto, a recabar sobre sí —moral y cívicamente— esta formidable tarea.

Unidad, diversidad. No resultaría fácil decidir cuál es, de entre todas estas características que hasta aquí hemos podido comprobar, la que más genuinamente singulariza el teatro de Buero Vallejo. Acaso lo sea el deliberado empeño de integrar esa diversidad en una unidad radical, aunque no monocorde.

IV

DEL SAINETE A LA TRAGEDIA: APOCALIPSIS DE UNA CIUDAD

TRANSFIGURACIÓN DEL SAINETE

En algunas críticas de la prensa diaria, como la de *Ya*, firmada por Jorge de la Cueva, *Historia de una escalera* fue alineada en una corriente teatral muy concreta y definida: el sainete. Y, en tanto que sainete, ampliamente celebrada [1]. En cambio, para Torrente Ballester, «ninguno de los procedimientos caracterizantes del sainete aparece en el drama de Buero» y «la estética del sainete dista de la concepción de Buero tanto como dista lo típico de lo individual, lo accidental de lo esencial» [2]. Nuestra interpretación es equidistante de ambas apreciaciones [3].

---

[1] Crítica recogida en *Teatro Español 1949-50*, ed. cit., págs. 96-97.

[2] Gonzalo Torrente Ballester, *Teatro Español Contemporáneo*, ed. cit., pág. 102.

[3] En cierta medida, el propio Torrente se replantea la cuestión, al escribir de *Hoy es fiesta*, más adelante: «...es, en cierto modo, un sainete, y no lo digo con la menor intención peyorativa, antes al contrario». (*Op. cit.*, pág. 331.)

En *Historia de una escalera* advertimos, como ya hemos anticipado páginas atrás, dos herencias insospechadamente sintetizadas y trascendidas. De un lado, el sainete. De otro, el teatro de Unamuno, que en su tiempo se le designaba como «teatro de ideas» —designación cuajada de interesantes significaciones indirectas, pues nos pone en la pista de que hay otro teatro español, más frecuente, que carece de ellas—. El sainete, en todo momento, fue, de modo efectivo e incuestionable, un teatro de auténtica proyección popular. Digámoslo de manera más gráfica y rotunda todavía: el pueblo español la ha gozado con el sainete y otras formas teatrales afines. Sus admirables pinturas costumbristas, la gracia de su lenguaje (con toda la recreación «literaria» que éste pudiera tener en algunos de sus cultivadores) y, finalmente, su técnica teatral —artesana, sin duda, pero también sabia y siempre eficaz— son altas cualidades que difícilmente pueden ser discutidas. Nos permitimos observar que a este género le faltó siempre, sin embargo, una mayor densidad intelectual y estética, una mayor capacidad de incisión para elevarse de la mera estampa de costumbres a una visión rigurosa del hombre y de su realidad contingente. En cuanto al teatro de Unamuno, no necesitamos descubrir ahora sus valores trágicos de primer orden, porque son conocidos y, además, cada día más justamente estimados. Y quizá sea también ocioso añadir que a este teatro le faltó un cauce expresivo propiamente dramático, un mayor conocimiento y dominio —por parte de su autor— de las formas dramáticas, cualquiera que fuera su signo.

Aunque esquematizando un poco, podríamos concluir: 1.º, *Historia de una escalera* toma del sainete, con una lógica depuración, todo o casi todo lo que es cauce expresivo. Toma su ambiente, su lenguaje y hasta situaciones más o menos típicas —discusiones de vecindad, por ejemplo— e incluso rasgos arquetípicos de personajes, si bien sometidos a severas matizaciones que permitan trascender *lo típico* y llegar a *lo individual;* 2.º, de Unamuno toma su visión trágica del hombre y del mundo, su «sentimiento trágico de la vida», su conciencia de la contradicción entre realidad vivida y realidad soñada, su repugnancia por las «soluciones concretas», como ya hemos hallado, con toda plenitud, en el mundo de *En la ardiente oscuridad;* 3.º, esta singular mixtura de costumbrismo y pathos unamuniano precipita un modelo dramático nuevo, el cual cierra y sobrepasa dos corrientes dramáticas anteriores, que parecían irreconciliables y antagónicas, y que en 1949 estaban ya fuera de uso, o al menos de buen uso[4]. En una línea enteramente similar, podemos contemplar varios dramas posteriores de Buero. En primer lugar, *Hoy es fiesta;* desde un particular punto de vista, *Irene, o el tesoro;* en cierta medida, y por pequeña que a simple vista parezca, *Las cartas boca abajo* y *El tragaluz.* Con excepción de *Irene, o el tesoro,* todas estas obras componen un inmediato testimonio crítico de la sociedad española de estos años —aparte otras implicaciones, que luego hemos de ver— y es en ellas donde más plenamente puede apreciarse ese *realismo procesal* del teatro de Buero, de que nos ha hablado Pérez Minik.

Previamente al análisis de estas obras —objeto de este y de los dos siguientes capítulos— resulta imprescindible,

---

4 Este modelo dramático ejerce una notoria influencia en dramaturgos de aparición posterior. Piénsese en *La madriguera* y *Un hombre duerme,* de Ricardo Rodríguez Buded; *Los pobrecitos,* de Alfonso Paso; *Cerca de las estrellas,* de Ricardo López Aranda, y hasta, parcialmente, en *La camisa,* de Lauro Olmo. En todas estas obras sería fácil hallar, con predominio de estos o los otros aspectos, con mayor o menor intensidad, una vinculación a *Historia de una escalera,* aunque ninguna de ellas se interne tan profundamente en el ámbito de lo trágico como la obra de Buero.

sin embargo, clarificar algunos extremos referentes a lo que, en 1956, Fernández Almagro llamaba «transfiguración del sainete» [5], a fin de poder situar históricamente el papel, que Buero desempeña, a través de los mencionados títulos —y, sobre todo, de *Historia de una escalera*— en relación con dicho fenómeno.

Cada vez se hace más notorio que, para una adecuada comprensión del teatro español contemporáneo, se impone una revisión crítica, a fondo, del sainete en sus diversas manifestaciones, ramificaciones y transformaciones. En sus rasgos externos, el itinerario histórico está claramente delimitado. Dicho en dos palabras: de los pasos de Lope de Rueda, a los entremeses, jácaras, loas, etc., del Siglo de Oro; después, los sainetes, propiamente dichos, de Ramón de la Cruz en el XVIII; más tarde, entre la segunda mitad del XIX y primeros años del XX, el auge del «género chico»... Todo esto es bien sabido. No lo es tanto que existen raíces —en ocasiones, sorprendentes— que enlazan, como a través de un secreto cordón umbilical, muchas e importantes aventuras dramáticas de la presente centuria con aquella forma peculiarísima de teatro popular. Fernández Almagro, en el mencionado artículo —que bien podría servir como punto de partida para un estudio serio del problema—, insinúa que el arranque de esta que él llama «transfiguración» puede verse en *Juan José*, de Dicenta (*Juan José* se estrena en 1895), y cita a continuación los nombres de Arniches y de Valle-Inclán, como ejemplo de dos grandes propuestas en esta línea transfiguradora, para terminar refiriéndose a un drama de Buero, *Hoy es fiesta*, cuyo estreno, a todas luces, movió al crítico a estas reflexiones.

---

[5] Melchor Fernández Almagro, «Transfiguración del sainete», *A B C*, 17 octubre 1956.

En lo que se refiere al teatro de Carlos Arniches, y además de la siempre citada interpretación crítica de Pérez de
Ayala en *Las Máscaras*, es oportuno recordar un penetrante
artículo de Pedro Salinas, «Del género chico a la tragedia
grotesca: Carlos Arniches», publicado en 1933 [6], e igualmente
el extenso libro que, en fechas recientes, Vicente Ramos ha
dedicado a este dramaturgo [7]. Salinas observa que el «género
chico», como tal, languidece hacia 1910 y que Arniches —hasta
entonces uno de sus más destacados cultivadores— inicia
a partir de ese momento una nueva dirección en su arte,
orientada hacia una profundización tragicómica en ese universo popular y costumbrista, que sólo venía siendo mostrado en sus rasgos anecdóticos y marginales. Conviniendo,
implícitamente, con Pérez de Ayala, Salinas subraya a su
vez la tensión que vibra en esta nueva etapa de Arniches:
«el juego de comicidad externa y gravedad profunda» [8]. En
cuanto a Valle-Inclán, Zamora Vicente ha estudiado, con
exhaustivo acopio de datos, la íntima conexión que hay entre
Luces de Bohemia y el sainete [9]. Como Arniches, aunque
con mucha mayor audacia y resultados más ricos, Valle-Inclán parte —en muchos aspectos— del sainete y de otras
formas teatrales menores de su tiempo, para llegar a su
gran tragicomedia española, que él bautizó con el nombre
de *esperpento*. El *esperpento* es, con toda seguridad, lo más
importante que se ha producido en el teatro español del
siglo XX, y puede equipararse, por su calidad y por el signo

---

6 Recogido en *Literatura Española Siglo XX*, Madrid, 1970, Alianza Editorial, págs. 126-131. La primera edición de este importante
libro data de 1941.

7 Vicente Ramos, *Vida y teatro de Carlos Arniches*, Madrid, 1966,
Alfaguara, 350 págs.

8 Pedro Salinas, *op. cit.*, págs. 130-131.

9 Alonso Zamora Vicente, *La realidad esperpéntica. (Aproximación
a «Luces de Bohemia»)*, Madrid, 1969, Gredos, 205 págs.

de su problemática, con las más vigorosas creaciones del teatro moderno: con el teatro de Beckett, por ejemplo, o, en otro sentido, con el de Brecht, como ya hemos dicho repetidas veces.

Pero no se limita a estos autores la nómina de quienes han visto en el sainete un trampolín para acceder a formas dramáticas de mayor entidad [10]. En especial, cabe recordar algunas obras de *Azorín* y de Pedro Salinas. Del primero, *Old Spain* (1926) y *Brandy, mucho brandy* (1927); esta última, con el irónico subtítulo de «sainete sentimental». En las dos obras, el comienzo de la acción es de corte típica y premeditadamente sainetesco [11]. Lo mismo sucede, por ejemplo, en *La Fuente del Arcángel*, de Salinas, cuya primera escena *parece* sacada de un texto de los hermanos Quintero. Todo el esfuerzo de ambos dramaturgos, *Azorín* y Salinas, apunta en esta dirección: invitarnos a ir más allá de la estampa de costumbres y penetrar en los grandes enigmas que se esconden tras la superficie del sainete. Dámaso Alonso, espectador de una representación de *La Fuente del Arcángel* por el grupo dramático del Departamento de Español de Barnard College, en 1951, ha descrito con gran riqueza de detalles cómo se produce esa transición y cómo reacciona el público ante ella [12].

Arniches y, sobre todo, Valle-Inclán convierten el universo costumbrista del sainete en un universo tragicómico, irrisorio y espectacular; *Azorín* y Salinas, en un universo de

---

[10] A la tentación del sainete se rinde, incluso, un escritor tan grave y severo como Unamuno. Recuérdese *La difunta*, pieza en un acto, de 1909.

[11] Sobre el teatro de *Azorín*, véase nuestro estudio «*Azorín*, dramaturgo», *Cuadernos Hispanoamericanos*, núm. 226-227, octubre-noviembre 1968, págs. 390-405.

[12] Dámaso Alonso, «Con Pedro Salinas», *Clavileño*, núm. 11, septiembre-octubre 1951, págs. 17-18.

atmósfera lírica y equilibrado humanismo, muy próximo a una estética simbolista. Pero es casi seguro que no se agota todavía en estos nombres y en estas direcciones la transfiguración de que hablara Fernández Almagro. Por ejemplo, algunas piezas en un acto de Max Aub, el Max Aub posterior a la etapa vanguardista, el Max Aub del exilio, quizá tienen mucho que ver con el sainete, y en este caso se trataría de una transfiguración en el camino de un teatro de formas realistas, o neorrealistas, y contenido épico-político. Como fuere, lo dicho hasta aquí es suficiente para comprobar la realidad y la diversidad de este fenómeno: la transfiguración o transformación o —si se prefiere— parcial reactualización del género sainetesco. Simultáneamente, es posible observar —Fernández Almagro no lo hizo— su degradación. Degradación que, seguramente, culmina en el *astracán* de Muñoz Seca y que, desde luego, alcanza toda su extensión en la escena española de postguerra, en autores como Torrado, Navarro y otros muchos, además de tantos y tantos espectáculos pseudofolklóricos, pseudocostumbristas, burdos, sensibleros y de ingrato recuerdo. Es curioso. Precisamente en esos años, Buero Vallejo se propone con *Historia de una escalera* una gran tarea que, hasta entonces, nadie había abordado.

«Todos los espectadores habían notado desde que se levantó el telón —escribe Pérez Minik— que esta escalera era igual a la de los sainetes de Carlos Arniches, a la de los dramas populares de Joaquín Dicenta o a la de *Las castañeras picadas* de don Ramón de la Cruz. El pequeño realismo coloquial, localista y pintoresco de todo este teatro se convertía en *Historia de una escalera* en un realismo procesal, problemático y tenebrista, es decir, que por primera vez en los anales de nuestro escenario el sainete divertido y ejemplar se transfiguraba en drama verdadero, universal y trascendente» [13]. Por primera vez, no —debemos puntualizar—. Ya hemos visto que esa transfiguración —la expresión de Minik coincide con la de Fernández Almagro— tiene lugar mucho antes. Lo realmente nuevo en el tratamiento buerista radica en que ese escenario se nos proponga como el ámbito de una tragedia —no de una tragicomedia [14]— y ello con ese conjunto de significaciones que Minik ha acertado a ver y mostrar de un modo claro, penetrante.

«MADRID ES UNA CIUDAD DE MÁS
DE UN MILLÓN DE CADÁVERES»

¿Qué es *Historia de una escalera*? La respuesta no ofrece lugar a dudas: es la historia de una frustración. De una

---

[13] Domingo Pérez Minik, *Teatro Europeo Contemporáneo*, ed. cit., págs. 384-385.

[14] No se nos oculta el arduo problema que —sin duda, desde el Renacimiento— plantea la distinción entre tragedia y tragicomedia. ¿Dónde termina aquélla? ¿Dónde empieza ésta? La frontera es, con frecuencia, muy convencional y, en más de una ocasión, inexistente. No puede extrañar que sea así, pues precisamente el Renacimiento inventa la tragicomedia como síntesis de lo trágico y de lo cómico. Síntesis que, en autores modernos como Valle-Inclán o Samuel Beckett, ha llegado a formas muy depuradas, en las que lo cómico y lo trágico aparecen como *una sola cosa* —la vida humana— y no como factores independientes e intercalados entre sí. Por otra parte, en los intentos que conoce la edad moderna por restaurar la tragedia (recuérdese a O'Neill, a García Lorca, a Jean-Paul Sartre), nunca están del todo ausentes ciertos rasgos tragicómicos, y así sucede en el teatro de Buero Vallejo: en *Historia de una escalera*, en *Hoy es fiesta*, en *Las cartas boca abajo*, en *El Concierto de San Ovidio*, etc. Así, pues, y hasta tanto una más ágil preceptiva del arte dramático no resuelva con alguna claridad este problema, la única distinción válida entre tragedia y tragicomedia es —con independencia de los textos teóricos, explícitos, de los propios autores: material éste, desde luego, secundario, pero siempre de gran utilidad— la que se refiere al mayor o menor predominio que lo trágico o lo tragicómico tienen

frustración individual y de una frustración colectiva. Ningún personaje del drama escapará a un destino sórdido, tejido por sucesivas y graves claudicaciones.

Apenas iniciada la acción, el autor nos presenta un diálogo —de particular importancia dentro de la contextura del drama— entre dos jóvenes: Fernando y Urbano. De una manera sencilla y directa, rápidamente queda retratada la psicología de ambos personajes (no se trata, por lo demás, de personajes psicológicamente complejos, demasiado complejos). Es común en ellos una abierta disconformidad con el medio social en que viven y una esperanza en un futuro mejor. Ahora bien, se diferencian radicalmente en su manera de concebir ese futuro mejor, de luchar por él. Extractamos del diálogo este breve y significativo fragmento:

> FERNANDO: (...) ¿Qué hay por tu fábrica?
>
> URBANO: ¡Muchas cosas! Desde la última huelga de metalúrgicos, la gente se sindica a toda prisa. A ver cuándo nos imitáis los dependientes.
>
> FERNANDO: No me interesan esas cosas.
>
> URBANO: Porque eres tonto. No sé de qué te sirve tanta lectura.
>
> FERNANDO: ¿Me quieres decir lo que sacáis en limpio con esos líos?
>
> URBANO: Fernando, eres un desgraciado. Y lo peor es que no lo sabes. Los pobres diablos como nosotros nunca lograremos mejorar de vida sin la ayuda mutua. Y eso es el sindicato. ¡Solidaridad! Esa es nuestra palabra. Y sería la tuya si dieses cuenta de que no eres más que un triste hortera. ¡Pero como te crees un marqués!
>
> FERNANDO: No me creo nada. Sólo quiero subir, ¿comprendes? ¡Subir! Y dejar toda esta sordidez en que vivimos.

---

en cada drama particular; predominio que es el que decide, finalmente, la orientación de ese drama. Esta distinción, como método, no deja de antojársenos un tanto rudimentaria e incompleta, pero puede ser instrumentalmente útil, y de eso se trata por ahora.

URBANO: Y a los demás que nos parta un rayo.

FERNANDO: ¿Qué tengo yo que ver con los demás? Nadie hace nada por nadie. Y vosotros os metéis en el sindicato porque no tenéis arranque para subir solos. Pero ése no es camino para mí. Yo sé que puedo subir, y subiré solo.

Esta discusión termina en una especie de apuesta. Dice Fernando: «Te emplazo para dentro de... diez años, por ejemplo. Veremos entonces quién ha llegado más lejos, si tú con tu sindicato o yo con mis proyectos». Urbano no se entusiasma mucho con la apuesta. «Lo más fácil —responde— es que dentro de diez años sigamos subiendo esta escalera». Ahora bien, no por ello deja de hacer explícita una íntima, radical esperanza: «Si yo llego, llegaremos todos».

He aquí, como decimos, dos maneras opuestas, contradictorias entre sí, de proyectar la propia vida, de *estar* en el mundo. Individualista e insolidaria, la primera; solidaria y colectivista, la segunda. Ambas —en el drama que nos ocupa— desembocan en el más completo fracaso, lo que el espectador puede comprobar en el acto segundo —cuya acción transcurre diez años después del primero— y en el acto tercero —cuya acción transcurre veinte años después del segundo—. Efectivamente, Fernando y Urbano no han llegado a ninguna parte. Siguen viviendo una existencia sórdida, continúan subiendo y bajando esa escalera impasible, y la vida se les va de las manos sin poder realizar en ella ese destino mejor, al que aspiraban en sus años juveniles.

Pero el fracaso de estos personajes no se reduce únicamente a este que podríamos llamar proyecto social, o profesional, de sí mismos. Por el contrario, el fracaso también les alcanza de lleno en su vida familiar. El primer acto termina con una escena en que Fernando declara su amor a Carmina, y las palabras de él resuenan en la mente de la muchacha como una promesa de felicidad segura y tangible.

Cuando de nuevo se alza el telón, nos encontramos, sin embargo, con que Fernando ha contraído matrimonio con la hija de don Manuel —un pequeño comerciante, con cierta fortuna económica—. Es obvio: esa fortuna ha sido la causa del matrimonio, ese matrimonio es un desastre, ese desastre se agrava cuando muere don Manuel y la fortuna es dilapidada. En cuanto a Urbano, tampoco su suerte parece mejor. Contrae matrimonio con Carmina, pero Carmina no le quiere. Carmina sigue queriendo a Fernando y, si acepta el amor de Urbano, es simplemente porque éste le parece una buena persona y, fundamentalmente, porque no quiere quedarse soltera. Es obvio: este matrimonio, construido sobre cimientos igualmente frágiles, acaba en otro pequeño fracaso.

En estas dos dimensiones, pues, se nos muestra la frustración de Fernando y Urbano: en su vida social, civil, y en su vida íntima, familiar. La relación de estos dos planos en la existencia del individuo no es nunca clara y simple, sino, en todo instante, llena de complejidad, de contradicciones, susceptible de infinitas matizaciones. Así aparece en el drama que nos ocupa. De ahí que debamos considerar insuficiente, en igual medida, cualquier interpretación que se atenga sólo a la pobreza como causa inmediata del fracaso familiar de estos personajes (no es causa inmediata, sino mediata) o bien que estime este fracaso como igualmente seguro en un medio social distinto, soslayando así las duras condiciones de vida que la sociedad les ha impuesto. Disociar estos planos equivaldría a tejer una historia diferente, y de lo que se trata es de comprender ésta, en la cual ambos planos se entrecruzan y yuxtaponen.

En el nivel más personal, más subjetivo, ¿qué razones pueden explicarnos el fracaso de Fernando y Urbano? Jean-Paul Borel, que considera *Historia de una escalera* como «el drama del amor frustrado», escribe a este respecto:

> Fernando fracasa *porque* es infiel a su amor y porque se casa con Elvira, a quien no ama, pero cuyo padre es relativamente rico (...) También Urbano fracasa en el conjunto de sus magníficas ambiciones *porque* se aprovecha de la situación desesperada en que se encuentra Carmina para pedirle que sea su novia, cuando sabe muy bien que todavía ama a Fernando (...) Se trata de una serie de comienzos falsos, que representan una mala elección de valores. Al principio de su vida, estos jóvenes son infieles a lo que hay en ellos de esencial, a su amor, y no respetan el amor de los otros. Y de esta manera violan su propia moral de jóvenes, cuyo supremo valor es el amor [15].

La observación de Borel es certera. En la tragedia personal —familiar— de estos personajes, hay una culpabilidad de origen: su inautenticidad, su «infidelidad al amor». Y por lo mismo que son personajes trágicos, deben expiar su culpa. Pero a la vez, y Borel no lo olvida, la tragedia de estos personajes está íntimamente ligada a un medio social, aspecto éste en el que, probablemente, existen otros errores de origen, otras inautenticidades culpables, que están siendo expiadas. Fernando es, en este punto, un ejemplo muy claro. Al principio se nos ha mostrado su actitud básicamente insolidaria; en el encuentro final entre Fernando y Urbano, a través de los reproches que este último le hace, intuimos que esa actitud insolidaria se ha traducido, en un instante dado, en cobardía, en irresponsabilidad:

> FERNANDO: (...) Tú ibas a llegar muy lejos con el sindicato y la solidaridad. (*Irónico*). Ibais a arreglar las cosas para todos... hasta para mí.
> URBANO: Sí, hasta para vosotros, los cobardes, que nos habéis fallado [16].

---

[15] Jean-Paul Borel, *El teatro de lo imposible*, ed. cit.. págs. 231-232.
[16] Cito por la variante que señala Patricia W. O'Connor, «Censorship in the Contemporary Spanish Theater and Antonio Buero

El ambiente opresivo, en que estos personajes viven, aparece retratado en el drama con gran minuciosidad. Ese retrato es minucioso por los múltiples datos que explícitamente se revelan; pero lo es también por *lo que no se dice*, por los sobreentendidos que gravitan constantemente en escena: por ejemplo, la guerra civil, de la que no se habla abiertamente ni una sola vez, pero que *está allí* y sus efectos casi *se respiran* (acto tercero). El ambiente tiene en *Historia de una escalera*, pues, una importancia excepcional, como lo tendrá en *Hoy es fiesta*, en *Las cartas boca abajo* o en *El tragaluz*. Ese ambiente se materializa simbólicamente en la escalera de vecindad. No cabe duda que esta dimensión social e histórica del drama, en la cual está contenida la tragedia individual de los personajes —estableciéndose una dualidad típicamente bueriana y cuajada de sugerencias— estaba muy presente en la conciencia de los espectadores de 1949. Aun cuando las fechas que correspondían a los diversos actos podían conducir, en cierto modo, a una desorientación cronológica, el espectador de 1949 sabía muy bien lo que significaban las esperanzas de Urbano, en el primer acto, y lo que significaba su fracaso posterior. En la historia contemporánea española, la esperanza democrática de Urbano tiene un momento muy concreto y preciso; también lo tiene su derrota. A la luz de estas consideraciones, es claro que se comprende mejor el conflicto —individual y colectivo— que el drama plantea; y se comprende asimismo el calor con que los espectadores aplaudían al término de las representaciones de la obra, movidos, evidentemente, por impre-

---

Vallejo», *Hispania*, vol. LII, núm. 2, mayo 1969, pág. 283. En las ediciones de esta obra, la réplica de Urbano es: «¡Sí! ¡Hasta para los zánganos y cobardes como tú!».

siones mucho más profundas de lo que había supuesto la crítica diaria [17].

Buero definió por entonces *Historia de una escalera* como apocalipsis (en el sentido riguroso de *revelación*) de una ciudad que ya no podía ser mostrada en sus rasgos meramente costumbristas [18]. Apocalipsis, revelación que se amplifica, espontáneamente, a una perspectiva social y nacional. Revelación que fue, dicho sin rodeos, una conmoción en la conciencia del público teatral de aquel momento. *Historia de una escalera* viene a ser de este modo, según puede leerse hoy en cualquier manual de literatura española contemporánea, el equivalente dramático a algunas novelas y algunos libros de poesía que, a partir de 1945, y al socaire de los efectos que tiene en la vida española el desenlace de la guerra mundial, inician entre nosotros una restauración intelectual y literaria, por encima o por debajo de los obstáculos todavía existentes: algunas de estas obras se anticipan, ligeramente, a dicha frontera cronológica. A este respecto, suelen citarse novelas como *La familia de Pascual Duarte* (1942) y *La colmena* (1951), de Camilo José Cela; *Nada* (1944), de Carmen Laforet, etc. En poesía, libros como *Hijos de la ira* (1944), de Dámaso Alonso; *Tranquilamente hablando* (1947), de Gabriel Celaya; *La casa encendida* (1949), de Luis Rosales, etc. Aparte divergencias generacionales, ideológicas o, simplemente, literarias, cabe ver en estas obras —y la relación dista mucho de agotarse en ellas— un común espíritu de época, un compartido sentimiento de disconformidad y una apetencia de *autenticidad*. En algunos casos, pueden apreciarse paralelismos o afinidades muy notables. Revelación de una ciudad es *Historia de una escalera* y revelación

---

[17] No así la crítica posterior.
[18] Cito de memoria.

de una ciudad es, desde la intimidad subjetiva de un poeta, *Hijos de la ira*, cuyo primer poema —y de éste, sus primeros versos— fue un verdadero impacto en la conciencia de las nuevas generaciones; primeros versos que bien pueden resumir el mundo trágico de *Historia de una escalera*:

> Madrid es una ciudad de más de un millón
> de cadáveres (según las últimas estadísticas) [19].

Una ciudad de cadáveres, una escalera que no lleva a ningún sitio... Es decir, una misma esperanza, una esperanza secreta, rabiosa, que pugna por manifestarse tras estas impugnaciones literarias. Pero, ¿qué clase de esperanza puede abrigarse desde *esa* ciudad, desde *esa* escalera?

DESTINO-LIBERTAD. TRAGEDIA-ESPERANZA

Esta pregunta nos sitúa frente a uno de los problemas medulares de lo trágico, el problema de la esperanza, sobre el cual Buero Vallejo ha escrito páginas muy incisivas, y cuyas ideas básicas ya hemos examinado en un capítulo anterior. En síntesis: hemos comprobado que, para Buero, tragedia equivale siempre a esperanza, en tanto que, sin ésta, no existe aquélla. Pero ahora tenemos que ver *cómo* nos presenta esa cuestión en su propio teatro, y en tal sentido *Historia de una escalera* —como, asimismo, la pieza en un acto, *Las palabras en la arena*— nos entreabre un campo de observación enormemente interesante.

Interpretaciones muy diferentes ha encontrado la escena final de *Historia de una escalera*. En esta escena, Fernando

---

[19] Dámaso Alonso, *Hijos de la ira*, Madrid, 2.ª ed., 1958, Espasa-Calpe, pág. 15.

(hijo) y Carmina (hija) repiten, casi palabra por palabra, la ilusionada escena de amor de Fernando y Carmina, con que terminaba el primer acto. «Tenemos que ser más fuertes que nuestros padres —dice Fernando (hijo)—. Ellos se han dejado vencer por la vida. Han pasado treinta años subiendo y bajando esta escalera... Haciéndose cada día más mezquinos y vulgares. Pero nosotros no nos dejaremos vencer por este ambiente. ¡No! Porque nos marcharemos de aquí. Nos apoyaremos el uno en el otro. Me ayudarás a subir, a dejar para siempre esta casa miserable (...) Saldré de aquí. Dejaré a mis padres. No los quiero. Y te salvaré a ti (...) Aquí sólo hay brutalidad e incomprensión para nosotros. Escúchame. Si tu cariño no me falta, emprenderé muchas cosas». A esta escena asisten, como espectadores mudos, asombrados, Fernando y Carmina. En la acotación final, leemos que «sus miradas, cargadas de una infinita melancolía, se cruzan sobre el hueco de la escalera, sin rozar el grupo ilusionado de los hijos».

Esta escena plantea, desde luego, una interrogación: ¿van a ser estos muchachos tan desdichados como sus padres? ¿Fracasarán, como ellos han fracasado? Algunos críticos se han inclinado por una respuesta afirmativa. Según esto, ¿imprime ese final un sentido cíclico a la obra, y se deduce de todo ello que esta escalera es como una cárcel de la que no se puede salir? En cuyo caso, ¿se sobrepone el destino a la libertad de los personajes? *Las palabras en la arena* nos sugiere, en términos similares, las mismas preguntas. Asaf, jefe de la guardia del Sanhedrín, mata a su esposa —Noemí— por adúltera. Cristo se lo había advertido, escribiendo en la arena esta sola palabra: *asesino*. Consecuentemente, ¿presenciamos de nuevo el triunfo del destino sobre la libertad?

Debemos a Jean-Paul Borel la interpretación que zanja, de modo definitivo, esta cuestión. A decir verdad, lo que

Borel hace es lo más simple... y lo más eficaz. Aplica a estas obras un criterio muy generalizado entre los mejores especialistas en la tragedia griega, criterio que el propio Buero Vallejo admite y comparte en sus escritos discursivos sobre la misma, y según el cual, cualesquiera que sean los obstáculos que se ciernen sobre el héroe trágico, éste siempre es libre en la elección de sus actos y, consiguientemente, siempre es el forjador de su destino: su carácter es su destino, y no las fuerzas ciegas de la fatalidad. Incluso en las tragedias más aparentemente «cerradas» —ha recordado Buero Vallejo con oportunidad— siempre hay un acto libre que desencadena los episodios sangrientos, y éstos suelen cerrarse mediante un acto libre de perdón y de comprensión [20]. Ejemplo muy peculiar de esto último es *La Orestiada;* de todo lo anterior, *Edipo Rey.*

Así, escribe Borel:

> Si Cristo adivinase o supiese que estaba a punto (Asaf) de cometer un crimen que no podía ser evitado por nada, entonces el mal estaría *en el mundo,* en los elementos ajenos a la voluntad individual. Pero Cristo nada sabe que no sepan los demás: es hombre. Simplemente ve al soldado violento y sin piedad, seguro de sí, orgulloso, impulsivo; y presiente que el crimen está en él, latente. Si Asaf no escucha el grito de alarma, si no escucha la voz de la bondad, si no aprende la generosidad y el perdón, acabará por matar. El mal entonces no está en el mundo, sino más bien en el hombre, tanto en Asaf como en los demás, y de cada uno depende que triunfe o que sea vencido (...) La verdad de un individuo no es una noción estática, sino una tendencia del carácter contra la que es posible luchar [21].

---

[20] Cf. Antonio Buero Vallejo, «La Tragedia», *El teatro. Enciclopedia del Arte Escénico,* ed. cit., págs. 69 y sigs.

[21] Jean-Paul Borel, *op. cit.,* pág. 236.

Todo lo cual corrobora esta afirmación previa y fundamental: «Existe lo trágico, y no simplemente lo absurdo, porque queda una posibilidad de salvación» [22].

Ahora podemos volver a esa escena final de *Historia de una escalera*, y afirmar que Fernando (hijo) y Carmina (hija) van a ser libres para trazar su propio destino. Si son inauténticos y torpes, como lo fueron sus padres, fracasarán; si, por el contrario, no cometen los errores de sus progenitores, es posible que conviertan en realidad lo que para aquellos fue sólo un deseo. Cuando cae el telón, queda en pie, pues, una pregunta. Y con ella, la duda, el temor, la esperanza... Una esperanza que es *conciencia de la libertad*. En otro aspecto, y con referencia a las figuras de los padres, cabe extender esta idea de lo trágico —creemos— en el sentido siguiente. Para Fernando y Carmina, esta escena de amor entre sus hijos puede tener el valor de una anagnórisis: en ellos pueden reconocer su propia verdad, el motivo de su fracaso. Cierto que ya no es tiempo de rehacer el pasado, que su vida ha sido lo que ellos han decidido que fuera y que ahora deben expiar sus errores. Pero en la medida en que sean capaces de asumir sus propias culpas y de ayudar a sus hijos a no incurrir también en ellas, les será posible dar un significado nuevo y positivo a su vida. Así pues, también para ellos «queda una posibilidad de salvación», aunque ésta sea más oscura y difícil que en el caso de los hijos. También para ellos queda abierta la esperanza. También ellos son una pregunta que el dramaturgo deja sobre el escenario, comprometiendo la responsabilidad del espectador para dar una respuesta en su vida real.

Descartada la fatalidad en la vida del individuo, obligadamente hemos de descartarla en la vida de un pueblo. Así,

---

[22] *Ibid.*, pág. 233.

desde la perspectiva de lo trágico, reveses y desdichas serían siempre consecuencias de torpezas y de errores. En cierto modo, sería verdad el dicho de que cada pueblo tiene lo que se merece. Pero esto no excluye a su vez que, por cerrada que sea una situación dada, un pueblo puede siempre encontrar y decidir su propio destino, su libertad. Así, los personajes que habitan en esta escalera de vecindad, que es como el microcosmos de una sociedad entera o de una gran parte de ella, nos descubren que, además de ciertas posibilidades que aún están abiertas en su existencia individual, pueden *todavía*, en tanto que ciudadanos, asumir y modificar una historia de la que no dejan de ser responsables por el hecho de haber sido víctimas de ella. Como un eco lejano, pero entrañablemente próximo, nos parece oír la voz de Ignacio, dirigiéndose también a estos personajes de una escalera de vecindad: «No debemos conformarnos».

V

NUEVOS CORTES EN EL TIEMPO: *HOY ES FIESTA, LAS CARTAS BOCA ABAJO*

DÍA DE FIESTA

Ningún otro drama de Buero es tan semejante a *Historia de una escalera* como *Hoy es fiesta,* una «tragicomedia» estrenada en 1956. Semejante, en primer lugar, por el ambiente social de la obra y por los problemas que ésta nos plantea; semejante también por su procedimiento dramático, aunque la acción —que tiene lugar en una azotea de vecindad— aparezca esta vez concentrada en un solo día[1].

Quince personajes intervienen en el drama. Son suficientes para darnos una imagen viva y completa del mundo social al que pertenecen: la clase media baja, la clase proletaria. Y no falta en la obra alguna figura insólita, como la

---

[1] Desde un principio me he propuesto renunciar a todo material anecdótico, que, aun siendo a veces útil, con frecuencia no hace sino estorbar la comprensión crítica de un autor coetáneo. Por una vez, hago excepción. La similitud entre *Historia de una escalera* y *Hoy es fiesta* encontró en las tertulias literarias de 1956 una expresión en este título con que, irónicamente, fue bautizada la nueva obra: *Historia de una azotea.*

echadora de cartas, ni algún personaje que sobresalga del
conjunto y cuya voz individual resuma la situación colectiva. Esta situación colectiva es, como en *Historia de una
escalera*, enormemente angustiosa: es la angustia de la pobreza, de las renuncias cotidianas, de la privación y de la
sordidez. Es también ...otras cosas. ¿Cómo salir de ese mundo? ¿Cómo alcanzar una forma de vida distinta, una vida
mejor? Hemos visto que en *Historia de una escalera* se in-
tentaban dos caminos contradictorios entre sí —el individualista de Fernando y el colectivista de Urbano— y que
ambos, por razones varias, conducían al fracaso. ¿Vamos a
presenciar de nuevo esos dos intentos diferentes y su fracaso posterior? Al menos en parte, sí. La esperanza individualista, absurda, desmesurada de Fernando —en el primer
acto, no después— reaparece esta vez disuelta en el conjunto
de los personajes, y expresada en un mito de enorme raigambre popular española: la lotería. A excepción de Silverio, el
protagonista, todos o casi todos los personajes esperan de
la lotería la salvación de su vida, la liberación de su miseria
cotidiana. Las posibilidades de su felicidad y de su libertad
las cifran, pues, en este acontecimiento *exterior* a ellos mismos, y que es sumamente improbable, casi imposible, casi
milagroso. Lo cual significa dos cosas: en primer lugar, que
se sienten impotentes para conquistar la libertad, la felicidad, con su propio y particular esfuerzo, y, en segundo lugar,
que esa impotencia no provoca en ellos una resignación, que
esa impotencia no basta para que acepten el mundo en que
viven, sino que anhelan con toda su alma un mundo mejor,
más humano, más justo, más libre. Esa impotencia y ese
anhelo engendran el mito[2]: el mito de la lotería o el mito

---

[2] Decimos «mito», sin que acabe de convencernos el término, a
falta de otra palabra mejor. No podemos dejar de advertir que, en

de las quinielas o, a la postre, cualquier otra fórmula mágica, irracional, en la que el hombre delega las posibilidades de su felicidad o de su libertad cuando esa meta está más allá de sus fuerzas humanas, cuando no se considera capaz de conquistarla por sí mismo. El azar reemplaza entonces a la voluntad, el inmovilismo a la acción, la enajenación a la libre facultad creadora del espíritu.

Es relativamente fácil diagnosticar el carácter enajenador del mito, de éste o de cualquier otro similar; no lo es tanto comprender por qué puede calar tan hondo en la conciencia. El mito proporciona a los personajes una cierta «ilusión de normalidad», una esperanza ficticia, que por un instante les hace olvidar la sordidez trágica de sus vidas. El mito echa sus raíces en lo más íntimo del espíritu, que es el deseo de una vida mejor, que es el deseo de libertad. De ahí, su fuerza. Pero, a la vez, este tipo de esperanzas ficticias paralizan toda esperanza verdadera, todo impulso auténtico hacia la libertad. De ahí, su razón de ser en la sociedad contemporánea. Unos ciudadanos que lo esperan todo de la lotería o de las quinielas son, qué duda cabe, ciudadanos sumisos, obedientes al orden establecido. Ahora bien, más allá de esta primera impresión, el problema nos revela una perspectiva más amplia al considerar que el hecho de esperar, el acto de esperar es constitutivo y expresivo de la condición humana. Siempre esperamos algo, esto o lo otro. Casi siempre cosas pequeñas, que son importantes hoy para dejar de serlo mañana. Pequeñas cosas que, seguramente, esconden una esperanza más honda y radical: la esperanza de lo imposible, la esperanza de Ignacio, la esperanza de los beckettianos Vladimiro y Estragón. Y esta es, quizá, la con-

---

otro sentido y más rigurosamente, hablamos de «mito» y de «mitos» en el capítulo XII.

clusión final a que nos lleva *Hoy es fiesta*: una obra que, según definición de su autor, «intenta ser una tragedia acerca de la esperanza. O, dicho de otro modo, una obra que procura esbozar el carácter trágico de la esperanza» [3].

Al comienzo del drama, los personajes aparecen impulsados por un extraño optimismo, que les lleva a «ocupar» la azotea de la casa, con lo que infringen una norma que Nati, la portera, ha venido defendiendo celosamente. La escena es muy hábil. En ella podemos apreciar que este impulso de los personajes, que les lleva a imponer su voluntad por encima de la norma establecida, se ha disparado en virtud de un elemento catalizador, doble: hoy es un día de fiesta, y, por tanto, un día en que se rompe con la rutina cotidiana; pero, además y fundamentalmente, hoy es el sorteo de la lotería. Todos han jugado una cantidad. Pequeña, es cierto, pero si les cayera el «gordo», sería más que suficiente para liberarse de este mundo de estrecheces y de miseria en que viven. Sobre este hecho común se articulan las diferentes historias personales o familiares. Destaquemos la figura de Doña Balbina, que vive con su hija —Daniela— en este ambiente popular del que se siente insolidaria: Doña Balbina proviene de una clase más acomodada, situación que perdió al quedarse viuda y que trata de «conservar», inútilmente, en las apariencias externas. Sin que, por supuesto, nadie la crea: todos saben que sufre las mismas dificultades que los demás. Nueva versión del «quiero y no puedo», del «pan pringao», Doña Balbina es, probablemente, el personaje que conecta esta obra de un modo más claro con toda una literatura costumbrista, anterior, que Buero toma como punto de partida para trascenderla.

---

[3] Antonio Buero Vallejo, «Comentario», *Hoy es fiesta*, Madrid, 1957, Escelicer, pág. 99.

Doña Balbina ha engañado a todos sus vecinos de una manera bastante vil. Utilizando un décimo antiguo, les ha vendido falsas participaciones de lotería. Este timo —nada infrecuente: un año sí y otro no, reaparece en las páginas de sucesos a través de mil modos y circunstancias diferentes— sólo se descubriría en este caso si ese número fuera premiado... y Doña Balbina sabe que esto es de todo punto improbable. Sin embargo, y como bien adivina ya el lector, ese número, precisamente, va a resultar agraciado con el premio mayor, con el «gordo». Es fácil adivinar también el entusiasmo, la alegría excepcional que reina en esta comunidad de vecinos cuando identifican el número de sus papeletas con el número premiado. Ahora podrán hacer todas esas cosas que anhelaban secretamente y que les estaban vedadas. Pero, ¿qué cosas son éstas? Nos lo han ido diciendo antes de que conozcamos el resultado. Destaquemos dos figuras: Tomasa y Manola.

> TOMASA: (...) Lo que es como a mí me toque...
> MANOLA: ¿Qué haría usted? (*Breve pausa.*)
> TOMASA: ¡Uf! (*El gesto lo ha dicho todo. Quedan las demás bastante impresionadas.*)

Tras ese gesto se esconde, sin embargo, una aspiración bien modesta: comprar una lavadora, «para aliviar el trabajo, que siempre es mucho»; ayudar a su hijo, Sabas, para un negocio que quiere hacer... En cuanto a Manola, la sencillez y la verdad humana de sus palabras nos sobrecogen: «Si a mí me tocase —dice—, me volvería al pueblo. Con algún dinerillo, mis hermanos me recibirían bien y yo les ayudaría a llevar la casa y en las faenas del campo... Aquí estoy muy sola, con el marido siempre fuera... (*Con enorme tristeza*). Porque ya saben dónde está... Está en la cárcel. (*Un silencio. Doña Balbina no puede evitar el apartar un poco su silla*). Si me tocase, podría ayudarle mejor, y enviarle paquetes y visitarlo más a menudo... Pero me volvería al pueblo. Estoy cansada de esto, y mi pobre Luisillo no medra. Allí le saldrían colores... Y podríamos esperar con más paciencia a que él volviese».

Añadamos todavía la figura de Doña Nieves, la echadora de cartas. Nos dice: «Buscaría mi pisito soleado, y tendría muchos pájaros, y mis gatos. Iría al cine todas las noches, y... si alcanzaba..., quizá una finquita en las afueras, para el verano».

Lo limitado de todas estas aspiraciones es algo que el dramaturgo acentúa, evidentemente, con una doble finalidad. Por un lado, puede mostrar así el grado de *carencia*, de indigencia, en que se hallan sumidos sus personajes; por otro, ese contraste entre lo que los personajes desean —cosas bien simples, nada excepcionales— y el modo excepcional, desmesurado, apasionado de desearlas, le permite insinuarnos que, aunque acaso ellos no lo sepan, estos personajes esperan... lo imposible, pese a que la esperanza de lo imposible —a diferencia de *En la ardiente oscuridad*— se disfrace aquí de aspiraciones inmediatas, muy simples y muy concretas.

No es necesario aludir a la crispación y al furor de estas figuras cuando descubren el engaño que han sufrido. Sí, en cambio, al hecho de que este fraude, más allá de sus primeras connotaciones, adquiere un cierto sentido simbólico, y que se podría enunciar así: la lotería no toca nunca, pero, aunque toque, *es mentira*. La felicidad no *cae* por azar, ni la libertad tampoco; hay que conquistarlas. El porvenir no está escrito en las cartas —como algunos personajes quieren creer—, no viene desde *fuera* del sujeto, sino que es el resultado de la proyección del sujeto sobre el mundo objetivo que le rodea. Toda esperanza que no comporte una plena conciencia de ello, una plena responsabilidad, será insuficiente o inadecuada. Entonces, ¿qué forma de esperanza es buena? ¿Qué esperanza puede cristalizar en impulsos activos que nos pongan eficazmente en el camino de nuestra liberación personal y colectiva? El autor no va a responder de una manera directa, sino indirecta; dejando entreabierta, como en *Historia de una escalera*, una pista acerca de los supuestos éticos desde los cuales se podría *empezar*. Si toda esperanza auténtica no puede constreñirse al solo acto de esperar, sino que debe traducirse en una acción libre y creadora, toda acción tiene a su vez que asumir esta otra cuestión esencial: la relación con el *otro*. Y en este conflicto, entre dudas, perplejidades, esperanzas secretas, vemos debatirse al protagonista de *Hoy es fiesta*: Silverio. Personaje *contemplativo*, como Ignacio, a través suyo nos invita el autor a contemplar el fondo último del problema.

En este mundo de privaciones, de áspera y difícil vida española, la figura de Silverio se singulariza con poderosos trazos. Está casado con Pilar, que es una mujer sorda y gravemente enferma, y toda la vecindad le quiere o, cuando menos, le respeta. Su actitud hacia los demás es siempre bondadosa, protectora. Lo es, en primer término, hacia su mujer, a la que cuida como a una niña. Lo es también hacia sus vecinos, persuadiéndoles de que es mejor el perdón que la venganza —cuando quieren linchar a Doña Balbina—, aconsejándoles o recriminándoles cuando no actúan bien —por ejemplo, en la escena con el joven Fidel, en que Silverio llama la atención del muchacho sobre su, digamos, comienzo de inautenticidad hacia el amor de Daniela—, etc. Todo ello revela una personalidad humana fuera de lo común. Más todavía: a simple vista, *parece* que Silverio ha resuelto este conflicto de la relación con el *otro*, a fuerza de comprensión y de bondad hacia los demás. Por otra parte, nos

produce también, inicialmente, la impresión de que *no espera
nada,* de que se ha abandonado a la apatía, al escepticismo,
a la resignación. Oigámosle, en una conversación con su
amigo y vecino Elías:

> SILVERIO: (...) De muchacho dudaba en dedicarme a la pin-
> tura o a la ciencia. Y me fui de casa. París, Londres... Y mis
> pinceles y mis libros de Física bajo el brazo. Era un imbécil,
> pero, sobre todo, un completo egoísta. Lo que yo quería era
> divertirme sin trabajar. Después he comprendido que no estaba
> dotado y que carecía de voluntad.
> ELÍAS: Pareces estar describiendo a otra persona.
> SILVERIO: No lo creas. Yo estaba destinado a esto. Un tío
> industrioso, que lo mismo arregla una máquina de afeitar que
> construye viseras de cartón para los toros o pinta un rótulo.
> De vez en cuando, al circo, mi vieja cuna... Pero mi número
> ya no gusta. En fin: lo bastante para vivir a salto de mata
> y darle a mi pobre mujer lo que necesita. (*Ríe.*) Un tipo de
> feria: casi un saltimbanqui. ¡Es la felicidad!

Estas palabras, en las que se mezclan la amargura y el
buen humor, nos muestran, aparentemente, a un hombre
que ha aceptado, estoicamente, el mundo en que vive. Pero
muy pronto sabremos que no es así. Por ser una personalidad humana fuera de lo común, también su tragedia personal y su esperanza van a ser más grandes, más hondas.
Se comprenderá así que, en un determinado momento, ex-
clame ante nosotros: «He dicho que no esperaba nada y
mentía; porque ahora comprendo muy bien que espero, que
espero desde hace años algo enorme, algo inalcanzable...»

Para apreciar esa íntima, radical esperanza del personaje
—un personaje que no tiene nada de saltimbanqui, un personaje de gran hondura trágica—, hemos de atender por
un momento, a su problema familiar. Hace años, Silverio
conoció a Pilar en un circo, en Marsella. Pilar tenía una niña,
que era hija «de las brutalidades de la guerra». (Adviértase

que, como en *Historia de una escalera*, la guerra civil es un
acontecimiento del pasado que flota en el ambiente; esta
vez, se alude a ella de un modo claro, si bien la intuición
de espectadores o lectores tiene que completar referencias
y datos biográficos de los personajes, que quedan en penumbra.) Silverio y Pilar contrajeron matrimonio poco después.
Una mañana, Silverio se fue a pintar al campo, llevando
consigo a la niña. A su regreso, traía en brazos a la pequeña,
que había sufrido una picadura venenosa; la intervención
médica —tardía— no pudo evitar su muerte. ¿Qué responsabilidad contrajo Silverio en este accidente fortuito? En una
escena de hondo patetismo, al final del segundo acto, hará
a su mujer —*que no puede oírle*— esta desgarrada confesión:

> ¡Fui yo, Pilar! ¡Yo escuché su voz a mis espaldas, pregun-
> tándome si podía coger aquel bichito! ¡Y dije que sí, sin
> mirar! (...) ¡He tratado de convencerme de que estaba distraí-
> do, de que no comprendí lo que me decía, de que no era cul-
> pable! (...) ¡Pero es mentira! ¡Dije que sí porque la odiaba,
> porque no era mía, porque su presencia me hacía imaginar
> constantemente el horror de un soldado sin cara brutalizán-
> dote!... ¡Y aquel fue el momento de la tentación, del rencor
> que uno cree dominado y que nos emborracha de pronto... y
> nos paraliza! ¡Y dije que sí! ¡Sin querer pensar! ¡Como un
> miserable! (...) Y ahora me confieso desesperadamente contigo,
> con la cobarde ilusión de que me oyes; pero estas confesiones
> mías son como un mal sueño de sed, en el que se cree beber
> sin que la sed se aplaque nunca... ¡Y necesito tu perdón, por-
> que te quiero!... ¡Y estoy perdido! Porque sé que nunca, nunca,
> podrías dármelo... si lo supieses.

Silverio espera, consiguientemente, el perdón. Y no encontrará el perdón, sino el castigo. La muerte de Pilar impide su decisión —tomada también otras veces y siempre
demorada— de confesarle por escrito, para que ella pueda

entenderle, esa responsabilidad contraída por él. Y con la muerte de Pilar termina la obra. El telón cae lentamente sobre la pareja —ella, muerta; él, desesperado—, mientras a lo lejos se oye la voz de la echadora de cartas diciendo: «Hay que esperar... Esperar siempre... La esperanza nunca termina... La esperanza es infinita».

Las dificultades que surgen al tratar de interpretar lo que este personaje es y significa, y el porqué de su castigo, son numerosas. Sin embargo, pueden reducirse a dos cuestiones fundamentales: el motivo de su culpabilidad y su relación con Pilar. La primera de ellas, nos deja ver una *desproporción* muy grande entre la responsabilidad real que Silverio contrajo a la muerte de la niña —responsabilidad mínima, casi inexistente— y la magnitud de sus remordimientos y del castigo que sufre. Al considerar que esta desproporción es similar a la que hemos advertido entre lo que los personajes harían si les cayera la lotería y su manera de esperar que les caiga —aquel «¡uf!» de Tomasa—, sacamos la impresión de que también ahora el dramaturgo viene a insinuarnos que el motivo concreto es, en sí, lo de menos; que lo importante no es lo que el personaje nos dice, sino aquello que, más allá de sus palabras, podemos acertar a entrever. A su modo, también Silverio espera que le caiga la lotería, espera un milagro: que Pilar recobre el oído, y que, sin él saberlo, pueda entender una de estas confesiones suyas, que se atreve a hacer porque sabe que ella no puede oírle. Silverio anhela el perdón y trata de ganarlo de muchas maneras, pero las fuerzas le fallan —según vemos— cuando tiene que pedirlo en el único terreno en que lo puede obtener: ante Pilar.

¿El perdón? Pero ¿no hemos quedado en que su responsabilidad en la muerte de la niña fue mínima, casi inexistente? Cierto que sí. Pero es que su culpa es otra: la de no haber sabido ver en ella una pobre víctima inocente, en vez de contemplarla en todo instante como signo externo, permanente, de la brutal ofensa sufrida por Pilar. Silverio ha tenido tiempo de obtener el perdón que necesita, pero no ha tenido el coraje de hacer lo único que podía hacer para merecerlo. Así pues, tampoco su esperanza es buena; quiero decir, también su esperanza es insuficiente. Y es Pilar, con su sola presencia, quien continuamente le está mostrando esta imagen exacta de sí mismo.

Con todo, y pese al desenlace, Silverio consigue cierta forma de «salvación», en la medida en que ha llegado a una transferencia moral en Daniela y Fidel. Ha salvado la vida de Daniela, que quería suicidarse, y de algún modo en ésta reaparece la hija de Pilar; ha mostrado a Fidel el camino de una responsabilidad que debe elegir... Son ellos, Fidel y Daniela, quienes quizá puedan elevarse un día por encima de este mundo sórdido en que, inútilmente, Silverio, Pilar y los demás han deseado una felicidad y una libertad que no han sabido o no han podido encontrar. En Daniela y en Fidel reaparece la interrogante final de *Historia de una escalera*, y es en ellos donde la esperanza se reafirma y cobra toda intensidad y vigor.

UNA FAMILIA ESPAÑOLA

Las cartas boca abajo, estrenada en 1957, ilustra con otro ejemplo patético este mundo de frustraciones, de sordidez y, pese a todo, de tenaz esperanza, que acabamos de hallar en *Historia de una escalera* y en *Hoy es fiesta*. No estamos ahora en un barrio popular, sino en un hogar de la clase media, pero la estrechez económica es, igualmente, un factor que condiciona en parte la tragedia de los personajes.

En parte, decimos, porque una vez más el autor muestra que el origen de los problemas está, simultáneamente, en los personajes mismos; en su manera errónea de proyectar su vida, en su esperanza insuficiente, en su incapacidad para afrontar la verdad o para comportarse de una manera más auténtica en sus relaciones con los demás o consigo mismos.

Las cartas boca abajo es la historia de una frustración familiar e individual. Sólo una familia —el matrimonio, Juan y Adela; su hijo, Juanito; los hermanos de Adela, Anita y Mauro— aparecerán en escena. El dramaturgo abandona esta vez los grandes planos colectivos, para centrar nuestra atención en este microcosmos familiar. Pero lo que se pierde en perspectiva se gana en profundidad: los personajes están trazados con minuciosidad y gran riqueza de detalles —incluso, a menudo, con excesivo detallismo—, y son excelentes retratos psicológicos los de Juan y Adela. Aparentemente, *Las cartas boca abajo* podría considerarse como un drama psicológico, como un drama de caracteres. Lo es, sin duda, pero muy pronto nos damos cuenta de que esta tragedia familiar tiene, paralelamente, unos condicionamientos sociales poderosos y fácilmente reconocibles. Estamos en la misma sociedad española de los Fernando y los Urbanos, de Silverio, Tomasa, Doña Balbina, etc. De esto no se puede dudar, porque hay innumerables datos y rasgos que lo corroboran: no siendo el más importante, aunque es importante, que en esta sociedad no exista el divorcio para una pareja que, como la de Juan y Adela, habría visto superados sus problemas, en gran medida, divorciándose a tiempo. La «presencia» de la sociedad en escena se capta, sobre todo, por el mundo de valores y anti-valores de los personajes y por la relación de éstos con la realidad exterior a su hogar. Esa realidad exterior es, como en *Historia de una escalera* y en *Hoy es fiesta*, asfixiante, opresiva. Y sus efectos se dejan sentir poderosamente en este pequeño ámbito familiar, en que los personajes *viven como encarcelados.* Ello se hace especialmente notorio en las figuras de Juanito y Adela. Del primero, retengamos estas palabras a su madre: «No quiero retrasarme definitivamente, como le ocurrió a él (a su padre). Todos los días piden el pasaporte cientos de muchachos. Necesitan respirar, como yo. Volar...». En cuanto a Adela, esa necesidad de *volar* se manifiesta a través de un contraste: el piar de los pájaros al atardecer, que irradia sobre el escenario una tonalidad impresionista y chejoviana. «Me encantaban (los pájaros) ya cuando era pequeña —dice la mujer—. Después de jugar, por las tardes, me sentaba a mirarlos... Me parecía que también yo, cuando fuera mayor, sería como ellos, libre y alegre».

Como en los dramas que hemos examinado páginas atrás, también comprobamos en éste que los personajes —y de manera especial, Juan y Adela— encuentran una total falta de correspondencia entre sus anhelos más recónditos y lo que su vida real es: mediocre, precaria, tanto en un orden material como espiritual. Juan, que ronda los cincuenta años, se ha pasado media vida preparando oposiciones. También para Juan hay una lotería: la cátedra, en la que lo cifra todo. No se diferencia con ello, es cierto, de muchos españoles que han visto y ven en una oposición ganada la meta de sus ambiciones profesionales. Las oposiciones son también un mito, uno de los mitos que más vigencia han tenido en la España contemporánea. No resulta difícil elucidar por qué. En una vida intelectual y cultural tan evidentemente precaria como la nuestra, al postgraduado en gran parte de carreras universitarias —principalmente las de carácter humanístico— sólo se le ha ofrecido un tipo de solución considerada como óptima, excelente, para construir su particular *modus vivendi* en la sociedad: ganar unas oposiciones. No cabe duda que muchos opositores han ido impulsados a esta complicada prueba por una vocación auténtica hacia el ejercicio profesional que la oposición ganada les depararía; pero es comúnmente sabido que, en un porcentaje muy elevado, los móviles son otros, son móviles primordialmente pragmáticos: obtener un «puesto seguro» en esta difícil sociedad española, cuya vida intelectual ha transcurrido tan a menudo en un clima inhóspito y, desde luego, inseguro. La vigencia, el poder del mito, podría explicarse así desde el punto de vista individual. Ahora bien, objetivamente, como fenómeno social, es algo muy parecido a una trampa, muy parecido a la lotería. Para comprenderlo basta con establecer una comparación entre el número de puestos (los puestos concebidos para la *élite*) y el número de opositores. La desproporción ha llegado a alcanzar, en múltiples casos, un aspecto grotesco, irrisorio. Por lo demás, esa desproporción hace presumible que, entre la multitud de los opositores más o menos famélicos que van a quedar esperando su turno, puede haber buenos profesores, buenos notarios, buenos profesionales de la carrera que sea, los cuales, de este modo, en vez de entregarse de lleno a una actividad productiva para la sociedad, volverán a los libros que deben saber de memoria, volverán a preparar las ya preparadas oposiciones, en la terca esperanza de ganarlas en la próxima ocasión. Hay españoles que, como el Juan de *Las cartas boca abajo*, han malgastado lo mejor de su vida y de sus dotes intelectuales en este absurdo juego. Un juego con que nuestra sociedad ha venido disfrazando una realidad vergonzosa: la forma en que ha estado constreñida, limitada, reducida, la vida cultural e intelectual de este país.

En *Las cartas boca abajo* vamos a presenciar cómo Juan prepara de nuevo oposiciones a cátedra, terco en su deseo de superar la condición de oscuro profesor y conseguir una

situación ventajosa para sí mismo y para su familia. Le
veremos fracasar una vez más en este empeño, y en ese
fracaso intervendrán factores diversos. Se nos da a entender que Juan no gana la oposición por desconocer las aportaciones eruditas de Carlos Ferrer Díaz, antiguo compañero
suyo de estudios, hombre de mucha mayor talla intelectual
que él, y a quien por eso mismo Juan ha envidiado en secreto y ha despreciado externamente. Esa mezquina vanidad
y resentimiento impiden a Juan, a última hora, conocer los
libros de Ferrer Díaz. Es importante observar *cómo* sucede
tal cosa. Juan había adquirido esos libros, pero su cuñado,
Mauro, se los ha sustraído para revenderlos... En la imposibilidad de comprarlos de nuevo, dada la premura de tiempo
—la oposición es al día siguiente— Juan tendría que pedír-
selos prestados a su hijo... Y está a punto de hacerlo, pero,
en el último segundo, una fuerza interior le detiene: su
vanidad, su orgullo. Orgullo, vanidad que le impiden reconocer, *precisamente ante el hijo*, la autoridad intelectual
de Ferrer Díaz. El exceso detallista, anecdótico que enmara-
ña un tanto estos sucesos, y la desproporcionada consecuencia —la pérdida de la oposición—, tienen como fin el de
mostrar, en primer lugar, una debilidad de carácter del
personaje —su vanidad, su orgullo—, y en segundo lugar,
que su fracaso es en gran medida consecuencia de esa debilidad suya. Vivimos en una sociedad injusta, nos viene a
decir el autor, pero esto no nos exime de nuestra responsabilidad individual; la sociedad es injusta, ciertamente que
sí, pero somos responsables de nuestros actos, somos responsables de lo que somos. En este caso, Juan, en tanto
que oscuro opositor, es víctima de un sistema que ha utilizado el juego de las oposiciones como un canal selectivo y
limitativo, en el sentido que hemos descrito antes, pero *a la
vez* Juan es víctima de sí mismo, de las debilidades de su

carácter, que en esta última ocasión han sido seguramente los móviles inmediatos de su fracaso. Juan lo va a comprender de este modo al final del drama, y su responsabilidad individual asumida, su autenticidad al reconocer su culpa —mezcla de envidia y orgullo— le permitirá ganar lo que hasta ahora, inútilmente, había intentado ganar: el cariño, el respeto de su hijo. La figura de Adela nos dará la imagen contraria: la del error que no se asume y que, por lo mismo, consume a su propia víctima.

Ferrer Díaz, que nunca aparece en escena, importa asimismo en su relación con Adela y con Juanito. Para Juanito, representa el escritor al que se admira y se lee con avidez en los años juveniles; más aún: es un símbolo del éxito, del intelectual que triunfa y, en cierto modo, el padre que, de poder elegir, Juanito habría elegido. Adela tiene una parte de responsabilidad en esta imagen mítica que el muchacho se ha forjado de Ferrer Díaz, como asimismo de su ausencia de cariño hacia el padre. Para Adela, Ferrer Díaz es el gran amor frustrado de su vida. Retengamos esta confesión de la mujer, a punto de caer ya el telón sobre la primera parte del drama: «Hambrienta de vida y de felicidad, me he marchitado aquí, soñando melancólicamente con un amor secreto y vergonzoso que ya no podrá cumplirse». No es difícil detectar en estas palabras la profunda incomunicación e incomprensión de Adela para con su marido.

¿Cuál es la verdadera participación de Anita en el drama? Es la hermana de Adela, y se nos dice de ella que también amaba a Ferrer Díaz, y que tuvo que renunciar a él por la intromisión de Adela. Hoy muda, a consecuencia probablemente de un shock, Anita participa en la acción dramática, con frecuencia, como la objetivación de la conciencia de Adela. Adela habla con ella inútilmente, se desahoga, sin recibir una sola respuesta y sí, en cambio, una mirada muda, terrible, condenatoria. En una ocasión, dirá Mauro: «¿O acaso..., acaso... tu conciencia y Anita son la misma cosa?». Es claro que, en un teatro de tan paciente elaboración como el de Buero, semejante pregunta hace evidente una doble intención del autor: la de que este personaje quede en cierto modo desdibujado, ambiguo, y pueda ser, simultáneamente, un personaje *realista* y un personaje *alegórico*. Entre el mutismo de Anita y la sordera de Pilar, en *Hoy es fiesta*, cabría hallar una conexión profunda, una misma finalidad. Desde su tara física, ambos personajes se erigen en conciencia de quienes les rodean. Volviendo por un instante a *Hoy es fiesta*, recordemos que, cuando Silverio trata de que los vecinos perdonen a Doña Balbina, y ante la resistencia inicial de alguno de ellos, Pilar sorprende a todos con esta intervención:

> PILAR (*Se levanta y se acerca suplicante*): ¡Por favor, sean buenas! ¡No la denuncien!
> DOÑA NIEVES: ¿Eh? ¿Cómo sabe...?
> SILVERIO (*Con una honda mirada a su mujer*): Porque nos comprende. Nos está viendo a todos por dentro como si fuéramos de cristal. ¿No les da miedo esa mirada?

En otras obras de Buero, el procedimiento se repite, o va más allá aún de estos límites.

Si Anita es personaje ambiguo, Mauro es, por el contrario, un personaje casi de sainete. No por ello resulta menos patético. Su cinismo para mentir a Adela —le miente diciendo que ha hablado con Ferrer Díaz para recomendar a Juan en la oposición, mentira que tiene exclusivamente por objeto el seguir explotando la caridad de Adela—, su total nihilismo frente a la vida, y su propia forma de vida —éste sí es un saltimbanqui— le confieren una caracterización tragicómica. Mauro es un detritus de la sociedad, de *esta* sociedad. Con agudo sentido dramático, el autor contrapone en un instante dado a Mauro y Juanito, en un diálogo de gran expresividad:

> MAURO: (...) Cuando os encontráis con un viejo retórico y miserable, torcéis los morritos.
> JUANITO: Es el asco ante un pasado estéril.
> MAURO: (...) Ante una serie de cosas que os han defraudado; ante los que os debimos preparar un mundo mejor y no supimos o no quisimos hacerlo. ¿No?
> JUANITO: Justo.

¿Qué libertad sería posible para estos personajes aplastados por sus propias pasiones, cohibidos en una sociedad opresora y asfixiante? Una vez más es una pregunta lo que queda en el escenario cuando el drama termina. Y de nuevo, como en *Historia de una escalera* y en *Hoy es fiesta*, la única respuesta parece depender de personajes jóvenes, todavía no *contaminados*. La lección —admirable— que Juan transmite a su hijo es la de la autenticidad; la de demostrarle que es imposible la libertad si ésta no tiene preparados unos sólidos cimientos morales. Esta transmisión moral, como la de Silverio en *Hoy es fiesta*, justifica y da sentido a su vida. Ahora bien, ¿sabrán estos jóvenes transformar este mundo de sordidez material y espiritual, sabrán construir un mundo mejor? Como en *Historia de una escalera* o en *Hoy es fiesta*, Buero no responde. Contempla dubitativo a sus personajes, interrogándoles: interrogándonos.

VI

LUZ, TRASLUZ Y TRAGALUZ

SÍNTESIS DE EXPERIENCIAS ANTERIORES

El tragaluz, subtitulada «experimento en dos partes», se estrenó en 1967, y es una de las obras que mejor expresan el empeño totalizador, integrador, de nuestro dramaturgo; empeño que *En la ardiente oscuridad* anunciaba ya, al menos en cierta medida. Por un lado, *El tragaluz* desarrolla el criticismo social predominante en *Historia de una escalera*, *Hoy es fiesta* y *Las cartas boca abajo*, enriqueciendo su enfoque, aportando datos, haciendo más explícitos otros, insistiendo en lo que estas obras tienen de *proceso a la sociedad española*. Se diría que *Hoy es fiesta*, *Las cartas boca abajo* y *El tragaluz* añaden en profundidad nuevos actos dramáticos, nuevos cortes en el tiempo, a los tres que —espaciados a lo largo de treinta años— componían *Historia de una escalera*. De otro lado, sin embargo, *El tragaluz* reabsorbe, íntegramente, el tema del misterio del hombre; tema medular de *En la ardiente oscuridad* —aparte las demás connotaciones, que ya hemos señalado— y sólo latente o, cuando más, esbozado en las tres obras que acabamos de analizar; tema medular también —y hasta, en algún caso, excluyente— en diversas obras estrenadas entre 1950 y 1956. De este modo, *El tragaluz* —como asimismo, según veremos en un capítulo muy posterior, *El Concierto de San Ovidio*— viene a ser una síntesis de anteriores experiencias dramáticas del autor. Es también una de las más brillantes y vigorosas creaciones de Buero Vallejo en el ámbito de lo trágico.

Al comienzo, *El tragaluz* se nos presenta como una obra de ficción científica. Dos investigadores, Él y Ella, un hombre y una mujer de un siglo futuro, lejano, se dirigen a nosotros —supuestos espectadores también de ese siglo— para darnos a conocer un experimento. En esa época, merced a un extraordinario desarrollo científico, se ha hecho realidad un antiguo sueño del hombre: *recobrar* el pasado, reconstruir hechos y figuras del pasado, detectando sus huellas misteriosamente preservadas en el espacio [1]. Él y Ella, por ejemplo, han logrado detectar una historia ocurrida en España, en la segunda mitad del siglo XX. Esa historia —«oscura y singular»— nos va a ser mostrada de una manera peculiarísima: los detectores no sólo captan acciones, sino también pensamientos y sentimientos convertidos en imágenes, de suerte que el experimento nos va a enfrentar con una *realidad total*, en la que la frontera del mundo objetivo y del mundo subjetivo es dudosa, escurridiza, a menudo inexistente.

La acción dramática de *El tragaluz* avanzará así en un doble plano: el de ese siglo futuro, con las figuras de Él y Ella, y con nosotros, espectadores; y el del siglo XX, con los personajes de esta historia trágica de una familia española. Más adelante comprobaremos cuál es la finalidad de este

---

[1] No es la única vez que Buero ha incorporado a su teatro temas o recursos propios de la literatura de ficción científica, si bien con una finalidad diferente. Recuérdese, por ejemplo, *Mito*.

aparente juego, y en qué grado proyecta una luz especial sobre los hechos dramáticos, al situarnos frente a ellos desde una determinada perspectiva.

La historia trágica de una familia española, hemos dicho. ¿Qué historia es ésa? Ocurrió al terminar la guerra civil, y se ha prolongado en la vida de estos personajes hasta casi treinta años después. Tratemos de imaginar por un momento a esa familia, recién terminada la guerra, en una estación, queriendo tomar un tren que los llevara hasta Madrid. Los padres y tres hijos: dos muchachos de diez a quince años, Vicente y Mario, y una niña muy pequeña, Elvirita. Los trenes venían muy llenos, repletos de soldados que regresaban a sus casas. En aquellas circunstancias, no resultaba fácil tomar un tren. Como Vicente era un muchacho fuerte, ágil, el padre le había encomendado que llevara un saco con las provisiones y recursos de la familia; entre las provisiones, unos botes de leche para la niña. Llegó uno de aquellos trenes y —no es difícil imaginarlo— la gente se abalanzó materialmente sobre él. Entre la muchedumbre excitada, entre los gritos, los empujones, no nos es imposible distinguir a esta familia, todos ellos muy excitados también, cogidos entre sí de la mano, intentando subir a ese vagón todos juntos, sin perderse. Vicente consiguió subir y, como los demás no podían hacerlo, el padre le ordenó que bajara. En el tumulto, la orden del padre, clara, terminante, que Mario recordará muchos años después: «¡Baja! ¡Baja!». Los soldados empujaban a Vicente para que bajara, y el muchacho forcejeó con ellos, resistiéndose, decidido a no bajar, a marchar él solo a Madrid. Así ocurrió, en efecto, y con resultados muy graves. Mario, en la segunda parte de la obra, recuerda asimismo cuál fue la reacción de su padre: «Aquella noche se despertó de pronto y la emprendió a bastonazos contra las paredes... hasta que rompió el bastón; aquella cañita antigua que él usaba. Nuestra madre espantada, la nena llorando, y yo escuchándole una sola palabra, mientras golpeaba y golpeaba las paredes de la sala de espera de la estación, donde nos habíamos metido a pasar la noche. Una sola palabra, que repetía y repetía: ¡Bribón!... ¡Bribón!». Unos días después, la niña murió de hambre. Y todo ello fue un golpe tan duro para El Padre, que enloqueció.

Pero en la familia no se ha reconocido nunca la verdad de aquel suceso. Por el contrario, se estableció una versión dulcificada, según la cual Vicente no contrajo responsabilidad ni culpabilidad alguna, ya que, si no bajó del tren, fue porque los soldados se lo impidieron. Esta versión —externamente aceptada por toda la familia, pero no creída, subjetivamente, por ninguno de sus miembros— se ha mantenido a lo largo de unos treinta años, que es cuando empieza la acción; es decir, el *experimento* de los investigadores.

A excepción de Vicente, la familia habita en una vivienda inhóspita: un semisótano, en el que hay un tragaluz, por el que se ven únicamente las piernas de los transeúntes que pasan[2]. Es el agujero que encontraron cuando, al fin, pudieron llegar a Madrid, y del cual no han salido en todos estos años. Años difíciles, de estrechez económica. El Padre, que

----

2 En un agudo ensayo sobre *El tragaluz*, escribe Fernández Santos: «...entre la considerable cantidad de *sótanos* y *buhardillas* que nuestra época está proporcionando al teatro, creo que este *sótano* de Buero Vallejo es la primera contribución digna de tomar en consideración que proviene de aquí, del teatro español». (Ángel Fernández Santos, «El enigma de *El tragaluz*», *Primer Acto*, núm. 90, noviembre 1967, pág. 6.) Por otra parte, el lugar de la acción, y ciertos aspectos de la acción misma, recuerdan visiblemente el Mito de la Caverna de Platón. (Cf. Ricardo Doménech, «A propósito de *El tragaluz*», *Cuadernos para el Diálogo*, núm. 51, diciembre 1967, págs. 40-41). Esto último reforzaría la clara proximidad de *El tragaluz* a *En la ardiente oscuridad*, siguiendo la interpretación de Pajón Mecloy, a que ya hemos aludido.

era empleado de un ministerio, fue depurado al terminar la guerra, y cuando le fue posible solicitar la reincorporación, no quiso hacerlo. Hoy vive sumido en la locura: constantemente, como si fuera una tarea, se dedica a recortar de las revistas ilustradas, las tarjetas postales, etc., las figuras humanas que allí aparecen, y guarda estos recortes en un fantástico archivo. Siempre pregunta lo mismo ante cualquier fotografía: «¿Quién es ése?». La respuesta de su mujer, de Mario o de Vicente —cuando Vicente viene a ver a su familia— es invariable: no se lo pueden decir, porque, claro está, no lo saben. Él, en cambio, les replica con esta enigmática afirmación: «Yo, sí».

Mario, decíamos, vive con sus padres. Trabaja a salto de mata, en «chapuzas» intelectuales: corrige pruebas de imprenta, escribe algún artículo, etc. Vicente, desde hace algún tiempo, vive solo en un apartamento y ocupa un alto cargo en una empresa editorial, que últimamente ha conseguido una ampliación de capital muy importante, al incorporarse un nuevo grupo financiero a su sociedad. Este cuadro de personajes quedará finalmente completo si sumamos la figura de Encarna. Es la secretaria de Vicente. Es una pobre muchacha, bastante ignorante, que conserva su trabajo porque, además, es amante de su jefe, de quien va a tener un hijo. A la vez, Encarna ama profundamente a Mario, quien desconoce por completo las relaciones amorosas de la muchacha con Vicente, y desea casarse con ella.

Esta necesaria descripción nos permite pasar ya a un examen de las figuras dramáticas, en busca de sus diferentes significados y del sentido último de esta historia trágica.

Algunas afirmaciones o confesiones de Mario nos permiten
comprender con claridad cómo es este personaje, cómo piensa, qué impulsos le mueven o le retienen en relación con
la sociedad o con las personas de su alrededor. «Me repugna
nuestro mundo —dice en una ocasión a su hermano—. En
él no cabe más que comerte a los demás o ser comido. Y
encima todos te dicen: ¡Devora antes de que te devoren!
Te daremos bellas teorías para tu tranquilidad. La lucha
por la vida... El mal inevitable para llegar al bien necesario...
La caridad bien entendida... Pero yo, en mi rincón, intento
comprobar si puedo salvarme de ser devorado... aunque no
devore». Y en otro momento, a propósito de un escritor,
Beltrán [3], por quien siente viva admiración, dirigiéndose también a Vicente: «Le interesan cosas muy distintas de las que
te obsesionan a ti. No es un pobre diablo más corriendo
tras su televisor o su nevera; no es otro monicaco detrás de
un volante, orgulloso de obstruir un poco más la circulación
de esta ciudad insensata... Él ha elegido la indiferencia (...)
¡Él es otra esperanza! Porque nos ha enseñado que también
se puede triunfar... aunque sea en precario». Por último,
señalemos esta réplica:

---

[3] Algunos críticos han visto en Eugenio Beltrán —personaje que
no llega a aparecer en escena— un trasunto autobiográfico. Hipótesis
que se reforzaría cuando se nos habla de una obra de Beltrán titulada
Historia secreta, que inevitablemente haría pensar en *Historia de una
escalera*, si bien se nos dice que *Historia secreta* es la tercera obra
publicada por Beltrán, y no hemos de insistir en que *Historia de una
escalera* es la primera publicada por Buero. Sea como sea, la ambigüedad subsiste, y con toda probabilidad es premeditada, aunque no
sabemos que Buero haya sido víctima de una maquinación editorial
como la que sufre este Beltrán en *El tragaluz*.

VICENTE: Se pueden tener ambiciones y ponerlas al servicio de una causa noble.

MARIO: Por favor, nada de tópicos. El que sirve abnegadamente a una causa no piensa en prosperar, y, por tanto, no prospera. ¡Quia! A veces incluso pierde la vida... Así que no me hables tú de causas, ni siquiera literarias.

En su tragaluz, indiferente a las llamadas de esa sociedad en la que «no cabe más que comerte a los demás o ser comido», escéptico, triste, honrado, solitario... He aquí una dimensión del personaje. Pero nos equivocaríamos si creyésemos que es la única, o la que más le caracteriza. Por debajo de este velo de apatía hay un espíritu vibrante, inquieto, muy fuera de lo común. A menudo se pregunta Mario si la idea obsesiva de su padre —«¿quién es ése?»— no esconderá un profundo anhelo de la humanidad, bien distinto a la locura. Cuando eran niños, él y Vicente se sentaban ante el tragaluz y jugaban a adivinar quiénes o cómo serían los transeúntes que pasaban por la calle, y de los cuales únicamente veían las piernas. Entonces eran niños y eran inocentes. Hoy, Mario —que conserva cierta forma de inocencia— también puede preguntarse como su padre, ante una tarjeta postal, quién es ese hombre anónimo, fortuitamente retratado, inmovilizado sin él saberlo en una imagen. Y ha llegado incluso a pensar, dejando volar libremente la imaginación, cómo se podría averiguar quién es, llevando a cabo una investigación inmensa y complicada. Tarea imposible, sin embargo, como su razón le dicta y él reconoce:

MARIO: Tonterías, figúrate. Es como querer saber el comportamiento de un electrón en una galaxia lejanísima.

VICENTE: (*Riendo*) ¡El punto de vista de Dios!

MARIO: Que nunca tendremos, pero que anhelamos.

En este anhelo de Mario, ¿no reconocemos la esperanza y la desesperación del protagonista de *En la ardiente oscuridad*, su anhelo de luz y de visión? Anhelo de luz y de visión, de trascender las tinieblas de nuestra condición humana, de penetrar en los últimos enigmas del hombre, del mundo y de la vida. Anhelo de luz y de visión, que hace fracasar —por insuficientes— todas las respuestas al misterio de nuestra vida, ya que siempre hay un último *por qué*, incontestable, que excede los límites de nuestra razón. Y, sin embargo, «no debemos conformarnos», parece decirnos también Mario, desde su tragaluz, como Ignacio nos lo había dicho desde su ceguera.

Repugnancia por la sociedad en que vive, de la que trata de separarse lo más posible, recluyéndose en su tragaluz; y pasión de lo absoluto, sentimiento de su propio existir en un nivel de permanente tensión entre la realidad y el deseo. He aquí las dos dimensiones del personaje, estrechamente fundidas. No tomar en suficiente consideración cualquiera de ellas sería tanto como renunciar a comprenderlo.

Vicente, a su vez, se define como figura antitética de Mario. Si Mario es un *contemplativo*, Vicente es un espíritu eminentemente práctico, un *activo*, como era Carlos. Sabe lo que quiere y sabe la forma de conseguirlo. Carente de la escrupulosidad ética de Mario, se adapta a todos los compromisos, a todas las conveniencias que le garantizan la obtención de sus propósitos. El ingreso del nuevo grupo en la empresa editorial, por ejemplo, supone una nueva orientación que él, íntimamente, no comparte. Pero la acepta, estimando que se trata de un juego hábil. Mario se lo recriminará: «¡Claro que entiendo el juego! Se es un poco revolucionario, luego algo conservador... No hay inconveniente, pues para eso se siguen ostentando ideas avanzadas. El nuevo grupo nos utiliza... Nos dejamos utilizar, puesto que los utilizamos... ¡Y a medrar todos! Porque, ¿quién sabe ya hoy a lo que está jugando cada cual? Sólo los pobres saben que son pobres».

Esta sumisión de Vicente es la contrapartida a su pasión de mando. Al doblegarse a un poder superior a él, consigue la garantía de ejercer su poder sobre un microcosmos limitado, del que, en cierto modo, se siente dueño absoluto. También Mario se lo impugnará: «¡Ah, pequeño dictadorzuelo, con tu pequeño imperio de empleados a quienes exiges que te pongan buena cara, mientras tú ahorras de sus pobres sueldos para tu hucha! ¡Ridículo aprendiz de tirano, con las palabras altruistas de todos los tiranos en la boca!».

Caeríamos en un error, sin embargo, si viéramos en este personaje algo así como un compendio de maldades. En primer lugar, porque Vicente vive en lucha consigo mismo, en lucha con su conciencia. En segundo lugar, porque todos sus actos se definen en relación con el medio social. Mario, al rememorar lo sucedido en aquella estación de postguerra, le dirá: «...el tren arrancó... y se te llevó para siempre. Porque ya nunca has bajado de él». Si Mario ha elegido el tragaluz, Vicente, a lo largo de su vida, ha elegido... el tren, a costa de lo que fuera. El tragaluz y el tren, como imágenes contradictorias, dejan ver en Vicente lo que es en el fondo: un oportunista, un arribista [4]. Las conmociones sociales e históricas son propicias a la erupción de este tipo humano, cualesquiera que sean las ideas que ostente. Una subversión de valores en las relaciones humanas —y muy pródigo ha

---

[4] Oportunamente ha subrayado Montero que «la locución *subirse al tren en marcha* está en la calle, circula entre las gentes; equivale a señalar una cierta manera de vivir en perpetua agresividad y defensa respecto al prójimo», anotando que esta locución vino a sustituir la de «subirse al carro de los triunfadores» (Isaac Montero, «*El tragaluz*, de Antonio Buero Vallejo», *Nuevos Horizontes*, México, núm. 3-4, enero-abril 1968, pág. 34).

sido en ello nuestro siglo xx— puede desviar las mejores energías de un individuo en contra de los demás y de sí mismo. El *activo* Vicente, en un mundo ajeno a la disyuntiva de devorar o ser devorado, quizá habría sabido dominar aquellas inclinaciones egoístas de su adolescencia y habría encauzado sus energías hacia un fin positivo, quizá habría hecho su vida de otra forma. Desde ese punto de vista, el personaje es tan víctima como sus propias víctimas y tan digno de piedad como ellas. Ahora bien, sea cual sea el tiempo o el lugar en que se vive, hay siempre una íntima, intransferible libertad personal para elegir lo que somos, lo que vamos a ser. Vicente es víctima de su sociedad y de su tiempo, pero él ha elegido serlo. Es víctima y es culpable: todo a la vez. Cuanto más culpable, más víctima; cuanto más víctima, más culpable.

A la primera parte de la tragedia, de carácter expositivo, sucede una segunda parte en que presenciamos el juicio contra Vicente y su castigo inmediato.

Las razones que mueven a Mario a provocar ese juicio pueden deducirse de algunas afirmaciones de Él y Ella. Por ejemplo:

> ÉL: (...) siempre es mejor saber, aunque sea doloroso.
> ELLA: Y aunque el saber nos lleve a nuevas ignorancias.

O esta otra afirmación de Él: «Durante siglos tuvimos que olvidar, para que el pasado no nos paralizase; ahora debemos recordar incesantemente, para que el pasado no nos envenene».

Sin duda, Mario cree que durante años cabía olvidar las causas de la muerte de Elvirita y de la locura del padre, o, en todo caso, que quizá no fuera oportuno remover heridas tan recientes. Pero, sin duda también, en un momento dado, piensa que no es posible sostener más la ficción, que la verdad debe revelarse para que el pasado no les envenene. *En la ardiente oscuridad* ya nos había enseñado que la verdad, por trágica que pueda ser, es mejor que la mentira, por cómoda que ésta sea. De ahí que Mario, como un sañudo fiscal, alce la voz y acuse al hermano: «La guerra había sido atroz para todos; el futuro era incierto y, de pronto, comprendiste que el saco era tu primer botín. No te culpo del todo; sólo eras un muchacho hambriento y asustado. ¡Pero ahora, hombre ya, sí eres culpable! Has hecho pocas víctimas, desde luego; hay innumerables canallas que las han hecho por miles, por millones. ¡Pero tú eres como ellos! Dale tiempo al tiempo y verás crecer el número de las tuyas... Y tu botín».

Adviértase bien que, al rememorar los hechos del pasado, Mario intenta dejar clara la verdad de lo ocurrido. Y si acusa al hermano, no es tanto por su antiguo delito de muchacho, que a fin de cuentas disculpa, como sí por haber seguido haciendo víctimas. En primer lugar, Encarna. Ésta parece un deliberado reflejo de Elvira. No es casualidad que El Padre la confunda con la hija muerta; desde su lúcida demencia, reconoce en ella una nueva víctima inocente.

¿Dónde puede conducir la impugnación de Mario? Él mismo no lo sabe, no ha sido capaz de prever los resultados, que van a ser espantosos. Sin embargo, por de pronto, hay algo positivo en esta tenaz revelación de la verdad: que Vicente se encare consigo mismo, con su propia conciencia. Se trata, además, de una búsqueda —seguramente inconsciente— del propio personaje, al venir cada vez con mayor frecuencia a este tragaluz: en el fondo de sí mismo, anhela un perdón que sólo El Padre puede darle. Oigámosle, a solas ya con su padre, esta confesión: «Es cierto, padre. Me empujaban. Y yo no quise bajar. Los abandoné, y la niña murió por mi culpa (...). Cuando me enteré de su muerte, pensé:

un niño más. Una niña que ni siquiera había empezado a vivir (...). Sí. Pensé esta ignominia para tranquilizarme. Quisiera que me entendiese, aunque sé que no me entiende. Le hablo como quien habla a Dios sin creer en Dios, porque quisiera que Él estuviese ahí... Pero no está y nadie es castigado, y la vida sigue. Míreme: estoy llorando. Dentro de un momento me iré, con la pequeña ilusión de que me ha escuchado, a seguir haciendo víctimas... De cuando en cuando pensaré que hice cuanto pude confesándome a usted y que ya no había remedio, puesto que usted no entiende... El otro loco, mi hermano, diría: hay remedio. Pero, ¿quién puede terminar con las canalladas en un mundo canalla?».

Repárese bien en la actitud del personaje: por un lado, reconoce su culpabilidad; por otro, nuevamente quiere engañarse a sí mismo, convencerse de que es inútil merecer un perdón que nadie va a otorgarle. Una vez más, su conciencia se doblega a su carácter eminentemente práctico. No se trata de un error circunstancial —que va a pagar muy caro, con la propia vida—, sino de una actitud hace tiempo elegida, de una manera de comportarse con los demás, durante todo este tiempo. Y cuando muere, a manos de El Padre, más que un asesinato de un loco, parece como si se cumpliera, ante nuestra mirada atónita, el designio de una antigua e implacable Dike. Como figura trágica que es, Vicente no encuentra el perdón que desea, sino el castigo que merece, pues no es cierto que «nadie es castigado y la vida sigue»: precisamente la tragedia, toda tragedia, demuestra que los delitos son castigados.

REALIDAD TOTAL, TRAGEDIA DE NUESTRO TIEMPO

Resultaba forzoso llegar hasta aquí para preguntarnos qué significa la figura de El Padre.

Una visión superficial nos diría de este anciano de setenta y seis años que es un pobre demente; un loco que nos hace reír y nos mueve a compasión —porque la locura hace reír y, simultáneamente, mueve a compasión—; un loco que... al final resulta «peligroso»; un hombre cuya vida fue destrozada por la conmoción de la guerra, por la conducta del hijo, por la muerte de Elvirita. Según observa en una ocasión Mario, «no era un hombre al uso», sino que «era de la madera de los que nunca se reponen de la deslealtad ajena»; era «un hombre recto», que quiso inculcar a sus hijos «la religión de la rectitud». Su idea obsesiva de recortar muñequitos, de preguntarse siempre ante ellos quién es éste, y el otro, y el de más allá; su recuerdo impreciso pero imborrable del tren; su manía de mirar a la calle a través del tragaluz, que confunde con un tren... Todos estos datos precipitan un tipo psicológico bien definido, apto para ser clasificado como un caso clínico. Pero lo extraordinario del personaje radica en que, además de ser todo esto, es también todo lo que sugiere. Si las figuras de La Madre y Encarna no contienen excesivas complejidades, y su posición en el desarrollo del drama es unívoca y de carácter primordialmente funcional, el personaje de El Padre, por el contrario, está cuajado de plurivalencias.

Como otros muchos «lisiados» del teatro de Buero, que ya hemos conocido, El Padre aparece dotado de doble significación: real y alegórica. Sañalemos algunas coincidencias, demasiado llamativas para ser casuales:

1.ª Vicente ha dicho que se confiesa ante él como si lo hiciera ante Dios, en quien no cree; y esa confesión, contrariamente a lo que imagina, no es inútil: El Padre le entiende y le castiga, como un dios terrible y justiciero.

2.ª La pregunta obsesiva de El Padre —¿quién es ése?— no encuentra respuesta por parte de la mujer y de los hijos, pero él dice que sí lo sabe, y ya nos ha advertido Vicente que eso sólo podría saberse «desde el punto de vista de Dios», tras lo cual el autor añade esta acotación: «El Padre los mira fijamente».

3.ª ¿Por qué las figuras de El Padre y La Madre no las designa el autor con nombres propios, como hace con los demás miembros de la familia? ¿Acaso para que el padre sea El Padre, con mayúscula?

Innecesario añadir más coincidencias. Hay una premeditada ambigüedad en este personaje, que permite encontrar en él, no sólo un viejo demente, sino algo mucho más hondo y misterioso. Ninguno de los rasgos observados nos permitiría decir resueltamente que es un símbolo de Dios; mas, ante ellos, tampoco nos atreveríamos a afirmar resueltamente lo contrario. Es una figura equívoca, extraña, fascinante, como el Godot beckettiano. Con una diferencia, eso sí, y de suma importancia: este Godot *sí ha llegado*, y ha llegado, además, para castigar. Pero estamos muy lejos, al insinuar esta comparación, de proponer una sola interpretación del personaje. De algún modo es esto, y de algún modo es otras muchas cosas. Lo admirable de esta figura —sin discusión, una de las más logradas del teatro de Buero— radica en las múltiples posibilidades interpretativas que ofrece. No debe sorprender, por otra parte, que el autor haya buscado conscientemente esa meta. Recuérdese que lo ha hecho en ocasiones anteriores. Recuérdese esta afirmación suya, que citamos en un capítulo anterior, y que es todo un *leit-motiv* de su quehacer dramático: «Si una obra de teatro no sugiere más de lo que explícitamente expresa, está muerta. Lo implícito no es un error por defecto, sino una virtud por exceso».

El autor pretende a toda costa que sus personajes encierren problematismo; que no se conviertan en meros esquemas. La antítesis Mario-Vicente, por ejemplo, no podría reducirse de ningún modo a la oposición entre bondad y maldad como conceptos absolutos. Las siguientes palabras de Mario nos parecen muy reveladoras en tal sentido: «Yo no soy bueno; mi hermano no era malo. Por eso volvió. A su modo, quiso pagar». Y también: «Él quería engañarse... y ver claro; yo quería salvarlo... y matarlo. ¿Qué queríamos en realidad? ¿Qué quería yo? ¿Cómo soy? ¿Quién soy? ¿Quién ha sido víctima de quién? Ya nunca lo sabré... Nunca».

Más allá de las implicaciones morales, psicológicas y ontológicas, que hasta aquí hemos podido deducir de la antinomia Mario-Vicente, estas palabras de Ella proyectan sobre esa antinomia una concreta historicidad: «El mundo estaba lleno de injusticia, de guerras y miedo. Los activos olvidaban la contemplación; quienes actuaban no sabían contemplar». A toda una grave frustración colectiva nos remite, consecuentemente, esta historia «oscura y singular», cuyo final es, quiere ser esperanzador. Cuando La Madre abre por última vez el tragaluz y de nuevo «la reja se dibuja sobre la pared; sombras de hombres y mujeres pasan; el vago rumor callejero inunda la escena», Mario, que está con Encarna en otro plano de acción, dice, mirando hacia esa calle imaginaria: «Quizá ellos algún día, Encarna... Ellos sí, algún día... Ellos». Mario se refiere a esa gente que pasa, pero, después de lo que ya hemos visto en *Historia de una escalera*, en *Hoy es fiesta* y en *Las cartas boca abajo* —por no citar obras aún no comentadas aquí, como, por ejemplo, *Aventura en lo gris* y *El Concierto de San Ovidio*—, es lícito aventurar la sospecha de que esa esperanza descansa también, e incluso muy fundamentalmente, en el niño que va a nacer, en tanto que símbolo de unos hombres nuevos, limpios, no contaminados por tantas desgarraduras, los cuales acaso podrán un día acometer la tarea ante la cual sus mayores se han sentido impotentes: la de hacer un mundo nuevo, noblemente humano, donde no haya que devorar o ser devorado; donde no haya que decir, como La Madre dice: «Malditos sean los hombres que arman las guerras», porque en él no habrá más guerras. Donde el hombre, cada hombre, se reconozca a sí mismo en los demás, pues a la pregunta «¿quién es ése?» —formulada por El Padre con la lucidez de su rara demencia— se puede contestar, como Ella hace, dirigiéndose a los espectadores: «Ése eres tú, y tú, y tú. Yo soy tú y tú eres yo. Todos hemos vivido y viviremos todas las vidas». Un mundo en que la libertad, la justicia, la paz, el amor sean realidades cotidianamente vividas, y no palabras huecas o *slogans* de un momento. A través de la esperanza de Mario, el autor hace esta vez muy explícita su propia esperanza, a la par que —como siempre— parece mirar a sus personajes destrozados, rotos, con dolor y con melancolía.

Ahora debemos volver al punto de partida: el de ese siglo futuro, plano desde el cual se nos ha invitado a contemplar los hechos dramáticos.

La finalidad de esta ficción espacio-temporal radica, primeramente, en que, a través suyo, podemos ver más objetivada nuestra realidad contemporánea. «Si no os habéis sentido en algún instante verdaderos seres del siglo xx —dice Él a los espectadores—, pero observados y juzgados por una especie de conciencia futura; si no os habéis sentido en algún otro momento como seres de un futuro hecho ya presente que juzgan, con rigor y piedad, a gentes muy antiguas y acaso iguales a vosotros, el experimento ha fracasado». Este ejercicio imaginativo nos sitúa, por lo tanto, en un nivel desde el cual podemos, más fácilmente, vernos y juzgarnos; enfrentarnos, cara a cara, con nuestra responsabilidad individual y colectiva. Nada de lo que hacemos, nada de lo que ocurre, es gratuito. Nuestras acciones humanas podrán percibirse siempre —advierten los investigadores— «desde algún lugar» o «desde alguna mente lúcida». Nuestra vida es un insoslayable compromiso con la verdad. Mas, para acceder a esa conciencia de nuestra responsabilidad individual y colectiva, es necesario que esa objetivación de la realidad abarque todo el problematismo que la realidad contiene. Hemos de ver esa realidad... al trasluz. Y a este propósito apunta, en segundo término o paralelamente, la ficción de los investigadores, como explícitamente nos dice uno de ellos: «Estáis presenciando una experiencia de realidad total: sucesos y pensamientos en mezcla inseparable».

Al oír a estos investigadores, ¿no parece como si estuviésemos oyendo los lamentos, juicios y consejos firmísimos del corifeo y el coro ante las desgracias de la casa de Layo? La funcionalidad coral de estas figuras es evidente, y ello constituye un rasgo más de lo que es *El tragaluz*: una tragedia de nuestro tiempo.

VII

UN SOÑADOR PARA UN PUEBLO Y EL TEATRO HISTÓRICO

TEATRO E HISTORIA

Partiendo de *En la ardiente oscuridad*, hemos avanzado en una dirección que nos ha llevado de *Historia de una escalera* a *El tragaluz*, pasando por *Hoy es fiesta* y *Las cartas boca abajo*. Es decir, aquellas obras de Buero que, de una manera inmediata, se nos presentaban como *proceso a la sociedad española actual*. En este recorrido hemos encontrado un buen número de cosas, pero premeditadamente nos abstenemos de sacar de ellas unas conclusiones de tipo más general, pues al mismo tiempo somos conscientes de que han quedado sin respuesta algunas interrogantes, que sólo en un capítulo muy posterior podremos replantearnos en su totalidad. Los resultados de esta incursión son, por lo tanto, parciales, todavía insuficientes.

Este capítulo y los siguientes proponen otro corte visceral, de naturaleza semejante al anterior. Elegimos *En la ardiente oscuridad* como punto de partida para acercarnos a los dramas históricos: *Un soñador para un pueblo* (1958)

Las Meninas (1960), *El Concierto de San Ovidio* (1962) y *El sueño de la razón* (1970). No cabe duda que *La tejedora de sueños* (1952), que es una recreación del mito de Penélope, puede considerarse como un precedente, dentro del teatro del propio Buero, de estos dramas históricos. En parte, también, *Las palabras en la arena* y *Aventura en lo gris*... Pero sólo en parte, al menos tras una primera impresión. Una cierta unidad temática y en algunos casos una gran proximidad de forma y estilo —al margen de su vecindad cronológica— invita a que examinemos estas obras agrupándolas en un solo marco. Las cuatro escogen como materia figuras y episodios de la historia de la Edad Moderna, y tres de ellas lo hacen, específicamente, sobre la historia de España, presentándosenos —dicho sin mayores preámbulos— como un *proceso a la historia de España.*

Antes de proceder al análisis de los mencionados textos dramáticos, debemos afrontar algunas dificultades iniciales, que cabe resumir en estos dos puntos: *a)* el *teatro histórico* como problema que hoy tiene planteado la crítica teatral; *b)* las diferentes tentativas de *teatro histórico* que conoce el teatro español contemporáneo, con todas sus implicaciones de signo estético e ideológico. En un caso como en otro, nos limitamos a clarificar ciertos conceptos básicos, que nos hagan más fácil el acceso al tema que es, propiamente, objeto de nuestro estudio.

El concepto de *teatro histórico* es sobremanera resbaladizo, equívoco, y constituye en la actualidad un formidable problema de preceptiva. Ni que decir tiene que no es *un género,* que no es *una forma dramática,* pero sí, indudablemente, *una vía dramática.* Lo ha sido en el teatro griego, en el teatro del Renacimiento y el Barroco, en el Romanticismo y en el siglo xx. Hasta aquí, todo es muy claro. Pero los obstáculos surgen cuando nos preguntamos qué debemos entender, en rigor, por *teatro histórico*. Suele afirmarse que su inventor fue Esquilo, con *Los persas*... Pero *Los persas* es, lisa y llanamente, teatro político, y nadie que conozca en serio esta obra y haya consultado los mejores estudios consagrados a ella, se atreverá a ponerlo en duda. Esquilo dramatiza un tema que para él es *coetáneo*, no *histórico*[1]. Ahora bien, en seguida nos encontramos con esta pregunta: ¿por qué el *presente histórico* no ha de entrar dentro de un riguroso concepto de *teatro histórico*? Se puede responder afirmativamente, desde luego, pero en tal caso el concepto mismo de *teatro histórico* se desvanece, al tener que englobar todas las manifestaciones de teatro social, político, documental, etc.

Podemos plantear el problema en otros términos, aceptando provisionalmente la distinción que hace Kott entre un teatro para el cual la historia es «sólo un gran decorado» —o sea, «el historicismo de las apariencias»— y aquel otro para el cual la historia es sujeto dramático, o dicho más precisamente, aquel otro que nos muestra «el sentir trágico de la historia», poniendo frente a frente el orden moral y el orden de la historia[2]. Pero esa misma conciencia trágica de la historia puede darse a través de una temática cuyo radio es enorme: temas míticos y legendarios, temas elegidos de la realidad coetánea, etc. Así, por ejemplo, y para no salir-

---

1 Véase, por citar un libro a mano entre la frondosa bibliografía que haría al caso: Gilbert Murray, *Esquilo*, trad. León Mirlas, Buenos Aires, 1954, Espasa-Calpe, Col. Austral, págs. 107 y sigs.

2 Jean Kott, *Apuntes sobre Shakespeare*, trad. Jadwija Maurizio, Barcelona, 1969, Seix-Barral, págs. 50 y sigs. No entramos a considerar la equivalencia —harto discutible— que establece Kott entre la tragicidad y la absurdidad de la historia. Convenimos, con Borel, que lo trágico excluye lo absurdo, trátese de Shakespeare... o de Samuel Beckett, pese a que la denominación —*teatro del absurdo*— propuesta por Esslin haya cobrado inaudita fortuna, conduciendo a un grave equívoco en torno al concepto de tragedia o de tragicomedia.

nos del teatro del propio Buero Vallejo, observamos que en obras como *Historia de una escalera, Hoy es fiesta, La tejedora de sueños* o *Aventura en lo gris*, por citar unos cuantos títulos al azar, alienta ese «sentir trágico», como certeramente supo ver Jean-Paul Borel al titular su estudio —estudio anterior a *Las Meninas*— de este modo: «Buero Vallejo o lo imposible concreto histórico».

Era forzoso llegar hasta aquí —en vez de rehuir el problema, como es tan frecuente en algunos historiadores y críticos—[3] para apreciar mejor este fenómeno genuinamente dramático: la posibilidad excepcional de *rehacer* el pasado histórico en un escenario, y de que todo un pueblo, ante esa recreación, pueda interrogarse acerca de ese su pasado y de su destino. Shakespeare y Lope de Vega nos dan, seguramente, el nivel más alto de esta operación tan sencilla y al mismo tiempo tan expresiva de una de las mayores facultades humanas: la imaginación. La imaginación de autores y cómicos, desde luego, pero también y fundamentalmente, la imaginación del espectador, pues sin esta última el escenario no existiría.

Si desde un punto de vista preceptivo el concepto de *teatro histórico* resulta, como acabamos de comprobar, extraordinariamente impreciso, este fenómeno de que un pueblo, al encararse con un escenario, pueda encararse con su pasado histórico y, por lo tanto, tomar conciencia histórica de sí mismo y de su destino a través de la acción catártica que es peculiar al drama, nos parece, por el contrario, ex-

---

[3] Por ejemplo, Allardyce Nicoll, en su esforzada aunque desigual *Historia mundial del teatro* (trad. Juan Martín Ruiz-Werner, Madrid, 1964, Aguilar), utiliza la denominación de drama histórico —e incluso le dedica un capítulo al hablar del teatro contemporáneo— sin otra explicación que la muy trivial de que «testimonia la búsqueda ferviente, por parte de nuestros contemporáneos, de un apoyo o una ayuda en el pasado» (pág. 785).

traordinariamente preciso, y entendemos que sólo a partir de aquí la idea de *teatro histórico* puede tener una significación coherente.

Ahora estamos en condiciones de pasar al segundo punto preliminar, que nos hemos propuesto en este epígrafe: las diferentes tentativas de *teatro histórico* que se registran en el teatro español contemporáneo, a fin de valorar y situar la contribución de Buero Vallejo en este terreno. Dos críticos acuden en nuestra ayuda: Díez-Canedo[4] y Torrente Ballester[5]. En los escritos de ambos se apoya, en parte, el sumario esquema que sigue.

Para los epígonos —bastante tardíos— del Romanticismo, como Marquina y Villaespesa, la historia no es sólo un pretexto decorativo —un decorado exótico— sino también, y especialmente en el primero, un pretexto político: al socaire de una nostalgia por las glorias imperiales del pasado nacional, se procede a una tosca manipulación de la historia de España, manipulación que, en otro plano, corresponde a esa historia de España amañada por las derechas a su hechura y desmesura. *En Flandes se ha puesto el sol* (1911), de Marquina, puede considerarse como el punto de arranque de esta tendencia en nuestros escenarios. *Teresa de Jesús* (1932), del mismo autor, puso de moda la reactualización de una de las manifestaciones menores de nuestro teatro del Barroco: la *comedia de santos*. En este aspecto, fue *El divino impaciente* (1933), de José María Pemán, el título más celebrado y, seguramente, la muestra más acabada de

---

[4] Enrique Díez-Canedo, *Artículos de crítica teatral. El teatro español de 1914 a 1936*, México, 1968, Joaquín Mortiz. (Véase, concretamente, el estudio de conjunto que abre el vol. I y las críticas recogidas en el vol. II.)

[5] Gonzalo Torrente Ballester, *Teatro español contemporáneo*, ed. cit., págs. 237-246.

este teatro histórico de la derecha. Dramatización de la vida de San Francisco Javier, *El divino impaciente* es en apariencia una obra religiosa, pero a poco que se medite sobre ella, se advierte que la religión se utiliza aquí para encubrir un manifiesto político reaccionario. Pemán continuó con este tipo de manipulaciones en la religión y en la historia de España con otras obras dramáticas posteriores: *Cuando las Cortes de Cádiz* (1934), *Cisneros* (1934), *Felipe II* (1957)... En fechas más próximas, Juan Ignacio Luca de Tena dio a la escena *¿Dónde vas, Alfonso XII?* (1957), que obtuvo cierto éxito entre los públicos burgueses, y que completa de algún modo esta página —nada brillante, por cierto— del teatro español contemporáneo. El valor artístico de obras como las que acabamos de mencionar es nulo; su interés como documento de época, muy notable.

Si pasamos ahora a otro nivel, a un nivel verdaderamente artístico, nos encontramos con algunas tentativas aisladas de positivo mérito. De Antonio y Manuel Machado, debemos recordar *Desdichas de la fortuna o Julianillo Valcárcel* (1926); de Ramón del Valle-Inclán, *Farsa y licencia de la reina castiza* (1920); de Federico García Lorca, *Mariana Pineda* (1927)... Y creo que muy pocos títulos más podrían añadirse sin forzar el concepto de teatro histórico en el sentido que, provisional, instrumentalmente, hemos acordado y que supone, además de una conciencia trágica de la historia, una temática realmente histórica, es decir, no coetánea al autor y al espectador. *Farsa y licencia de la reina castiza* y *Mariana Pineda* son dos propuestas en extremo interesantes, pero sin continuación en el teatro de sus respectivos autores. En el primer caso, Valle-Inclán elige la farsa grotesca para rehacer, escénicamente, la España de Isabel II. Pero sería en la novela —*El ruedo ibérico*— donde desarrollaría y completaría su visión de la época isabelina; género éste, la novela,

donde ya había abordado una temática histórica: su trilogía
sobre la guerra carlista. La evolución inmediatamente posterior de su teatro nos lleva al *esperpento*, cuya temática
es coetánea al autor. En cuanto a Lorca, su romance escénico sobre la ya mítica heroína liberal tampoco fue el comienzo de un teatro que pusiera en cuestión, en términos
escénicos, la historia de España. Su obra dramática posterior evolucionaría hacia la farsa de temática no histórica
y, sobre todo, hacia una nueva forma de tragedia rural, altamente estilizada.

Entre 1939 y 1958, cuando un tema de la historia de España aparece en un escenario, es siempre del modo convencional, ideológica y artísticamente conservador, que es
propio de los Pemán, Luca de Tena, etc. La historia de España —trágica si las hay— queda reducida en sus manos a
un motivo decorativo o a un problema de buenos y malos.
En el exilio, no sabemos que se haya producido un *teatro
histórico* propiamente dicho. En parte, *Noche de guerra en
el Museo del Prado* (1956), de Rafael Alberti, puede considerarse como una excepción, pero sólo en parte.

Se comprenderá así que en 1957 escribiera Torrente Ballester: «...ahí está la historia de España. Desde Lope y su
escuela, nadie ha sabido arrancar a sus temas acentos con-
movedores y verdaderos»[6]. La afirmación acaso era demasiado excluyente, pero, en todo caso, señalaba una necesidad
y era algo así como una oportuna incitación, como una
apuesta. El casi inmediato estreno de *Un soñador para un
pueblo* haría pensar en una implícita réplica, si no fuera
porque la proximidad de las fechas —el prólogo del libro
de Torrente está fechado en noviembre de 1957, y el estreno
del drama de Buero se verificó el 18 de diciembre de 1958—

---

[6] Torrente Ballester, *op. cit.*, pág. 246.

descarta toda posible relación. Como fuere, *Un soñador para un pueblo* —y los dramas históricos posteriores: *Las Meninas, El sueño de la razón*— vendría a cubrir, en una medida bastante considerable, esta laguna señalada por Torrente.

Cuanto va dicho hasta aquí, permite que nos acerquemos al *teatro histórico* de Buero Vallejo con una cierta ventaja. Ya vimos, en capítulos anteriores, cómo en lo concerniente a la transfiguración del sainete Buero Vallejo asumía una tradición teatral —sus fuentes todavía vivificantes del mismo modo que sus ruinas o que sus zonas inexploradas— y que se presentaba ante sus contemporáneos con una clara voluntad restauradora e integradora. Algo muy similar creemos advertir en su *teatro histórico,* cuyo precedente más lejano —en la escena española— hay que buscarlo, desde luego, en Lope de Vega y su escuela, pero a condición de que no olvidemos las diferentes y contradictorias tentativas dramáticas que, ya en el siglo XX, hemos podido señalar, y en relación con todas las cuales el *teatro histórico* de Buero Vallejo adopta una posición original e independiente; e incluso —sospechamos— indirecta e implícitamente polémica. En otro sentido, esa voluntad restauradora es particularmente visible en la imagen de España que precipitan *Un soñador para un pueblo, Las Meninas* y *El sueño de la razón.* Es la imagen resultante de una meditación dolorida, contristada, crítica, procesal, que reactualiza —con originalidad y oportunidad— un sentimiento típico del 98 [7]: el criticismo

---

[7] Y no sólo del 98, sino también, antes y muy especialmente, de Galdós. Como raíz de lo que Buero busca con sus dramas históricos, hay que destacar la narrativa histórica galdosiana, cuya indagación en el vivir español tan rigurosamente describe y analiza Joaquín Casalduero, *Vida y obra de Galdós,* Madrid, 3.ª ed., 1970, Gredos, páginas 41 y sigs.

como forma de patriotismo auténtico, en oposición —también ahora— a ciertos «patriotismos» triunfalistas y engañosos. La verdad de España, una verdad seguramente trágica y, por lo mismo, esperanzada: ésa es la búsqueda.

El éxito y la repercusión de este *teatro histórico* de Buero Vallejo han sido grandes. En contraste, sin embargo, con lo ocurrido a partir de su peculiar transfiguración del sainete, no cabe añadir que sea visible, al menos por ahora, una clara influencia en autores posteriores. Sólo una excepción creemos encontrar: *El caballero de las espuelas de oro* (1964), de Alejandro Casona. Escrita, probablemente, con el propósito de emular las primeras obras históricas de Buero, su ausencia de un verdadero «sentir trágico» hizo que quedara en una imitación de pálidos reflejos, decorativa y artificiosa. Pero basta de observaciones preliminares. Internémonos ya en este inquietante universo dramático [8].

ESQUILACHE Y LA ESPAÑA DE SU TIEMPO

Un soñador para un pueblo, que con gran cautela su autor subtitula «versión libre de un episodio histórico», se nos presenta como la dramatización del *Motín de Esquilache* o *Motín de Madrid*, ocurrido del 23 al 26 de marzo de 1766, bajo el reinado de Carlos III. La acción dramática empieza el 9 de marzo —es decir, el día antes del célebre bando que reactualizaba la prohibición del uso de capa larga y sombrero

---

[8] Sobre el teatro histórico de Buero, puede consultarse: Pilar de la Puente, «El teatro histórico de Buero Vallejo», *El Urogallo*, núm. 2, abril-mayo 1970, págs. 90-95. Conocemos un interesante estudio de Sandra M. Foa, *El teatro histórico de Antonio Buero Vallejo* (texto mecanograf., 151 págs.), que sobrepasa su condición inicial de *honors paper*, todavía no publicado.

chambergo, y ordenaba su sustitución por la capa corta y el
sombrero de tres picos— y termina con el estallido del motín
y la capitulación de Carlos III ante las exigencias de los
amotinados: entre otras, la revocación de dicha ley y la des-
titución de Esquilache como Ministro de Guerra y de Hacienda, y su exilio. El drama de Buero se detiene aquí, si bien
se registrarían todavía importantes acontecimientos hasta la
pacificación, e incluso después de ella. Pero lo que interesa
al dramaturgo, primordialmente, es la figura de Esquilache
—su fracaso— y el planteamiento de los distintos factores
que generarían ese fracaso.

Señalemos algunas precisiones históricas. Del tema elegido por Buero Vallejo en este drama hay que decir, en
primer lugar, que es uno de los más oscuros y controvertidos
de la España moderna; un episodio acerca del cual los historiadores no han dicho aún la última palabra, y sobre cuyo
significado existen todo tipo de conjeturas. Recientemente,
el profesor Navarro Latorre —que es en la actualidad el más
interesante investigador del *Motín de Esquilache*— ha presentado un *estado de la cuestión*, que por su documentación,
su claridad y, sobre todo, su escrupulosa objetividad científica, nos parece de obligada consulta para saber a qué
atenernos sobre este problema histórico[9]. La gran pregunta
que todavía hoy se suscita es la de cuáles fueron los verdaderos responsables del motín. ¿Fue la Compañía de Jesús,
como parece desprenderse de algunos documentos y de la
acción posterior del gobierno de Carlos III contra ella?
¿Fue —como muchas veces se ha dicho— reacción espontánea de un populacho anarquizado? ¿Fue —como ha supuesto, recientemente, Rodríguez Casado— obra de la aristocra-

---

[9] José Navarro Latorre, *Hace doscientos años. Estado actual de
los problemas históricos del «Motín de Esquilache»*, Madrid, 1966,
Instituto de Estudios Madrileños del CSIC, 54 págs.

cia contra un reformismo favorable a las capas burguesas? ¿Fue promovido por el grupo político del ambicioso Marqués de la Ensenada? Con sumo tacto, Navarro Latorre examina las diferentes responsabilidades que, a la luz de los documentos existentes, cabe atribuir en unos casos u otros. Determinados jesuitas, el grupo ensenadista, determinados elementos populares... De todos se pueden señalar responsabilidades e intereses en el motín. Pero hasta tanto no se descubra la *Pesquisa Secreta* —y todo hace suponer que ésta fue destruida— nada puede afirmarse en términos demasiado excluyentes.

A otro importante hecho nos hemos de referir en seguida: la impopularidad de don Leopoldo de Gregorio, marqués de Esquilache. En amplios sectores populares, en la nobleza y en el clero se le profesaba una franca y abierta animadversión, que culminaría en los sucesos del 23 al 26 de marzo. La nobleza y el clero veían dañados sus intereses por la política reformista de los ilustrados, que en aquel momento dirigía, prácticamente, Esquilache; y el pueblo estaba sufriendo en carne propia las consecuencias de la guerra a que había llevado el Pacto de Familia, la posterior inflación y las malas cosechas de 1763 a 1765 [10]. Muchos españoles, movidos en parte por una pasión xenófoba contra los ministros italianos Grimaldi y Esquilache —sobre todo, Esquilache—, y en parte por las penurias materiales que estaban sufriendo, identificaron en ellos el origen de todos sus males. Súmase, por lo que respecta a la impopularidad de Esquilache, las irregularidades de su propio hogar: las veleidades amorosas de su mujer, doña Pastora Paternó, y los altos cargos que, injustamente, venían disfrutando sus

---

[10] Cf. Richard Herr, *España y la revolución del siglo XVIII*, trad. Elena Fernández Mel, Madrid, 1964, Aguilar, págs. 16-17.

hijos. A los ojos del pueblo, Esquilache era lo que hoy llama-
ríamos un oportunista, que no vacilaba en incrementar los
impuestos... para mejorar, sin duda, el estado de las carre-
teras y para hacer instalar un buen alumbrado en las calles
de Madrid, pero se suponía que también, y sobre todo, para
sacar de aquellos un buen provecho personal.

Queda por recordar, finalmente, lo que fue la Ilustración
en tiempo de Carlos III. Cada día se ve con mayor claridad
la importancia de su política reformista, orientada a elevar
la vida española en materias tan fundamentales como la
economía, la educación, etc., y ello por encima de los numerosos obstáculos que opondrían el clero y la aristocracia.
La inteligencia y la serenidad de Carlos III, el selecto grupo
de políticos intelectuales de que supo rodearse, hacen de
este reinado uno de los más sugestivos y dinámicos de la
historia de España. El sueño de los ilustrados, por otra
parte, no ha dejado de tener una cierta actualidad en siglos
posteriores; y los impedimentos que han hecho naufragar
las mejores propuestas reformadoras de los siglos XIX y XX,
han tenido su origen, en parte, en los mismos estamentos
sociales: una aristocracia terrateniente, un clero aliado a los
intereses de los poderosos. Cierto que la divisa de los ilustrados —«todo para el pueblo pero sin el pueblo»— se nos
antoja hoy anacrónica, y ningún partido la aceptaría en
nuestra época, ni siquiera el más conservador. Pero no hay
que dejarse engañar por la pronta caducidad de la semántica
política. Importan los hechos, las realidades de fondo: y
muchas de aquellas que los ilustrados tuvieron que arrostrar
no son —en algunos casos— tan diferentes de aquellas otras
a las que se hizo frente en 1812, en 1873 o en 1931.

Cuanto antecede, nos pone en la pista de las dificultades
inherentes al tema elegido por Buero Vallejo en esta obra:
un episodio nada claro, como el del motín; una figura como

la de Esquilache, un tanto enigmática; una España situada en un momento de transición, obligada a renunciar a ciertas tradiciones para organizarse como una sociedad moderna... Al pensar en otras obras posteriores sobre temas históricos, comprendemos que esa misma complejidad es un atractivo, un señuelo para el autor. En todo caso, comprobaremos que es manifiesta su predilección por estos momentos *fronterizos* de la historia de España.

Lo primero que *vemos* en *Un soñador para un pueblo* es el empeño del dramaturgo en mostrar el tema en dos planos alternativamente contrastados, y esto gráficamente, en la misma distribución del espacio escénico, que nos permite asistir casi a la vez —mediante una técnica de encabalgamiento— a las acciones que se desarrollan, respectivamente, en la calle y —sobre tarimas elevadas— en dos gabinetes: uno, del palacio de Esquilache; otro, del Palacio Real. En este plano más elevado, que corresponde al poder, encontramos a Esquilache, a Carlos III, a Ensenada, a Villasanta... También a doña Pastora, en una interesante escena con Esquilache, en que conocemos los precarios lazos del matrimonio, y la soledad personal, íntima, del ministro. En el otro plano —la calle— está el pueblo: el Ciego de los Romances, anunciando «El Gran Piscator de Salamanca»; una maja, Claudia, y una alcahueta, doña María; el calesero Bernardo y sus compinches: Relaño, Morón, todos ellos pícaros redomados. También en ese plano escénico aparece por primera vez Fernandita, una criada del séquito de doña Pastora. El autor despliega una compleja red de relaciones —antinómicas y simétricas— entre las figuras que corresponden a estos dos planos, figuras de las que se nos da su dimensión social-política, por supuesto, pero paralelamente individual, personal. La preocupación básica acerca del individuo concreto y singular, que hasta aquí tan ampliamente nos ha revelado Buero Vallejo en su teatro, reaparece una vez más, recordándonos que los protagonistas y las víctimas de toda política son individuos concretos, no entes abstractos. Borel ha podido definir *Un soñador para un pueblo* como «una descripción de las relaciones humanas, individuales y colectivas, en la situación particular que ofrece la lucha política» [11].

La actitud de Buero ante el enigmático Esquilache es abiertamente exegética. Nos invita a que veamos en él un hombre honrado, de una honradez que raya a menudo en el escrúpulo, y también un gran político, en el mejor sentido de la palabra: un político capaz de soñar una política verdaderamente grande —es decir, verdaderamente buena— y entregarse, noble y desinteresadamente, a su realización. Las siguientes palabras del rey resumen muy bien el punto de vista del dramaturgo acerca de este personaje dramático, protagonista indiscutible de la obra: «¿Sabes por qué eres mi favorito, Leopoldo? Porque eres un soñador. Los demás se llenan la boca de grandes palabras, y en el fondo sólo esconden mezquindad y egoísmo (...). Tú estás hecho al revés: te ven por fuera como el más astuto y ambicioso, y eres un soñador ingenuo, capaz de los más finos escrúpulos de conciencia (...). España necesita soñadores que sepan de números como tú... Hace tiempo que yo sueño también con una reforma moral y no sólo con reformas externas» [12].

---

[11] Jean-Paul Borel, *op. cit.*, pág. 270. Sobre esta obra, véase por su especial interés: Luciano García Lorenzo, «De Jacinto Grau a Buero Vallejo: variaciones sobre un mismo tema», *Cuadernos Hispanoamericanos*, núm. 244, abril 1970, págs. 169-178.

[12] Con respecto a estas palabras del rey, hay una variante. Inicialmente, Buero había escrito: «¿Sabes por qué eres mi predilecto, Leopoldo? Porque eres un soñador. Los demás son políticos; o sea, malvados». (Cf. Patricia W. O'Connor, *art. cit.*, pág. 284.)

Dos personajes aparecen como antitéticos de Esquilache:
Ensenada y Villasanta. En el primero, reencontramos el personaje *activo*, que ya nos resulta familiar en los dramas de
Buero. Ambicioso, carente de escrúpulos, Ensenada no vacila
en promover el motín contra una política que, tiempo atrás,
él mismo había iniciado. Como otros *activos*, los fines que
persigue son estrictamente egoístas; en este caso, volver a
ostentar el poder, a costa de lo que sea. Como otros *activos*,
Ensenada es incapaz de establecer una relación humana con
el *otro*, y acaso la mayor novedad que, como personaje *activo*, aporta la figura de Ensenada, radica en el hecho de que
el *otro* es esta vez el pueblo. El siguiente fragmento, de una
escena inicial, trasluce bastante bien la mentalidad del personaje, y su contraste con Esquilache, anticipándonos el
fondo del problema:

> ENSENADA: No se puede reformar de otro modo (*quiere decir:
> por la violencia*). Recuerda nuestra divisa: «Todo para el pue-
> blo pero sin el pueblo». El pueblo siempre es menor de edad.
> ESQUILACHE: No me parece que les des su verdadero sentido
> a esas palabras... «Sin el pueblo», pero no porque sea siempre
> menor de edad, sino porque todavía es menor de edad.
> ENSENADA: No irás muy lejos con esas ilusiones. Yo las perdí
> hace veinte años.

Para Ensenada, el *otro* —en este caso, el pueblo— es un
objeto manipulable, utilizable, por el que sólo siente desdén.
Y el autor subraya especialmente este aspecto individual,
personal, del personaje, que nos da una clave para entender
los posteriores sucesos sangrientos.

La otra figura antinómica de Esquilache, decíamos, es
Villasanta. Villasanta representa a la aristocracia reacciona-
ria y decadente. En una discusión inicial con Esquilache,
éste le impugnará con energía:

ESQUILACHE: (...) Somos unos advenedizos que saben trabajar, y eso es imperdonable para la antigua nobleza, que ya no sabe hacerlo (...) He aprendido a amar a esta tierra y a sus cosas. Pero no es culpa nuestra si sus señorías, los que se creen genuinos representantes del alma española, no son ya capaces de añadir nueva gloria a tantas glorias muertas...

VILLASANTA: ¿Muertas?

ESQUILACHE: Créame, duque: no hay cosa peor que estar muerto y no advertirlo. Sus señorías lamentan que los principales ministros sean extranjeros; pero el rey nos trajo consigo de Italia, porque el país nos necesitaba para levantarse. Las naciones tienen que cambiar, si no quieren morir definitivamente...

En este Esquilache españolizado —mejor aún: *quijotizado*— reaparece algo muy sustancial al protagonista de *En la ardiente oscuridad* y otros personajes afines. Incluso el autor moviliza, una vez más, el doble símbolo luz-oscuridad, con un sentido que nos parece idéntico en última instancia. Ese símbolo aparece de dos maneras: en la plástica escénica y en el diálogo. En el primer caso, la luz que Esquilache ha puesto a las calles madrileñas, y la rotura de farolas al empezar el motín, tienen una parte considerable en el juego escénico, y traducen plásticamente los dos términos del debate. En el segundo caso, debemos destacar estas significativas palabras de Esquilache a Fernandita, tenaz en su esperanza pese a que ya se ha consumado su fracaso político: «Tal vez pasen siglos antes que (el pueblo) comprenda... Tal vez nunca cambie su triste oscuridad por la luz... Pero ¡de vosotros depende! ¿Seréis capaces? ¿Serás tú capaz?». Como Ignacio, Esquilache trata de llevar su sueño a los otros: a un pueblo que ama como propio, y cuyas necesidades conoce bien, porque él mismo es hijo del pueblo. Como Ignacio, fracasa de una forma inmediata, pero, como el atormentado protagonista de *En la ardiente oscuridad*, su sacrificio no ha sido estéril: otros —en este caso, y en primer lugar, Fernandita— heredarán ese sueño, podrán «salvarse» merced a él.

La relación Esquilache-Fernandita plantea numerosos problemas de interpretación. Ha sido uno de los aspectos más discutidos de esta obra. En un determinado momento, Esquilache dice a Fernandita: «El pueblo no es el infierno que has visto: ¡el pueblo eres tú! Está en ti como lo estaba en el pobre Julián, o como en aquel embozado de ayer, capaz de tener piedad por un anciano y una niña». (El anciano y la niña eran Esquilache y Fernandita; Julián, un criado del palacio de Esquilache.) Que Fernandita se convierta en símbolo del pueblo —lo que importa especialmente en la escena en que Esquilache la convierte en juez de Ensenada— ha encontrado fuertes resistencias críticas, más privadas que públicas. ¿Cómo?, se ha dicho. Una criada, ¿símbolo del pueblo? ¿No es esto humillante para el pueblo? Nos movemos todavía en el ámbito de esquemas muy simples: de buena gana aceptaríamos como símbolo del pueblo un héroe con toda suerte de atributos fantásticos y legendarios, pero difícilmente una figura como Fernandita, una criada. Me pregunto si en las resistencias a admitir esta función simbólica del personaje, resistencias provenientes de algunos sectores intelectuales y minoritarios —y, por lo tanto, de origen burgués, pese al casi siempre esforzado *despegue* de ese origen—, no actuaría, en el fondo e inconscientemente, un impulsivo sentimiento clasista. Como fuere, Fernandita es ante todo una víctima (como lo serán Pedro Briones, en *Las Meninas*, y David, en *El Concierto de San Ovidio*, quienes desempeñarán una función simbólica similar). Fernandita «ha vivido las injusticias contra las que él (Esquilache) se ha alzado»[13]. Hace años, vio cómo asesinaban a su padre;

¯¯¯¯¯¯¯
13 Borel, *op. cit.*, pág. 269.

ahora, durante el motín, ha sido brutalizada por el calesero Bernardo, tras asesinar éste a Julián. Precisamente por su condición de víctima desvalida, el dramaturgo le concede el máximo valor: por serlo, será ella quien mejor comprenderá y sentirá la bondad de la política de Esquilache; por serlo, se verá elevada a la categoría de juez de quien, fundamentalmente, aparece como el promotor de los disturbios, aliado ahora a los intereses de las clases poderosas: Ensenada.

Indicamos antes que entre las figuras de los dos grandes planos de acción se establecían relaciones sumamente complejas. A las relaciones que, con algún detalle, acabamos de ver, conviene que sumemos ciertas relaciones simétricas, que completarán nuestra visión de la obra. Así, por ejemplo, Doña Pastora pertenece a la nobleza, y Claudia (maja) y Doña María (alcahueta) al bajo pueblo... Pero las tres figuras se mueven en un ámbito común *si las consideramos como personas concretas e individuales.* Otro tanto cabe decir de Ensenada y de Bernardo. Líder del motín el primero —según el planteamiento que del tema histórico hace Buero Vallejo— y agente de la violencia el segundo, ambos pertenecen —si los juzgamos como individuos— a la misma especie moral. Con Bernardo, sus compinches Relaño y Morón completan la imagen de esa parte del pueblo que se revuelve contra sus propios intereses, convertido en instrumento de las clases dominantes. Haber llevado al escenario a esa parte del pueblo es un mérito que, con toda seguridad, a Buero no se le ha agradecido suficientemente. En el teatro moderno, incluso en el más reaccionario, lo frecuente es que al pueblo se le halague —quizá porque se le teme; quizá porque se le desdeña—. En raras ocasiones, incluso en las manifestaciones dramáticas más progresistas, se le invita a contemplar esta verdad desnuda: la de que el pueblo es una fuerza que puede ser utilizada contra sí mismo, sea en el siglo XVIII o en cual-

quier otra época. Nosotros recordamos, en los años de nuestra infancia, muchas explosiones de júbilo popular que nada
tenían que ver con los auténticos intereses del pueblo; antes
al contrario.

El afán de Buero por reactualizar ciertos ingredientes
peculiares de la tragedia griega, cosa que, aisladamente, ya
hemos encontrado en obras anteriores, reaparece aquí en
una singular reactualización de los viejos oráculos, y ello
sin alterar la más estricta realidad histórica, sino, por el
contrario, adaptándola, insertándola en un esquema trágico
personal. No se trata, además, de un ejemplo aislado. Esta
absorción original de unos elementos reales, ya dados en el
tema histórico escogido, llega a ser un método de trabajo
en el *teatro histórico* de Buero[14]. El oráculo es el «Piscator»
de Torres Villarroel. A lo largo de la primera parte del
drama, oímos —insistente, intermitente, monótono— el pre-
gón del Ciego, anunciando el «Piscator» con los augurios
para «este» año. Esquilache no escapa a la tentación de adquirir un ejemplar del libreto; más aún, se intranquiliza
profundamente por sus predicciones: «Raras revoluciones
que sorprenden los ánimos de muchos. Un magistrado que
con sus astucias ascendió a lo alto del valimiento, se estrella
desvanecido, en desprecio de aquellos que le incensaban (...).
Prepáranse embarcaciones que tendrán venturosos pasajes.
Un ministro es depuesto por no haber imitado en la justicia
el significado del enigma»[15]. Al final, Esquilache repite de
memoria a Ensenada la siguiente predicción, destinada a

---

14   Puede apreciarse esto, con bastante detalle, en nuestra edición
anotada de *El Concierto de San Ovidio*. Por lo que se refiere a *Un
soñador para un pueblo*, merece la pena destacar este otro ejemplo:
la figura de Bernardo se inspira en un calesero que existió realmente,
con este nombre, y que fue uno de los amotinados más conocidos
(cf. Navarro Latorre, *op. cit.*).

15   Las citas están tomadas del drama.

este último: «Un personaje bien visto de la plebe no se rehúsa de entrar en un negocio por el bien del público; pero le cuesta entrar en el significado del enigma».

Inquietante como todo oráculo, con él llegamos al punto final en lo concerniente a la antinomia Esquilache-Ensenada, y al símbolo luz-oscuridad, que enmarca la totalidad del drama.

Conocedor de los turbios manejos de Ensenada, el rey le destierra, y lo hace precisamente a través de Esquilache. «El hombre por cuya causa me destierran tiene que sufrir la humillación de ser desterrado por mi mano», dice Esquilache a Ensenada, comprendiendo el tácito deseo del rey. Pero todavía añade, dirigiéndose a su rival: «Nos enfrenta para compararnos (...). Valgo menos que tú. Y, sin embargo, soy más grande que tú. ¡El hombre más insignificante vale más que tú si vive para algo que no sea él mismo!». Al promover con fines egoístas el motín, y con éste la sangre y la violencia, Ensenada ha sacrificado al pueblo por su ambición. En contraste, Esquilache sacrifica su ambición por el pueblo: *elige* el destierro, a fin de «no aumentar el sufrimiento de esa pobre carne triste, ultrajada..., de los de abajo, que todo lo soportan». Siendo el mismo desenlace para ambos políticos, en cada uno tiene una significación enteramente opuesta. Para Ensenada, que no ha comprendido «el significado del enigma» —es decir, la relación con el *otro*, y muy expresamente la relación de un buen político con su pueblo, con el pueblo—, el destierro es una humillación y un castigo merecidos. Para Esquilache, que ha penetrado en el secreto último del oráculo —acaso por la fuerza catalizadora de Fernandita—, el destierro es un triunfo, una victoria: nunca ha sido más alta la estatura moral del personaje que en el momento en que opta por su exilio. Estamos ante una vertiente genuina y esencial de lo trágico, tan

admirable en un Sófocles o en un Shakespeare: la *caída
del héroe* —la pérdida de su prestigio y de su poder— permite a éste llegar a un descubrimiento fundamental de lo
humano, alcanzar una verdad para la que era ciego desde
su anterior encumbramiento. La predicción de la caída puede
formularla un oráculo... o un bufón palaciego. Pero este
acto formidable, posterior a la caída, pertenece estrictamente
a la libertad del héroe trágico, a la libertad del individuo,
que ahora ya puede mirar cara a cara a sus dioses. Esquilache no termina ciego, como Edipo, ni loco, como Lear; y
además, aquí no hay dioses, al menos aparentemente (en un
capítulo posterior, afrontaremos este problema en el teatro
de Buero). Pero, como Edipo o como Lear, realiza esta misma experiencia: en primer lugar, la *caída*, que es un castigo
merecido, según reconoce ante Fernandita: «He sido abne-
gado en mi vejez porque mi juventud fue ambiciosa... In-
trigué, adulé durante años... Mi castigo es justo y lo debo
pagar. No se puede intentar la reforma de un país cuando
no se ha sabido conducir el hogar propio. Nada se puede
construir sobre fango, si no es fango». En segundo lugar, la
anagnórisis, con todo lo que ésta tiene de elevación y de
victoria de lo más noblemente humano.

Hemos hablado de ceguera y de oráculos, y con esto re-
tomamos el hilo de una reflexión anterior, concerniente al
símbolo luz-oscuridad. Se trata de una sola cuestión, y acaso
nos entreabre la perspectiva última de este drama. Refiriéndose al Ciego de los Romances, Esquilache nos lo dirá de
una sola vez: «Ese ciego insignificante llevaba el destino en
sus manos. Nada sabemos. Tan ciegos como él, todos...»
Nos hallamos —bien se advierte— en el mismo universo
incierto de Ignacio, Carlos, Juana y todos los demás. La
oscuridad, las tinieblas, constituyen nuestra situación existencial: trátese de un centro para invidentes o de la España

del siglo XVIII... O, más precisamente, de nuestro mundo, el mundo que es común al autor y a nosotros, sus espectadores. En esa oscuridad, nuestras torpezas y nuestros egoísmos pueden contribuir a hacerla más densa e impenetrable todavía; pero también en ella y desde ella es posible una esforzada elección —como Esquilache nos demuestra— y ésta es ya una forma de empezar a ver, de empezar a comprender el mundo equívoco que nos rodea; de empezar a proyectar en él —desde él, a veces a pesar de él— un sentido profundo a nuestra vida con *otros*.

El trasfondo ético y metafísico que, en su última perspectiva, nos descubre *Un soñador para un pueblo*, quizá pueda tomarse —a simple vista— como un error del dramaturgo, o acaso como un añadido innecesario al escueto planteamiento del problema político. Pero no hay tal cosa. Ese trasfondo impregna de significación a toda la obra, afecta decisivamente a su mensaje, nos permite reconstruir la imagen totalizadora del hombre, que Buero Vallejo persigue insistentemente en su teatro. Si, como el autor nos decía en *El tragaluz*, en «cada hombre está la humanidad entera», en cada acción humana —sea de tipo político o sea del tipo que fuere— está la totalidad de lo humano, y ninguna política que no asuma esa totalidad —con una exigente conciencia ética y metafísica— será nunca verdaderamente buena; es decir, verdaderamente *grande*. Sea cual sea la verdad de Esquilache como personaje histórico [16], en este breve

---

[16] Consciente de cuanto hay de discutido y equívoco en Esquilache, y a fin de dar toda la posible veracidad histórica a su personaje, Buero pone en su boca estas palabras: «Me quejaré desde Italia, pediré nuevos puestos, lo sé... Soy pequeño...». En efecto, algunos trabajos que hemos consultado sobre Esquilache coinciden en destacar sus intrigas desde Italia, una vez exiliado. Una vez más, el

enunciado hemos encontrado su verdad como personaje dramático, y, a través suyo, el mensaje de este drama.

---

dramaturgo no quiere cogerse los dedos, y nos invita a contemplar a Esquilache en *un* momento... posible; como el propio personaje dice a Fernandita: en una «hora de la verdad».

VIII

VELÁZQUEZ Y LA ESPAÑA DE SU TIEMPO

COMPLEJIDAD DE UN TEMA

Pasamos a la segunda obra de Buero Vallejo en que se dramatiza un tema de la historia de España: *Las Meninas*, estrenada en 1960. Es una de sus obras más ambiciosas y puede considerarse de las mejores; más aún: de las más profundamente significativas de su autor.

De esta «fantasía velazqueña» —nuevo subtítulo extremadamente cauto— conviene que empecemos diciendo esto: plantea un nutrido repertorio de problemas. Nos encontramos, en primer lugar, ante una minuciosa recreación escénica de la España de Felipe IV, y con ella, ante una *imagen crítica de España*. En segundo lugar, o paralelamente, ante un debate sobre la pintura de Velázquez. En tercer lugar, e implícito en lo anterior, ante un amplio debate acerca de las relaciones del artista —del intelectual— con la sociedad que le rodea. Finalmente —o primeramente, según se mire— esta otra gran cuestión: Velázquez, individuo concreto y singular; la intimidad —la soledad— de Velázquez. Dicho de otro modo: Velázquez, *personaje trágico*.

Esta riqueza de contenido se manifiesta a través de una forma dramática cuya pulcritud y detallismo son acaso mayores que en obras precedentes. La forma de *Las Meninas* es de las más perfectas del teatro de Buero, quizá la que revela mayor dominio de la escena. Digamos ahora que el autor, consciente de la estatura del personaje histórico elegido, ha intentado dar el máximo de sí mismo como dramaturgo [1]. Este encararse con quien Ortega llamó «genio de la reticencia» y «genio de la displicencia», ofrece además otro motivo de interés particular. Buero, como hemos visto, ha sido pintor antes que escritor, y debemos añadir que su devoción por Velázquez es muy antigua y muy profunda [2]. Ello equivale a afirmar que ha concedido a su personaje dramático un elevado número de cualidades ejemplares; se diría que las tiene *todas*. Nos encontramos, pues, ante un Velázquez escrito con devoción, aunque sin beatería. Con-

---

[1] Recordemos que un gran poeta intentó ya medir sus fuerzas literarias con las pictóricas de Velázquez: Unamuno, en *El Cristo de Velázquez*. El drama de Buero se estrenó el año del centenario de Velázquez. Existiera o no un encargo previo por la compañía del Español, dirigida entonces por José Tamayo, es evidente que la coincidencia no es casual. Buero escribió o terminó de escribir esta obra *para* el centenario. Ahora bien, ya hemos adelantado —y en seguida comprobaremos— que no se trata de una obra de circunstancias, meramente ocasional. Por otra parte, quizá no esté de más recordar que muchas grandes obras de la historia del teatro —de Esquilo o de Shakespeare, de Lope o de Molière— han tenido un móvil inicial de naturaleza semejante. Es lo característico de aquellos dramaturgos que hacen su obra en estrecha relación con el escenario.

[2] Resulta por demás ilustrativa esta declaración de Buero, sobre Velázquez, en 1955: «Me causa un asombro inagotable. Parece de otro planeta y, sin embargo, no lo hay más humano» (Luis Mayo, «Entrevista con Antonio Buero Vallejo», *El Noticiero Universal*, 28 abril 1955). Más todavía: el interés de Buero por Velázquez y su tela maestra no se agota con este drama. Años después publica un estudio técnico sobre «El espejo de *Las Meninas*» (*Revista de Occidente*, núm. 92, noviembre 1970, págs. 136-166.)

secuentemente, en muchas de las cosas que este personaje hace y dice, se expresa en decantada síntesis el pensamiento del propio Buero Vallejo, particularmente en un orden estético y político. Si no dispusiéramos de ninguna declaración teórica del autor, con *Las Meninas* se podrían reconstruir las líneas fundamentales de su estética y de su ideología. Un solo ejemplo. De lo que Buero afirma que es el cuadro de Velázquez, puede deducirse lo que el teatro de Buero Vallejo ha querido ser: «un teatro sereno, pero con toda la tristeza de España dentro».

Como en el capítulo anterior, unas precisiones históricas, preliminares, nos servirán de punto de apoyo para adentrarnos en el análisis del drama y llegar a una comprensión de aquello que, finalmente, el autor pretende comunicarnos. Tampoco ahora se trata de detectar posibles inexactitudes históricas, lo que resultaría superfluo en el análisis de una obra de creación literaria. Por lo demás, en el *teatro histórico* de Buero, pese a la cautela de los subtítulos, lo que sorprende es el alto grado de exactitud —en lo esencial como en lo accesorio— respecto al tema histórico elegido. Exactitud, hasta donde es posible y conveniente en una obra de creación, en una obra artística. Exactitud, hasta donde es posible, en temas como el controvertido *Motín de Esquilache*... o la desconcertante figura de Velázquez. Cuando se estrenó *Las Meninas*, escribí que cada español culto tiene *su* Velázquez, y de ahí —pese al éxito arrollador del estreno— algunas perplejidades e incluso divergencias que el Velázquez *de* Buero podía provocar. Pero los hechos posteriores me demostraron que las divergencias serían de tipo político, y de la más estricta actualidad. A la derecha le disgustó el Velázquez *de* Buero; en consecuencia, tachó al autor de falsear la verdad histórica de Velázquez. Pero, ¿cuál es la verdad histórica de Velázquez?

Hasta fechas relativamente próximas prevalecía la imagen de un Velázquez en el que coexistían al mismo tiempo un pintor de genio y un mero «criadillo de palacio». Esta verdadera cuadratura del círculo se apoyaba en algunos datos de la vida de Velázquez: nombrado pintor del rey en 1623 —a los veinticuatro años—, fue ocupando diferentes cargos hasta alcanzar el de aposentador de Palacio en 1652, y, tras laboriosas gestiones y por la resuelta decisión de Felipe IV —siempre su protector— obtuvo la Cruz de Santiago en 1658. Como ejemplo de actividad palaciega se suele recordar asimismo el modo brillante como organizó, en la isla de los Faisanes, los preparativos de la boda de María Teresa con Luis XIV (esto ocurrió en 1660, año de su muerte). Pero estos datos nos dicen poco, en el fondo, del autor de *Las Meninas, La Venus del espejo, Las hilanderas, Menipo, Esopo, Los borrachos, La rendición de Breda, El bufón don Sebastián de Morra* o *El Cristo de San Plácido*... La belleza, la audacia, el misterio de estas telas, ¿pueden ser obra de un «criadillo de palacio»? Lo razonable es responder que no, desde luego, pero con eso estamos aún muy lejos de ver claro en el problema.

Si no me equivoco —y si me equivoco, ya me corregirán los especialistas—, debemos a Ortega una de las primeras y más vigorosas llamadas de atención sobre lo enigmático del gran pintor. «No hay vida de hombre eminente —escribió Ortega— a quien le hayan pasado menos cosas que la de Velázquez, de aspecto más vacío y nulo. Sin embargo, esa vida como hueca está toda ella llena de lucha en cuanto a su arte se refiere. De aquí que sea una de las vidas más enigmáticas, difíciles de entender con que puede uno tropezarse. Hay que entrar en ella, por lo mismo, máximamente alerta, dispuesto a no fiarse uno ni de su propia sombra, seguro de que este señor tan displicente, genio de la reticencia, no va a orientarnos lo más mínimo sobre su arcano destino, sino que quedamos atenidos tan sólo a nuestra capacidad de detectivismo, auxiliados por algún método claro que nos impida perdernos en el laberinto que es siempre una existencia humana». Esto, tras definir la obra de Velázquez como «un combate sin pausa contra todo su siglo», y para llegar al fin a esta sugerente propuesta: «Tenemos que representarnos a Velázquez como un hombre que, en dramática soledad, vive su arte frente y contra todos los valores triunfantes en su tiempo»[3].

Además de estas brillantes páginas que Ortega consagró a Velázquez —y cuyos puntos de vista han influido, notablemente, en estudios posteriores, de carácter más técnico—, deben destacarse —entre la frondosa bibliografía velazqueña— unos cuantos libros que han venido a modificar y enriquecer nuestra visión de Velázquez; y digo «nuestra visión», porque, efectivamente, tras la lectura de obras como las de Justi[4], Sánchez Cantón[5], Lafuente Ferrari[6], Maravall[7], etc., *vemos* de otro modo los cuadros de Velázquez y también su figura... y su estatura. Con todo, nos atreveríamos a decir

---

[3] José Ortega y Gasset, *Velázquez*, Madrid, 1959, Revista de Occidente, Col. El Arquero, págs. 76 y sigs. Del mismo estudio hay una versión anterior, incluida en el libro *Papeles sobre Velázquez y Goya*, Madrid, 1950, Revista de Occidente. El atractivo de la edición de 1950 está en una interesante selección de documentos de la época —con el título: «De la España alucinante y alucinada en tiempo de Velázquez»—, que no se incluye en la edición revisada y ampliada de 1959.

[4] Carl Justi, *Velázquez y su siglo*, trad. Pedro Marrades, Madrid, 1953, Espasa-Calpe.

[5] F. J. Sánchez Cantón, *Las Meninas y sus personajes*, Barcelona, 1943, Juventud.

[6] Enrique Lafuente Ferrari, *Velázquez*, Barcelona, 1944, Ediciones Selectas.

[7] José Antonio Maravall, *Velázquez y el espíritu de la modernidad*, Madrid, 1960, Guadarrama.

—y acaso sea éste el atrevimiento típico de quien no es especialista en una materia, sino únicamente apasionado curioso de ella— que subsiste todavía —y quizá subsista siempre— ese rasgo eminentemente enigmático de la vida de Velázquez, que Ortega puso de manifiesto.

Con lo expuesto hasta aquí es suficiente para apreciar *un lado* de la complejidad del tema que ha elegido Buero Vallejo en esta su dramatización de la obra cumbre de Velázquez, *Las Meninas* [8]. Dramatización que es una meditación personal, desde luego, pero en la que no se excluye el propósito de indagar, de bucear en esos últimos enigmas del inquietante Velázquez. Ese propósito está ligeramente encubierto por el subtítulo del drama, como ocurría en *Un soñador para un pueblo*. Y hasta se diría —tras una primera impresión— que en las palabras iniciales del pícaro Martín, el autor —por boca de su personaje— trata nuevamente de no cogerse los dedos. Dice Martín: «¿No conocen la historia? Yo finjo muchas, pero ésta pudo ser verdadera». Tras una primera impresión... Pero a poco que se reflexione en estas palabras, se observará que, de algún modo, repiten la conocida distinción que, en su *Poética*, hacía Aristóteles entre la función propia del historiador —contar las cosas como sucedieron— y la función propia del poeta dramático: contarlas como pudieron o debieron suceder [9]. Estas palabras de

---

[8] Se diría que existe en el cuadro una cierta teatralidad, una cierta *mise en scène*. Escribió Ortega que «está obtenido el espacio en profundidad mediante una serie de bastidores, como en el escenario de un teatro» (*op. cit.*, pág. 240).

[9] «No es oficio del poeta contar las cosas como sucedieron, sino como debieran o pudieran haber sucedido, probable o necesariamente; porque el historiador y el poeta no son diferentes por hablar en verso o en prosa (pues se podrían poner en verso las cosas referidas por Herodoto; y no menos sería verdadera historia en verso que sin verso); sino que la diversidad consiste en que aquél cuenta las cosas tales cuales sucedieron; y éste como era natural que suce-

Martín vienen a ser, por tanto, una declaración de principios, y ésta afecta a la totalidad del *teatro histórico* de Buero Vallejo. El arte —ha afirmado Buero en numerosas ocasiones— viene a ser un medio de conocimiento, que diverge de la ciencia por la naturaleza de sus métodos —intuitivos, imaginativos—. Auxiliado por una depurada documentación histórica, Buero Vallejo —artista auténtico— ha puesto asedio a la figura de Velázquez valiéndose de estas armas —intuición, imaginación— tan poderosas como imprevisibles. Y los resultados —referentes a la verdad histórica de Velázquez, no a la verdad del personaje dramático, que ésta es cuestión para analizar más adelante— encontraron en su día la entusiasta aprobación de una de las más destacadas autoridades en la materia: Lafuente Ferrari. Efectivamente, en el homenaje tributado a Buero por la Escuela de Bellas Artes, a raíz del estreno de *Las Meninas*, pronunció Lafuente un discurso en el que, entre otras interesantes observaciones, hacía las siguientes respecto al Velázquez *de* Buero: «El intelectual —y el verdadero artista lo es— es una conciencia sensible e insobornable. Y Velázquez fue el dechado insuperable de esta condición que el intelectual de verdad —los hay falsos— y el artista que lo es —los hay falsificados también— lleva consigo inevitablemente porque se encuentra siendo lo que es y no puede ser otra cosa. Cosa dura es serlo y Velázquez aceptó limpia y serenamente esa responsabilidad fatal, sin traicionarla. Eso es lo que insuperablemente nos ha hecho ver, en *Las Meninas*, Buero Vallejo.

---

diesen. Que por eso la poesía es más filosófica y doctrinal que la historia; por cuanto la primera considera principalmente las cosas en general; mas la segunda las refiere en particular» (Aristóteles, *El Arte Poética*, III, 7.) Cito por la trad. José Goya y Muniáin, Buenos Aires, 1948, Espasa-Calpe, Col. Austral.

Bastaría ello para que la obra de Buero, además de todas sus otras bellezas, mereciera perdurar» [10].

Queda ahora por indicar el otro lado de la complejidad del tema: la España que vivió Velázquez, y que Ortega calificó de «alucinante y alucinada». El solo intento de ofrecer aquí un resumen esquemático de ella, dilataría en exceso estas observaciones preliminares: tal es su elevado número de problemas, de contradicciones, de características sorprendentes. Renunciamos, pues, a ese intento [11], limitándonos a recordar que, hacia 1656 —año en que transcurre la acción del drama de Buero—, estamos ya ante el declinar del Imperio español: sublevación de Portugal y de Cataluña, crisis económica, etc. Arden las hogueras de la Inquisición y proliferan las sectas religiosas. Unos cuantos escritores y artistas —los más grandes que ha tenido la cultura española— han realizado una obra titánica y sorprendente, a la vez que una aristocracia celosa de sus privilegios e indiferente a sus responsabilidades como minoría dirigente, se entrega indistinta y alternativamente a la corrupción y al más ñoño puri-

---

[10]   Enrique Lafuente Ferrari, «Palabras en honor de Antonio Buero Vallejo», texto mecanograf., 7 págs. Debo la localización de este interesante escrito —no publicado— a los señores Lafuente Ferrari y Buero Vallejo.

[11]   Este período ha sido copiosamente estudiado, en aspectos generales y particulares, lo que hace fracasar de antemano la pretensión de una escueta referencia bibliográfica. Aun a riesgo de ello, y a título de mera introducción, remitimos al lector a la apretada y rigurosa síntesis que se encuentra en J. Reglá, J. M. Jover y C. Seco, *España Moderna y Contemporánea* (Barcelona, 2.ª ed., 1964, Teide) y a la vasta, pormenorizada e incluso colorista crónica que, de este reinado, ha hecho José Deleito y Piñuela en una serie de siete libros: *El declinar de la monarquía española*, *El rey se divierte*, *Sólo Madrid es corte*, *...También se divierte el pueblo*, *La mujer, la casa y la moda*, *La mala vida en la España de Felipe IV* y *La vida religiosa española bajo el cuarto Felipe* (todos ellos publicados en Madrid, Espasa-Calpe).

tanismo. Instituciones como la Iglesia y el Ejército muestran iguales síntomas de descomposición; la burguesía naciente es todavía muy débil; el pueblo —como siempre— sufre los errores y los abusos de los de arriba. De escaso carácter, abúlico, Felipe IV parece más atento a su vida sexual que a sus deberes de monarca. Fue, probablemente, un hombre bueno (e incluso de gran sensibilidad: su misma protección a Velázquez, por ejemplo, basta para demostrarlo), pero no fue un buen rey. En todo caso, no acertó a rodearse de buenos equipos de políticos, con los que hacer frente a un proceso que, por otra parte, acaso era irreversible: la decadencia española, el ocaso del Imperio. Este crepúsculo de la vida española aparece en el drama de Buero de una forma altamente original: viéndolo *a través* de la obra de Velázquez, y en particular del cuadro que ahora, de pronto, ha cobrado vida dramática ante nosotros.

UN PINTOR, UN PALACIO, UNA ÉPOCA

Las Meninas se divide en dos partes. La primera, básicamente funcional y expositiva. Conocemos a los personajes, conocemos el ambiente de palacio; conocemos la situación social y política del momento. La segunda parte —que, oportunamente, Torrente Ballester ha considerado como una de las unidades más completas y acabadas del teatro de Buero—[12] versa, esencialmente, sobre un imaginario —aunque no inverosímil— proceso o «examen» seguido contra Velázquez por el Santo Oficio, tras haber sido denunciado el pintor

---

[12] Crítica publicada en *Arriba,* e incluida en *Teatro Español 1960-61,* Madrid. 1962, Aguilar, pág. 74.

por la ejecución de un desnudo [13]. De ello depende que el Rey autorice al pintor la realización de *Las Meninas,* cuyo boceto espera la aprobación regia. Más aún: de ese «examen» depende el porvenir mismo de Velázquez, porvenir problemático, a pesar de ocupar el cargo de Aposentador y de haber gozado hasta hoy del abierto apoyo del monarca, pues, como dice el personaje, «entre nosotros nunca se sabe cuál será el castigo... si una reprimenda o la coroza de embrujado». También en este «examen» es objeto el pintor de otras impugnaciones, todas ellas graves. Nardi acusa a su pintura de burla, desdén o indiferencia frente a los principios religiosos y políticos del régimen. El Marqués, mayordomo mayor del rey, le acusa de rebeldía contra la autoridad real, por haber dado asilo en su casa a un fugitivo de la justicia: Pedro Briones. En fin, el propio Rey acusa a Velázquez de seducir a la Infanta María Teresa. De todas estas acusaciones sale airoso Velázquez, no sin la ayuda de María Teresa en un instante decisivo, y a causa, no tanto de la comprensión final del Rey, como sí de la debilidad e indecisión de su carácter. Bien; no sólo sale airoso Velázquez sino que, de acusado, se convierte en acusador de quienes le acusan... incluido el Rey, en el momento de más alta tensión dramática:

> EL REY: (...) Si me declaráis vuestro arrepentimiento y reconocéis vuestra sumisión a mi persona, olvidaré todas las acusaciones.
> VELÁZQUEZ: (...) Es una elección, señor. De un lado, la mentira una vez más. Una mentira tentadora: sólo puede traerme

---

13 Este desnudo no es *La Venus del Espejo,* sino otro de los tres que, en total, consta que pintó Velázquez. Pintar desnudos, en la España de aquella época, era un atrevimiento subversivo que sólo Velázquez se permitió.

beneficios. Del otro, la verdad. Una verdad peligrosa que ya no remedia nada... Si viviera Pedro Briones me repetiría lo que me dijo antes de venir aquí: mentid si es menester. Vos debéis pintar. Pero él ha muerto. (*Se le quiebra la voz.*) Él ha muerto. ¿Qué valen nuestras cautelas ante esa muerte? ¿Qué puedo dar yo para ser digno de él, si él ha dado su vida? Ya no podría mentir, aunque deba mentir. Ese pobre muerto me lo impide... Yo le ofrezco mi verdad estéril. (*Vibrante.*) ¡La verdad, señor, de mi profunda, de mi irremediable rebeldía!

EL REY: ¡No quiero oír esas palabras!

VELÁZQUEZ: ¡Yo debo decirlas! Si nunca os adulé, ahora hablaré. ¡Amordazadme, ponedme hierros en las manos, que vuestra jauría me persiga como a él por las calles! Caeré por un desmonte pensando en las tristezas y en las injusticias del reinado. Pedro Briones se opuso a vuestra autoridad; pero ¿quién le forzó a la rebeldía? Mató porque su capitán se lucraba con el hambre de los soldados. Se alzó contra los impuestos porque los impuestos están hundiendo el país. ¿Es que el poder sólo sabe acallar con sangre lo que él mismo incuba? (...) El hambre crece, el dolor crece, el aire se envenena y ya no tolera la verdad, que tiene que esconderse como mi Venus, porque está desnuda. Mas yo he de decirla. Estamos viviendo de mentiras o de silencios. Yo he vivido de silencios, pero me niego a mentir.

EL REY: Los errores pueden denunciarse. ¡Pero atacar a los fundamentos inconmovibles del poder no debe tolerarse!...

VELÁZQUEZ: ¿Inconmovibles? Señor, dudo que haya nada inconmovible. Para morir nace todo: hombres, instituciones... Y el tiempo todo se lo lleva... También se llevará esta edad de dolor. Somos fantasmas en manos del tiempo.

Las siguientes palabras de María Teresa, dirigiéndose al Rey, sintetizan y dan su último sentido a cuanto Velázquez acaba de decir: «Os ha hablado como podría hacerlo vuestra conciencia: ¿desterraréis a vuestra conciencia de Palacio?».

Aunque Velázquez es, desde el principio hasta el final, el centro de la acción, es de observar que en el drama se

nos presenta un elevado número de personajes de bien tra-
zado perfil, de acusada individualidad. Y cuando no es así,
en figuras secundarias, sorprendemos siempre rasgos de fuerte significación dramática. ¿Acaso no es un extraordinario
personaje ese dominico del Santo Oficio... que nunca habla
y cuya presencia en escena, en razón justamente de su mutismo, está cuajada de sugerencias?[14]. Casi todos los personajes reclaman una atención despaciosa. En conjunto, aparecen situados en diferentes planos y éstos abarcan una
esfera totalizadora de las relaciones que Velázquez —en
tanto que hombre público y en tanto que individuo— establece con su entorno. Va dicho con esto que al dramaturgo
no le interesa sólo la figura de Velázquez en su dimensión
externa, la del hombre público, sino que —como ya sucedía
con Esquilache— el autor busca la intimidad de su personaje, consciente de que ambas dimensiones son inseparables
en la realidad existencial de un hombre. Como siempre,
trátese de figuras históricas, reales, o de personajes inventados, el hombre concreto y singular aparece como el norte
de las reflexiones dramáticas de Buero Vallejo. Examinemos,
pues, paso a paso, las diferentes relaciones y tensiones que
este personaje, Velázquez, mantiene con los demás. Anticipemos un dato de fundamental importancia: Velázquez, que
irónicamente dice de sí mismo que es «el hombre más acompañado de la tierra», vive rodeado de incomprensión y de
soledad, sin encontrar una mano que le ayude «a soportar
el tormento de ver claro en este país de ciegos y de locos».
(El dramaturgo visualiza esa soledad, atribuyendo al pintor
un gesto característico: el de cogerse insistentemente las

---

[14] El sentido de ese silencio es claro, es irónico. «Con la Inquisición, chitón», se decía en la época, y Martín lo dice al principio de
la obra.

manos.) Sólo en un instante, encontrará la cálida compañía
y ayuda de María Teresa y la compañía y comprensión de
Pedro Briones; éste, el único capaz de entender la secreta
verdad de su arte. Con esta figura de Pedro —sobre la que
volveremos más adelante—, Buero procede a una modificación muy notable en un esquema hasta aquí siempre aceptado, y que Ortega expresaba en estos términos: «Una sola
mujer es visible en su vida, un solo amigo —el rey—, un
solo taller —Palacio—»[15]. En el drama de Buero, además
de que aparecen tres mujeres —la esposa; María Teresa...
y la modelo de la *Venus*, a la que no llegamos a conocer—[16] ese solo amigo de Velázquez es Pedro Briones, un
hombre del pueblo, un luchador. ¿Cuál es, pues, la relación
con el rey?

En el fragmento, antes transcrito, ha quedado indicado:
Velázquez es de alguna manera la conciencia del rey, y en
otro sentido, claro está, la conciencia crítica de la España
de su época. Se nos dice a menudo que el rey no entiende
la pintura de Velázquez, aunque la protege y sabe —lo afirma— que Velázquez es un gran pintor. Simultáneamente, no
acaba de sentirse a gusto ante este hombre que, siendo su
inferior, en muchos aspectos —y más concretamente, *en
tanto que individuo*— comprende que es superior a él; en
todo caso, le resulta enigmático. «Si tuviera que aclarar al
marqués la causa de mi afición a vos —declara a Velázquez—, apenas podría decirle otra cosa que esta: mi pintor
de cámara me intriga (...). Todos dicen que soy el monarca
más grande del mundo: él calla». Más todavía: Velázquez,
de alguna manera, le obsesiona. En un determinado momen-

---

[15] Ortega y Gasset, *op. cit.*, pág. 6.
[16] Lafuente, en «Palabras en honor de Antonio Buero Vallejo»,
cit., destaca con agudeza el valor simbólico de esta tríada femenina.

to, refiere al dominico esta pesadilla que ha tenido: «Me veía en un salón lleno de pinturas y espejos y... al fondo estaba Velázquez tras una mesa. Tocó una campanilla y alguien me empujaba hacia él... Yo iba medio desnudo pero me veía al pasar ante las lunas ataviado con el manto real y la corona... Cuando ya estaba cerca, vi que la altura de mi pintor de cámara era enorme... Semejaba un Goliat y su gran cabeza me sonreía... Al fin, levantó una mano de coloso y dijo: *Nicolasillo y tú tenéis que creer*. Desperté entre sudores».

Está claro. Una vez más en el teatro de Buero Vallejo, encontramos que ciertos personajes se erigen en conciencia de otros. Hasta aquí eran lisiados: ciegos, sordos, mudos. Ahora es un artista quien se erige en conciencia de su rey, en conciencia de la España de su tiempo. (Más adelante, en *El sueño de la razón*, este planteamiento se repite de nuevo.) Sin embargo, debemos destacar que otra figura de Palacio, la Infanta María Teresa, desempeña en determinados momentos una función similar con respecto al monarca. Sobre María Teresa atrae el autor las simpatías de sus espectadores. Muchacha inquieta, trata de elevarse por encima de la miseria moral y de la hipocresía que dominan en el ambiente de Palacio, y encuentra en Velázquez la autenticidad, la sinceridad y la ayuda intelectual que le permiten comprender mejor el mundo en que vive. Su amistad —más aún: su «sentimiento sin nombre»— es el móvil que le llevará a defender al pintor, y a salvarle mediante una intervención audaz y oportunísima, a la vez que es también, probablemente, la fuerza secreta que, en anteriores ocasiones, le ha llevado a enfrentarse con su padre, haciéndole ver sus incumplidos deberes de monarca: «Quizá desee el convento más de lo que pensáis. Quizá desde él podría deciros con más autoridad que os guardéis de los malos servidores, padre mío... Y de todos los placeres que no os dejan atender los negocios del reino» [17]. Al margen diferencias de detalle, en la relación *individual* Velázquez-María Teresa reaparecen algunos rasgos de la relación Esquilache-Fernandita. No nos dejemos ofuscar por las opuestas categorías sociales de los personajes —diferencias de detalle, en este caso, como decimos— y contemplemos su aspecto *personal* —y por tanto, más radicalmente verdadero en un sentido humano general—. Ambas muchachas, Fernandita y María Teresa, se han visto elevadas —se diría: salvadas— por encima de un mundo degradado y degradante, que amenazaba destruirlas, sumirlas en la oscuridad. Ese mundo degradado y degradante puede manifestarse en el ámbito de los bajos fondos o en un ámbito palaciego: pero en realidad es el mismo mundo, es una misma oscuridad. Fernandita y María Teresa han encontrado en Esquilache y en Velázquez —en su ejemplo, en su relación noblemente humana— las fuerzas necesarias para ganar la batalla contra este mundo hostil.

Pero, ¿cómo es este mundo de Palacio, que *Las Meninas* nos presenta? Veámoslo a través de su amplia galería de personajes, y de las tensiones que algunos de ellos mantienen con Velázquez. Empecemos por el marqués. Consejero de confianza de Felipe IV, en él reaparece el modelo de personaje *activo*, si bien con menor complejidad interna que en figuras anteriores. Su mayor novedad radica en representar aquí a una aristocracia orgullosa y torpe, independientemente de los ya habituales rasgos individuales —de naturaleza ética y psicológica— que son comunes a los personajes *activos*. Nótese todo ello en el fragmento que sigue, a la vez que la actitud indecisa, vacilante, del rey:

---

[17] Lafuente subraya la veracidad histórica —documentalmente probada— de una cierta actitud crítica de la Infanta ante su padre (en Palabras...», cit.).

EL REY: (...) Pocas veces nos fue tan necesario el dinero...
Esperé durante mucho tiempo que llegara la saca de la plata:
esos seis galeones cargados de riquezas son nuestra sangre
desde hace años... ¡Seis galeones, marqués! Y el inglés los ha
hundido. Entre tanto, nuestros tercios carecen de alimentos.

EL MARQUÉS: Vivirán sobre el terreno, señor, como siempre
hicieron.

EL REY: Puede ser. Mas su marcialidad decrece... Hemos
perdido Portugal y casi hemos perdido Cataluña. La paz sería
preferible.

EL MARQUÉS: La plata no se ha terminado en las Indias,
señor.

EL REY: No. Mas, ¿cómo hacer frente a nuestros gastos
hasta una nueva saca? Admito que los tercios vivan... como
puedan. ¿Y España?

EL MARQUÉS: También vive de sí misma, señor (...) Exten-
ded libramientos y el dinero llegará después. Así se viene haciendo (...) Subid los impuestos (...) ¡Cuanto fuere menester!
¿Qué mayor obligación para el país que ayudar a su rey a
seguir siendo el más grande monarca de la tierra?

EL REY: Quizá promoveríamos más disturbios.

EL MARQUÉS: Los revoltosos nunca pueden tener razón frente
a su rey. El descontento es un humor pernicioso, una mala
hierba que hay que arrancar sin piedad. Y en eso sí que necesitamos ojos de Argos y ejemplar severidad. Por fortuna, vuestra
majestad tiene vasallos capaces de advertir el aliento pestilen-
te de la rebeldía...

Tal es el personaje. No sorprenderá que sea también
uno de los enemigos de Velázquez, y de los más peligrosos.
La infanta Margarita, las meninas (María Agustina Sarmiento e Isabel de Velasco), Doña Marcela de Ulloa (dueña
al servicio también de la infanta), Don Diego Ruiz de Azcona (guardadamas), Don José Nieto Velázquez (primo del pintor), Mari Bárbola y Nicolasillo Pertusato (enanos y criados
son las figuras que, con Velázquez, aparecen en el cuadro.
En el drama, Doña Marcela, Nieto y, en segundo término,

los enanos, desempeñan una importante función y aportan abundantes datos acerca de este mundo de Palacio, que estamos persiguiendo.

Puritana hasta el ridículo —en una escena inicial le oímos afirmar que es «un feísimo pecado» mirar a un hombre «tan de continuo»—, Doña Marcela ama a Velázquez, quiere entregarse a él y, despechada por la discreta negativa del pintor, trama el infundio de una relación ilícita entre Velázquez y María Teresa. Puritano hasta el ridículo es también Nieto, y, asimismo, esclavo de su carne y enemigo de Velázquez. Es Nieto quien denuncia a Velázquez por haber realizado la «Venus». Ha conseguido embaucar a Doña Juana —luego comprobaremos que el terreno era propicio— para que ésta le muestre el cuadro, que Velázquez guarda en el máximo secreto. Su exclamación, aterrado al contemplar el desnudo —«¡Dios santo!»—, acaso baste para definirlo. Pero vale la pena que nos detengamos un momento ante este curioso personaje, uno de los más interesantes de la obra. De él conviene observar, cuando menos, estas dos cosas: en primer lugar, su religiosidad enfermiza, inauténtica, y su patrioterismo; en segundo lugar, el resorte secreto de su acción contra Velázquez. Respecto a lo primero, es suficiente con que destaquemos algunas afirmaciones de Nieto, como ésta: «Satanás sabe que España es predilecta de Nuestra Señora y urde cuanto puede contra nosotros». O esta otra, refiriéndose a la *Venus* de Velázquez: «Mi opinión es que la primera vez que un pintor español osa tal abominación, crea un precedente muy peligroso. Y entiendo que, por desgracia, una saludable severidad es necesaria ante él». Será Velázquez quien pondrá al descubierto cuanto hay de enfermizo en Nieto:

> VELÁZQUEZ: (...) Mas yo os pregunto: ¿dónde está la lascivia?
> NIETO: (...) En la pintura.

VELÁZQUEZ: ¡En vuestra mente, Nieto! ¡Vuestro ojo es el que peca, y no mi Venus! ¡Debierais arrancaros vuestro ojo si entendieseis la palabra divina antes de denunciar mi tela! Mi mirada está limpia; la vuestra todo lo ensucia. Mi carne está tranquila; la vuestra, turbada. ¡Antes de sospechar que vuestro primo había caído en las garras del demonio de la carne, debisteis preguntaros si no erais vos, y todos los que se os parecen, quienes estáis en sus garras y quienes, pensando en él a todas horas, mejor le servís en el mundo! ¡Porque no sois limpio, Nieto! ¡Sois de los que no se casan pero tampoco entran en religión! ¡Sois de los que no eligen ninguno de los caminos de la santificación del hombre!

Estas palabras de Velázquez no sólo descubren a Nieto; descubren cierto tipo de mentalidad española. Sin duda, una mentalidad muy extendida en el siglo XVII; mas también, y ello es evidente para el espectador o el lector mínimamente alerta, una mentalidad todavía subsistente y generalizada en algunas esferas sociales de nuestro país.

Pero queda la otra cuestión del personaje, que en realidad es trasfondo de la primera: el móvil secreto que le ha llevado a denunciar a su primo ante la Inquisición. Ese resorte es la ambición y la envidia. Nieto aspira al cargo de Aposentador, que ostenta Velázquez. Como en doña Marcela, comprobamos que en Nieto las buenas palabras, las solemnes declaraciones de piedad, de religiosidad o de patriotismo, son una máscara que oculta los más bajos instintos.

Este ambiente de Palacio —hipocresía, mediocridad, tristeza— quedará finalmente descrito con las figuras de Mari Bárbola y Nicolasillo. Refiriéndose a estos enanos, pregunta María Teresa a Velázquez:

MARÍA TERESA: ¿Y esto, don Diego? Hay más de cincuenta como ellos en Palacio.
VELÁZQUEZ (*suave*): Les dejan ganar su vida...

María Teresa: Mas no por caridad, ¿verdad?
Velázquez: (...) No creo que sea por caridad.

Repárese, por último, en este fragmento de un diálogo entre Nicolasillo y Mari Bárbola:

Nicolasillo: De no estar aquí, irías por las ferias.
Mari Bárbola: También aquí somos gente de feria.
Nicolasillo: ¡Yo no soy de tu raza! ¡Y ya soy casi un hombre! ¿Qué te crees? (...) «Vista de Lince» ha intervenido ya en cosas de mucha discreción porque ve y oye de lejos. Si yo dijera...
Mari Bárbola: ¡Mal oficio!

Estos espías de Palacio —enanos, deformes— dan una nota grotesca, irrisoria. Para ellos tuvo Velázquez, sin embargo, un sentimiento de piedad al incorporarlos a su cuadro; para ellos tiene el dramaturgo igual piedad en el cuadro dramático que nos ofrece. En un caso como en otro, la piedad no excluye la verdad; es decir, el patetismo de estas figuras.

Mucho más habría que decir de la vida de Palacio, de la recreación dramática que de ella nos ofrece Buero Vallejo. Recreación minuciosa, donde la hipocresía, el sigilo, la tristeza, el tedio [18] adquieren consistencia no sólo en lo que los personajes dicen, sino también, a menudo, en lo que hacen sin decir: acciones mudas, imágenes rápidas y fugaces, de poderosa plasticidad escénica. En suma: tal es el medio donde Velázquez vive y trabaja... en la más completa soledad.

---

[18] «En Palacio reinaba, además de Felipe IV, el aburrimiento. Lope de Vega, de temperamento nada palatino, hombre de la calle, nos dice que *en Palacio hasta las figuras de los tapices bostezan*» (Ortega, *op. cit.*, pág. 236).

Esa soledad abarca también, y muy especialmente, la relación de Velázquez con su mujer: Doña Juana. Es ilustrativo de ello que Doña Juana haya mostrado a Nieto la *Venus* —desobedeciendo a su esposo— y el porqué lo ha hecho, que Velázquez interpreta así: «No sabes si has desobedecido a tu esposo para ayudarle o para hacerle daño (...). Qué insoportable duda, ¿verdad? Al enseñar el cuadro te lo repetías: ¡Estoy ayudando a mi Diego, estoy ayudando a mi Diego, estoy ayudando a mi Diego! Querías ver si acallabas otra voz que te decía: hazle un poco de daño». Mas todo esto, ¿por qué? ¿Cuál es el origen de esa relación conflictiva entre los esposos? En sus diversos aspectos, nos lo muestra el fragmento siguiente:

> VELÁZQUEZ: Te pedí que me sirvieras de modelo para pintar una Venus. Y te negaste... Sobresaltada, turbada, disgustada conmigo por primera vez...
> DOÑA JUANA: Una mujer honrada no puede prestarse a eso (...) ¡Atentabas contra mi honor, contra mi pudor!
> VELÁZQUEZ: Yo era tu esposo. Mas de nada sirvió razonarte, aclararte... Tropecé con un muro.
> DOÑA JUANA: Nunca debiste pensar en tales pinturas.
> VELÁZQUEZ: ¡Yo era pintor!
> DOÑA JUANA: ¡Ningún pintor español ha hecho eso!
> VELÁZQUEZ: ¡Lo he hecho yo! No te sorprenda si, al negarte tú, he debido buscar otros modelos. Si hubieras accedido te habría pintado cuando aún eras joven y ahora serías una esposa alegre y tranquila, sin dudas ni penas (...) Te he sido fiel... Pero hube de resignarme a que no me entendieras.

Y he aquí, en fin, la reacción final de Doña Juana, cuando queda a solas: «Doña Juana —nos dice el autor en la acotación— se hinca, súbitamente, de rodillas y se santigua».

Aunque no estemos autorizados a suponer que fuera así, en efecto, la esposa de Velázquez, es incuestionable la *verdad dramática* del personaje. Puritana, celosa, víctima de una educación represiva, Doña Juana resume un tipo muy común de mujer española, trátese del siglo XVII o de nuestra época.

Incomprensión encuentra también Velázquez, por último, en Juan de Pareja. En el drama, aparece como un criado fiel que oculta en su corazón el rencor antiguo del esclavo hacia quien, no obstante haberle dado la libertad, ha sido su amo. Admira a Velázquez, pero no le comprende.

UN PUEBLO, UN ARTE

Contrapunto a la vida de Palacio, y símbolo de ese pueblo doliente del que ya se nos ha venido hablando, son las figuras de dos mendigos: Pedro y Martín. El autor los presenta como los modelos que, dieciséis años atrás, sirvieron a Velázquez para la ejecución de *Esopo* y *Menipo*, respectivamente. Ofrecen particular interés las escenas en que aparecen juntos. Aparecen como pícaros, y Martín, desde luego, así puede ser considerado. Al principio y al final de la obra, Martín adopta un papel de narrador, y aun siendo un personaje tosco, simple, no carece en ocasiones de gracia e ingenio —quizá, de algún modo, podría interpretarse como una recreación de la figura del *gracioso*. Como fuere, su estatura decrece al lado de Pedro Briones, y al mismo tiempo es perceptible una cierta simetría, que nos recuerda algunos *pares* ilustres de la literatura dramática: Vladimiro-Estragón, entre los más próximos. Se diría que, como éstos, Pedro y Martín esperan en una calle madrileña cualquiera —su laberinto existencial, su laberinto español— la llegada de un Godot que nunca viene; del mismo modo que sucede con los personajes beckettianos, uno de ellos sabe más que el otro, e intenta enseñar al otro. En fin, ambas figuras desempeñan, ocasionalmente, una funcionalidad coral, contribuyendo a situar en una perspectiva crítica la vida de Palacio. Un ejemplo al azar:

> MARTÍN: Oye, ¿por qué la llamarán la Casa del Tesoro?
> PEDRO: Guardarán los caudales del rey.
> MARTÍN: Ya no le quedan.
> PEDRO: Queda el nombre.

Ya desde el principio, el autor llama nuestra atención sobre el personaje de Pedro, y de un modo que es característico en su teatro. Pedro —«anciano casi ochentón, de cabellos totalmente blancos..., vencido por la edad y casi ciego»— nos demuestra muy pronto que, a pesar de su ceguera, es capaz de ver lo que los demás no imaginan que puede ver:

> MARTÍN: ¡Vete de aquí, perro! ¡Tiene malas pulgas y te las va a pegar!
> PEDRO: No ha pasado ningún perro.

Y mucho después, cuando Pedro habla a Martín del boceto de *Las Meninas*, que Velázquez le ha enseñado:

> MARTÍN: ¿En qué piensas?
> PEDRO: En ese cuadro... No podrá pagarse con toda la luz del mundo.
> MARTÍN: ¡No sé cuántas simplezas te tengo oídas ya de ese cuadro! ¿Qué sabes tú si ves menos que un topo?
> PEDRO: Pero lo veo.

Hemos dicho que Pedro ve lo que los demás no imaginan que puede ver. Ahora debemos añadir que ve lo que los demás son incapaces de ver; que es el único capaz de ver en todo su sentido e intensidad la pintura de Velázquez; que es el único que ve en su exacta realidad la crisis de la sociedad española.

De hecho, el conflicto central del drama podría resumirse en la relación triangular Felipe IV-Velázquez-Pedro. El primero representa el poder; Pedro Briones representa el pueblo. La relación de Velázquez con ambas figuras podría sintetizarse, parcialmente, en estas palabras de Velázquez, dirigiéndose a Pedro y refiriéndose al Rey: «De él depende que pueda o no pintar el cuadro (*Las Meninas*). Pero me importa más lo que vos me digáis de él». En boca de Pedro pone el autor la más cabal definición de *Las Meninas*, que es, dicho sea de paso, una bellísima definición. El personaje empieza por referirse al perro que aparece en primer término, y reitera su diagnóstico sobre la vida española, de cuya grandeza sólo queda el nombre:

> PEDRO: Pobre animal... Está cansado. Recuerda a un león, pero el león español ya no es más que un perro.
> VELÁZQUEZ (*Asiente*): Lo curioso es que le llaman León.
> PEDRO: No es curioso: es fatal. Nos conformamos ya con los nombres (...) Un cuadro sereno: pero con toda la tristeza de España dentro. Quien vea a estos seres comprenderá lo irremediablemente condenados al dolor que están. Son fantasmas vivos de personas cuya verdad es la muerte. Quien los mire mañana, lo advertirá con espanto... Sí, con espanto, pues llegará un momento, como a mí me sucede ahora, en que ya no sabrá si es él el fantasma ante las miradas de estas figuras... Y querrá salvarse con ellas, embarcarse en el navío inmóvil de esta sala, puesto que ellos lo miran, puesto que él está ya en el cuadro cuando lo miran... Y tal vez, mientras busca su propia cara en el espejo del fondo, se salve por un momento de morir.
> VELÁZQUEZ: (...) Esta tela os esperaba. Vuestros ojos funden la crudeza del bosquejo y ven ya el cuadro grande... tal como yo intentaré pintarlo. Un cuadro de pobres seres salvados por la luz...

También Pedro ha sido —es— conciencia de Velázquez. Hace tiempo enseñó a Velázquez una gran lección, que el pintor nunca olvidaría: la de que «ningún hombre debe ser esclavo de otro hombre», lo que le movió a dar la libertad a su esclavo, Juan de Pareja. Pedro es un hombre de acción —es un rebelde, es un luchador— como hombre de acción es Esquilache, pero ni uno ni otro son *activos*, en el sentido que designa este término en el teatro de Buero. Su temple moral, su capacidad para soñar —para soñar quizá lo imposible—, cualidades éstas que resultan inherentes a los personajes *contemplativos*, confieren un significado positivo a sus acciones: éstas no se agotan en sí mismas, no responden a fines personales y egoístas; por el contrario, se justifican en tanto que incluyen una relación humana con el *otro*. La duda y la melancolía, que constantemente acompañan sus acciones, son otras tantas cualidades que les permiten superar la antinomia pensamiento-acción, como la supera Velázquez a través de su arte: un «modo de contemplación activa», si aceptamos la definición que de todo arte verdadero nos propone Buero Vallejo, y de cuya definición este Velázquez suyo vendría a ser un ejemplo sobremanera convincente.

Hemos aludido antes al carácter simétrico de las figuras Pedro-Martín. El desarrollo del drama convierte esas relaciones, inicialmente simétricas, en relaciones divergentes, lo que se resume en un efecto plástico final, cuando Martín —a solas, muerto ya Pedro— se queda en el escenario comiendo el pedazo de pan que tenía su amigo. Al hacer ahora cuestión de las relaciones Velázquez-Pedro, comprobamos que éstas son también de naturaleza simétrica —pero más profunda— y al mismo tiempo convergentes. Esto último queda suficientemente de manifiesto en el hecho, ya subrayado, de que Pedro es el único capaz de comprender el arte de Velázquez. Pero conviene retener un efecto plástico, con el que el autor trata de insistir en esa convergencia: el momento en que Velázquez y Pedro se estrechan fuertemente las manos. Hasta aquí, Velázquez se cogía obsesivamente las manos, como un tic nervioso, y en ello se traslucía su íntima soledad. Ahora ha encontrado la mano amiga que en su soledad buscaba.

Si esta convergencia es, pues, relativamente fácil de señalar, no lo es tanto la simetría de estas figuras, Velázquez-Pedro, y claro está que sin entender ésta no entenderíamos completamente aquélla. Algunos indicios se han deslizado ya en páginas precedentes, y ello nos facilita el camino de un modo considerable, hasta el punto de que, sin acudir a más citas, podemos anticipar ya una conclusión fundamental: en este mundo degradado, en esta *oscuridad española* que el drama nos enseña, los dos únicos videntes son Pedro y Velázquez; es decir, un ciego y un artista. Y ambos —el primero, como hombre de acción; el segundo, como pintor— han luchado por los mismos valores esenciales: la verdad y la libertad.

La vida de Pedro Briones ha sido azarosa y difícil. Él mismo la refiere a Velázquez, y aunque la cita resulte algo extensa, no resistimos la tentación de dar aquí un resumen de ese relato, cuyo interés se duplica al recordar cuanto el autor nos ha expuesto acerca de la vida de Palacio:

> Mis padres eran unos pobres labriegos... A los tres años de estudiar, el maestro Espinosa logró convencerles de que me pusieran con él de aprendiz... Cuando íbamos a convenirlo, mi señor robó una noche cien ducados para sus caprichos a otros estudiantes. Registraron y me los encontraron a mí (...) Los puso él en mi valija para salvarse. Me dieron tormento: yo no podía acusar al hijo de quien me había favorecido... Sólo podía negar y no me creyeron. Hube de remar seis años en galeras (...) Al salir de galeras, quedan pocas ganas de pintar y hay que ganar el pan como se pueda. Volví a mi pueblo: allí sufrí once años. Hasta mis padres me creían un ladrón. Cuando

empezó la guerra de Flandes, me alisté. Me dije: allí me haré
un hombre. Pero la guerra, cerca... (...) En Flandes... En una
de las banderas españolas. No en la mía, no... En otra. El país
aún no estaba agotado y se podía encontrar vianda. Pero los
soldados pasaban hambre. Les había caído en suerte un mal
capitán (...) No pagaba a los soldados y robaba en el abasteci-
miento. Si alguno se quejaba, lo mandaba apalear sin piedad.
Se hablaba en la bandera de elevar una queja al maestre de
campo, pero no se atrevían. Quejarse suele dar mal resultado...
Un día dieron de palos a tres piqueros que merodeaban por
la cocina y uno de ellos murió. Entonces el alférez de la bandera se apostó en el camino del capitán... y lo mató (...) ¡Lo
mató en duelo leal, don Diego! Era un mozo humilde que
había ascendido por sus propios méritos. Un hombre sin cautela, que no podía sufrir la injusticia allí donde la hallaba.
Pero mató a su jefe... y tuvo que huir (...) Si vive, presumo
lo que habrá sido de él. En Lorca se han levantado más de
mil hombres contra los impuestos. En la Rioja mataron a
dos jueces en febrero por la imposición del vino. En Galicia
los labriegos han quemado todo el papel sellado porque han
vuelto a gravarles el aceite... En Palencia quemaron la cosecha
antes que entregarla... El país entero muere de hambre, don
Diego. Y, como en Flandes, le responden con palos, con ejecuciones... No, no creo que aquel alférez haya permanecido lejos
de esos dolores mientras sus fuerzas le hayan alcanzado...

Ahora Pedro es ya un anciano agotado. «Me queda poca
vida —dice en otro momento a Velázquez— y me pregunto
qué certeza me ha dado el mundo... Ya sólo sé que soy un
poco de carne enferma, llena de miedo y en espera de la
muerte. Un hombre fatigado en busca de un poco de cordura que le haga descansar de la locura ajena antes de
morir».

Quizá resulte paradójico, tras una primera impresión,
cualquier posible paralelismo entre este hombre —víctima
de una sociedad injusta— y un pintor que, bien acomodado
en Palacio, se ha entregado al placer de pintar. Será el pro-

pio Velázquez quien manifestará a Pedro su mala conciencia por esa injusta desigualdad, y será Pedro una vez más quien verá claro en el problema: «Y ¿quién dice que lo toméis como un placer? También vos habéis pintado desde vuestro dolor y vuestra pintura muestra que aun en Palacio se puede abrir los ojos, si se quiere. Pintar es vuestro privilegio: no lo maldigáis. Sólo quien ve la belleza del mundo puede comprender lo intolerable de su dolor».

Velázquez, en Palacio; Pedro Briones, en la calle, en prisión... El arte del primero y la acción directa del segundo responden a un mismo sentimiento de rebeldía frente a la España en que viven, y comportan una esencial reciprocidad: el arte de Velázquez no sólo expresa la verdad por la que Pedro lucha, sino que confiere un sentido profundo a esa lucha; sin Pedro —sin todo lo que Pedro es y simboliza—, el arte de Velázquez carecería a su vez de un sentido profundo. Se pinta para alguien, nos dice Velázquez al principio del drama, y el desarrollo de éste nos autoriza a completar sus palabras del modo siguiente: se pinta *para* el pueblo, todo arte verdadero es *para* el pueblo, incluso si se realiza desde Palacio. En esta reciprocidad descansa la simetría de ambas figuras, Velázquez y Pedro Briones. Pero su solo enunciado nos permite comprobar, inmediatamente, la hondura con que Buero Vallejo afronta aquí la cuestión —tantas veces debatida— de las relaciones del arte y el pueblo. En efecto, estamos demasiado acostumbrados en nuestra época a que, con mucha frecuencia, se entienda por arte popular solamente aquél que —didáctico, etc.— subestima a menudo la capacidad intelectiva de ese mismo pueblo cuyas esperanzas y anhelos más recónditos trata de expresar. Buero Vallejo nos viene a decir, a través de la relación simétrica y convergente de Velázquez y Pedro Briones, que el mejor arte popular es, sin más, el arte mejor, porque éste es siempre para el pueblo, y el pueblo *lo ve* y lo entiende. De ese arte *mejor* es aquí un ejemplo la pintura de Velázquez, en la que está «la belleza del mundo» y, por lo mismo, «lo intolerable de su dolor»; en la que, merced a su técnica depuradísima, *está* expresado el ser humano en toda su complejidad y diversidad, y naturalmente que ello abarca las grandes preguntas acerca de su destino y acerca del misterio del mundo y de las cosas.

«Vos creéis que hay que pintar las cosas. Yo pinto el ver», replica Velázquez a Nardi, durante el «examen» ante el Santo Oficio. (Con ese «pintar el ver», explica el dramaturgo la «manera abreviada» de Velázquez.) Pues, al fin, ¿qué son *las cosas*? ¿Qué sabemos de lo que *vemos*? En un casi monólogo, comenta Velázquez al principio de la obra: «Es curioso lo poco que nos dicen de las cosas sus tintas... Se llega a pensar si no nos estarán diciendo algo más verdadero de ellas (...). Que no son cosas, aunque lo parezcan». A esta conciencia de lo real como algo esencialmente enigmático, como misterio [19], añade el personaje su obsesión por la luz. Refiriéndose al cuadro de *Las Meninas*, dirá a Pedro: «Un cuadro de pobres seres salvados por la luz... He llegado a sospechar que la forma misma de Dios, si alguna tiene, sería la luz... Ella me cura de todas las insanias del mundo. De pronto, veo... y me invade la paz (...). Cualquier cosa: un rincón, el perfil coloreado de una cara..., y me posee una emoción terrible y, al tiempo, una calma total».

Al margen de cuanto hay aquí de interpretación —brillante, incisiva— de la pintura de Velázquez, estas palabras del personaje dramático nos sitúan frente al gran tema del teatro de Buero: el doble símbolo luz-oscuridad, lo que nos

---

[19] Refiriéndose a la pintura de Velázquez, escribió Ortega: «Sus figuras serán intangibles, puros espectros visuales, la realidad como auténtico fantasma» (*op. cit.*, pág. 26).

remite de nuevo a *En la ardiente oscuridad*. Hay algunos paralelismos fáciles de señalar: aquel centro para invidentes se ha convertido ahora en «un país de ciegos y de locos», y éste también se apoya en la mentira y en la violencia. Contra ese orden establecido se alzan Pedro Briones y Velázquez, como Ignacio, defendiendo los mismos valores esenciales, que ya hemos descrito suficientemente en páginas anteriores. La dificultad mayor, al pensar en un paralelismo entre estos dos *contemplativos*, Ignacio y Velázquez, radica en esta diferencia: Ignacio *quiere ver*, mientras que Velázquez —se diría— ha alcanzado *esa* visión y con ella «una emoción terrible» y «una calma total». Sin embargo, entre el *querer ver* de Ignacio y el *ver* de Velázquez, creemos encontrar una aspiración radicalmente idéntica: la aspiración a lo imposible. Pues al fin, el *ver* de Velázquez es «emoción terrible», atormentada; es también un *querer ver* más allá de las apariencias engañosas de las cosas, más allá del misterio que es nuestra existencia en el mundo.

IX

GOYA Y LA ESPAÑA DE SU TIEMPO

OTRA CALA HISTÓRICA

El sueño de la razón —con el escueto subtítulo de «fantasía»— se estrenó en 1970. Entre esta obra y *Las Meninas* median, pues, diez años. En esos diez años, Buero Vallejo escribe otro drama sobre tema histórico, *El Concierto de San Ovidio*, y varios más, algunos tan importantes como *El tragaluz* y *La doble historia del doctor Valmy*. Por otra parte, entre 1960 y 1970, nuestra vida teatral experimenta ciertos cambios: agotamiento del realismo social y declive de la «moda Brecht» (sin que, por otra parte, la experiencia realista ni la experiencia del teatro épico se asumieran con intensidad y con hondura), y la propuesta —proveniente de los autores y grupos experimentales más jóvenes— de un teatro que, sin dejar de ser fuertemente crítico y revulsivo, comporte una búsqueda más audaz e imaginativa de formas dramáticas; con toda seguridad, este fenómeno nace como reflejo de algunas brillantes creaciones de la escena mundial de los últimos siete u ocho años, pero —por encima o por debajo de un cierto mimetismo— sus efectos sobre nuestra escena pueden ser positivos, y de hecho han empezado a serlo ya, a juzgar por la existencia —aunque todavía no *presencia*— de un buen número de autores noveles, algunos realmente interesantes y con un teatro lleno de futuro.

El paso de *Las Meninas* a *El sueño de la razón* habría resultado demasiado brusco sin estas someras indicaciones. En primer lugar, porque *El Concierto de San Ovidio*, *La doble historia del doctor Valmy* y *El tragaluz* describen una trayectoria de búsquedas y de hallazgos que, en mayor o menor grado, repercuten en *El sueño de la razón*. En segundo lugar, porque en *El sueño de la razón* hay algo —o mucho— de respuesta personal, original, a determinados problemas estéticos que, hacia 1960, no se habían planteado en nuestro teatro. Estos motivos justificarían que postergáramos el análisis de *El sueño de la razón* al de *El Concierto de San Ovidio* y *La doble historia del doctor Valmy*. Pero, admitida la trayectoria espiral en el desarrollo del teatro de Buero, y habiendo renunciado desde el comienzo a seguir un orden cronológico en el estudio de sus obras —precisamente para encontrar un orden más profundo: orgánico, estructural—, hallamos ahora motivos más poderosos, que nos exigen el análisis de *El sueño de la razón* inmediatamente después de *Un soñador para un pueblo* y *Las Meninas*. De algún modo, estas obras constituyen *una trilogía*, y al final de este capítulo comprobaremos las ventajas que se deducen de esta inicial hipótesis de trabajo, en tanto que aclaran importantes aspectos del *teatro histórico* de Buero Vallejo, que hasta aquí no han sido suficientemente atendidos... o entendidos.

En *El sueño de la razón*, Buero elige como tema la figura de don Francisco de Goya en los más terribles años de la España de Fernando VII. Podemos adelantar que, entre otras cosas, el drama se nos presenta como una sañuda indagación en nuestras discordias civiles. Indagación y, con ella, indignación, criticismo, melancolía. No pocas citas y referencias podríamos aducir, ejemplares de este propósito del drama. Pero acaso no haya momento de más alta lucidez que aquel en que disputan Goya y el P. Duaso, proyectadas sobre el escenario las diapositivas correspondientes a la *Riña a garrotazos* y al *Perro.* Subrayemos estas palabras de Goya:

> Es cierto. El crimen nos acompaña a todos (...) Queda por saber si hay causas justas, aunque las acompañe el crimen. (*Duaso lo mira.*) Vaya trampa, ¿eh, paisano? Porque si me responde que el crimen borra toda justicia, entonces la causa a que usted sirve tampoco es justa. Y si me dice que sí las hay, tornaremos a disputar por cuál de las dos causas es la justa... Así (*Señala a la pintura.*) Dios sabe por cuántos siglos todavía (...) He pintado esa barbarie, padre, porque la he visto. Y después he pintado ese perro solitario, que ya no entiende nada y se ha quedado sin amo... Usted ha visto la barbarie, pero sigue en la Corte, con su amo... Soy un perro que quiere pensar y no sabe. Pero, después de quebrarme los cascos, discurro que fue así: Hace muchos siglos alguien tomó a la fuerza lo que no era suyo. A martillazos. Y a aquellos martillazos respondieron otros, y a éstos, otros... Y así seguimos. Martillo en mano.

El personaje se eleva así por encima de la discordia civil; se convierte en conciencia hipersensible de esa lucha fratricida. El propio Buero ha sido muy explícito respecto a este punto, en unas declaraciones a Fernández-Santos. Oigámosle:

> He puesto en la figura de Goya algo que, desde el otro extremo, podría considerarse como una debilidad o una concesión, pero que responde igualmente, a mi ver, a una exigencia de la verdad histórica: el secreto remordimiento de Goya por cosas que él no ha cometido, pero que toma como suyas, en cuanto que sus autores son sus correligionarios, y que se resumen en el recuerdo del asesinato del cura de Tamajón, don

Matías Vinuesa, un peligroso fanático al que mataron de una manera repugnante: a martillazos. Goya siente esta atrocidad como una culpa propia; las transgresiones de simple humanidad, provengan del campo que provengan, *deben* afectarle. Pues, en relación con la lucha civil, hay una diferencia esencial entre Goya y sus verdugos. Goya duda, ellos no. Goya está atormentado por cuanto ha ocurrido en su campo y en el contrario, ellos no. Ellos le apalean, le sambenitan y violan a su amante, convencidos de que están haciendo justicia. Esta diferencia de matiz, la simple existencia de una duda, marca decisivamente cuál es la verdadera diferencia entre la mentalidad abierta de un liberal egregio y la torpe posición cerrada de sus reaccionarios agresores. A pesar de todo, no es la razón de Goya la que sueña[1].

Pero antes de examinar de qué forma este tema fundamental se concluye de unas acciones y unos personajes dramáticos, concretos, y qué otros temas cardinales aparecen asimismo imbricados en este nuevo fresco histórico del dramaturgo, hemos de proceder, como en los capítulos anteriores, a ciertas precisiones históricas, inexcusables.

La acción dramática de *El sueño de la razón* transcurre en diciembre de 1823. Con ayuda militar extranjera —la que le presta la Santa Alianza—, Fernando VII ha derrocado la constitución y ha restablecido el absolutismo. Ha comenzado la «década ominosa», como la calificaría Martínez de la Rosa. Torturas, ejecuciones —ya ha tenido lugar la bárbara ejecución de Riego—, delaciones, nuevas emigraciones de liberales... Una vez más, el terror se enseñorea de la vida española[2]. ¿Cuál fue la situación de Goya? Lafuente Ferrari

---

[1] Ángel Fernández-Santos, «Sobre *El sueño de la razón*. Una conversación con Antonio Buero Vallejo», *Primer Acto*, núm. 117, febrero 1970, pág. 27.

[2] Cf. Miguel Artola, *La España de Fernando VII*, vol. XXVI de la *Historia de España*, dirigida por Ramón Menéndez Pidal, Madrid, 1968, Espasa-Calpe. Se trata de la más reciente y completa contribu-

resume en estos términos: «La tradición es que Goya temió
que la persecución le alcanzase y que estuvo escondido algún
tiempo. Por otra parte, el joven Guillermo Weis, hijo de
doña Leocadia Zorrilla, con quien Goya vivía por entonces,
se vio obligado a emigrar a Francia, por haber sido miliciano
liberal, y la madre deseó seguir a su hijo. El hecho es que,
en 1824, Goya pide una licencia para marchar a Francia
con achaque de tomar aguas recomendadas por los médicos.
Concedido el permiso, Goya pasó por Burdeos, donde encontró a un grupo de buenos amigos suyos, allí emigrados
desde 1814»[3]. Hay un excepcional testimonio de la llegada
de Goya a Francia en el epistolario de Moratín, quien, con
fecha 27 de junio de 1824, escribe así: «Llegó en efecto
Goya, sordo, viejo, torpe y débil, y sin saber una palabra
de francés y sin traer un criado (que nadie más que él
necesita), y tan contento y tan deseoso de ver mundo»[4].

En la nota al programa de mano, repartida la noche del
estreno, escribía Buero Vallejo: «Algo de lo que le ocurre
a Goya no consta en la historia y proviene de la invención
—o la intuición— a que todo autor de teatro tiene derecho.
Pienso, sin embargo, que esta invención o intuición mía,
si no consta que sucediese, bien pudo suceder». Estas palabras del dramaturgo nos remiten, en sentido general, a una
cuestión que ya hemos aclarado suficientemente al estudiar

---

ción al estudio de este reinado. Tenía razón Buero al decir, en nota
inserta en el programa de mano, que no había recargado las tintas
sobre este rey. La imagen que de Fernando VII se deduce de las
páginas del libro de Artola es —siempre sobre base documental—
mucho más terrible todavía.

[3] Enrique Lafuente Ferrari, *El Museo del Prado. Pintura española
de los siglos XVII y XVIII*, Madrid, 1964, Aguilar, págs. 383-384.

[4] Citado por Julián Marías, *Los españoles*, Madrid, 1962, Revista
de Occidente, pág. 118.

Las Meninas, y no hemos de insistir en ello. Pero, en un sentido más particular, aquí nos importan especialmente al considerar una de las escenas finales, decisiva, de este drama: la violación de doña Leocadia por un sargento realista, en presencia de un Goya maniatado y sambenitado. Se trata de una escena inventada, absolutamente necesaria desde un punto de vista dramático (luego veremos el porqué), pero poco verosímil desde un punto de vista histórico, si nos atenemos a la imagen de Goya y de doña Leocadia que da Moratín en su epistolario. En cambio, sí parecen perfectamente verosímiles, e incluso muy probables, otros momentos de ese *cerco* que se extiende sobre el pintor, pues es un dato cierto que Goya abandonó su casa y estuvo escondido en la de don José Duaso. Sus motivos tendría, y desde luego graves. Por último, la locura de Goya, que en el texto dramático se da como algo cierto y además como una fuerza motriz que explica cuanto hay de alucinante en sus «pinturas negras», no pasa de ser, en el primer caso, una hipótesis y, en el segundo, una interpretación del dramaturgo —pintar monstruos, llevando a la forma de expresión plástica la forma expresiva de los sueños, no tiene por qué ser un signo de locura.

Estas leves indicaciones, claro está, no pretenden negar al dramaturgo su legítimo derecho a inventar y a intuir. Como en los dos capítulos anteriores, hemos buscado una línea fronteriza, a partir de la cual nos sea más fácil comprender su mensaje dramático. Con respecto a Goya, podemos repetir lo mismo que dijimos acerca de Velázquez: cada español culto tiene forjada una visión personal, entrañable. Pero de lo que aquí se trata es de esforzarnos en entender cómo es el Goya *de* Buero y, en última instancia,

qué es este drama que se titula *El sueño de la razón,* cuál
es su mensaje[5].

UN PINTOR, UN REINADO, UN ESPERPENTO

En la primera escena, parte primera, Fernando VII mira
con su catalejo hacia la casa de Goya, que apenas puede
distinguir entre los árboles. La escena siguiente empieza con
la figura de Goya mirando con su catalejo, evidentemente
hacia Palacio. En estas dos imágenes complementarias y
antitéticas se anuncia un concepto vertebral de la obra: la
colisión entre el monarca y el gran pintor. O dicho de otro
modo: la colisión entre el poder absolutista y la *intelligentzia*
—pues tal es uno de los sentidos últimos que, con todas sus
implicaciones, puede desprenderse de esta historia dramática. En Palacio, el Rey borda sobre un bastidor. En su
quinta del Manzanares, Goya retoca sus «pinturas negras».
La contraposición entre tales bordados y tales pinturas llega
a adquirir una interesante significación alegórica. Ya en
estas sorprendentes palabras de Calomarde, el dramaturgo
llama nuestra atención sobre ello: «¡Qué delicia, esos ver-
des, señor! Bordar también es pintar... ¡Vuestra majestad
pinta mejor que ese carcamal!». La contraposición de ambos
símbolos queda insinuada. Más adelante, de sus pinturas
dirá el propio Goya: «El rey es un monstruo y sus conse-
jeros, unos chacales a quienes azuza, no sólo para que maten,
sino para que roben (...). Yo me desquito. Los pinto con

---

[5] A propósito de esta obra, y además de la mencionada entrevista
de Ángel Fernández-Santos, en el citado número de *Primer Acto* se
inserta un interesante artículo de Eduardo Queizán, «Si amanece, nos
vamos» (págs. 12-17). Tiene interés asimismo el artículo de John W.
Kronik, «Buero Vallejo y su sueño de la razón», *El Urogallo,* núm. 5-6,
octubre-noviembre-diciembre 1970, págs. 151-156.

sus fachas de brujos y de cabrones en sus aquelarres, que ellos llaman fiestas del reino». De otro lado, y en lo que concierne a los bordados del monarca, repárese en que el cerco que éste tiende contra Goya parece resumirse al final del siguiente modo:

> Voz Masculina (*en el aire*): Yo sé que un hombre termina ahora un bordado.
>
> Goya (*abstraído*): Y dice: «Me ha salido perfecto».

El cerco, con su estremecedor desenlace, viene a ser como un bordado que el monarca ejecuta en Palacio; cada momento de ese cerco, como una puntada nerviosa, meticulosa, sobre la tela del bastidor.

Con excepción de la primera escena, parte primera, y de la escena primera de la segunda parte —que en las representaciones fue suprimida—, toda la acción transcurre en la casa de Goya y el Rey no aparece en el escenario. Pero de algún modo está allí: a través de sus intermediarios —el P. Duaso o los soldados realistas—, a través del reflejo de sus acciones. También Goya está, sin estar, en Palacio: en la primera escena, parte primera, está la carta que ha escrito a Martín Zapater y que Calomarde ha interceptado; la carta contiene fuertes insultos contra el Rey —«me despaché con el narizotas», confiesa Goya a Arrieta— y es el móvil que desencadena la acción. Goya también está en Palacio... por lo mismo que no está: «Desde que volví a Madrid, no ha venido a rendirme pleitesía», dice el Rey a Calomarde, y éste responde que tampoco a cobrar su sueldo de pintor de cámara. En parte segunda, escena primera, Goya es el tema de la conversación entre el Rey y el P. Duaso. Con anterioridad intermediario del Rey ante Goya, ahora el P. Duaso intenta proteger a Goya ante el monarca, ignorando aún las maquinaciones de éste y hasta qué punto, más adelante, don Francisco necesitará de su protección personal.

Mediante este tipo de conexiones se desarrolla el *tour de force* entre el Rey y Goya, sin que en ningún momento ambos personajes aparezcan juntos en escena. En un plano de la acción —Palacio— Fernando VII da puntadas sobre la tela del bastidor; en el otro —la quinta a orillas del Manzanares—, Goya retoca sus fantásticos murales. Aunque no veamos que lo hagan de nuevo, bien podemos suponer que en más de una ocasión volverán a escrutarse, en la distancia, con sus respectivos catalejos. Esa *distancia* es sobremanera sugerente, y, desde luego, el autor parece hacer hincapié en ella. Recuérdese *Las Meninas*, y de este drama la gran escena en que Velázquez y el Rey —juntos en el escenario— protagonizan un vivo debate entre la *intelligentzia* y el poder. En este otro drama, asistimos a una colisión, no a un debate, y esa distancia material de las figuras tiende a subrayar, *ab initio*, la naturaleza de otro tipo de relaciones entre la *intelligentzia* y el poder.

Es imprescindible añadir en seguida que ambas figuras están dominadas por el miedo, que el miedo explica una buena parte de sus acciones. En la ya citada escena entre Fernando VII y Calomarde, de improviso se oye «el sordo latir de un corazón», y poco después «los latidos ganan fuerza y se precipitan, sonoros, hasta culminar en tres o cuatro rotundos golpes a los que suceden otros más suaves y espaciados».

EL REY: ¿Qué ha sido eso?

CALOMARDE (*perplejo*): Lo ignoro, señor.

EL REY: Ve a ver (*Calomarde sale... El rey empuña el pistolete del velador. Calomarde regresa.*)

CALOMARDE: En la antecámara nada han oído, señor.

EL REY: Era un ruido, ¿no?

CALOMARDE (*titubea*): Un ruido... débil.

EL REY: ¿Débil? (*Abandona el pistolete, se sienta y coge, pensativo, el bordado.*) Que doblen esta noche la guardia.

CALOMARDE: Sí, majestad.

EL REY (*borda y se detiene*): ¡No quiero gallos de pelea! ¡Quiero vasallos sumisos, que tiemblen! ¡Y un mar de llanto por todos los insultos a mi persona!

Este es un momento de fundamental importancia en el drama. El miedo impulsa la crueldad —sádica, enfermiza— del monarca. Cuanto mayor es su miedo, mayor es su crueldad; cuanto mayor es su crueldad, mayor es su miedo. Es el círculo vicioso en que inútilmente se debate, apresado en su propia tela de araña, todo dictador.

Inmediatamente pasamos al otro plano de la acción dramática, la casa de Goya. Refiriéndose a la carta que Goya había escrito a Martín Zapater, nos había dicho Fernando VII: «Quien escribe hoy así, o es un mentecato o un valiente», observando en seguida que, a diferencia de otros liberales, Goya no ha escapado a Francia... Ahora, en la escena entre Leocadia y el Dr. Arrieta, la amante del pintor expone su convicción de que don Francisco ha perdido el juicio, diciendo entre otras cosas que «la locura de Francho es precisamente ésa: que no tiene miedo». Y casi a continuación:

LEOCADIA: (...) Todos los días se destierra, se apalea, se ejecuta... Francho es un liberal, un «negro» y en España no va a haber piedad para ellos en muchos años... La cacería ha comenzado y a él también lo cazarán (...) Y cuando le suplico que tome providencias, que escape como tantos de sus amigos, grita que no hay motivo para ello...

Estos datos han servido para preparar la gran revelación en la siguiente escena, entre Goya y Arrieta. Al principio,

todavía el autor «juega» con sus espectadores, demorando
esa revelación fundamental:

> GOYA: (...) ¿Por qué rayos me he de ir? ¡Esta es mi casa,
> éste es mi país! Por Palacio no he vuelto y al narices no le
> agradan mis retratos (...) ¿Qué se dice por Madrid? (*Arrieta*
> *abre los consternados brazos.*) No, no diga nada. Delaciones,
> persecuciones... España. No es fácil pintar. Pero yo pintaré.
> ¿Se ha fijado en las paredes? (*Arrieta elude la respuesta y*
> *pregunta algo por signos.*) ¿Miedo? No (*Lo piensa.*) Tristeza,
> tal vez. (*Leves latidos de un corazón. Goya los percibe.*) No...
> Miedo, no.

Ya sabemos a qué atenernos. Más adelante, en progresiva
gradación, conforme se va estrechando el cerco sobre Goya,
esos latidos llegarán a hacerse más y más fuertes y, al fin,
ensordecedores. En otro momento, Arrieta define la pintura
de Goya y su situación en estos términos:

> ARRIETA: (...) Bajo el gran silencio, el pintor se consume y
> grita desde el fondo de esta tumba, para que le oigan.
> DUASO: ¿Por miedo?
> ARRIETA: O por locura. Tal vez las dos cosas.

En los dos grandes planos de acción —en Palacio, en la
quinta a orillas del Manzanares— hemos visto que el miedo
aparece como un factor constitutivo de la situación de los
personajes principales. Al final de la obra, el autor insiste,
resume:

> VOZ MASCULINA (*en el aire*): ¿Quién nos causa miedo?
> GOYA: El que está muerto de miedo.

El miedo: tal es la realidad peculiar de una situación
absolutista, que el autor nos invita a contemplar en sus
perfiles más desgarrados y grotescos. Pero hemos de ir todavía mucho más lejos, hemos de ver cómo esa situación se

abate sobre un gran espíritu. Puede añadirse que éste es, entre los diversos propósitos del drama, el que más ambiciosamente persigue Buero Vallejo. La personalidad, la conciencia atormentada, la soledad de Goya: éste es el abismo. Descendamos.

El dramaturgo moviliza recursos diversos, algunos muy espectaculares, que tienden a crear una perfecta simbiosis entre los espectadores y el protagonista dramático. Por de pronto, nos hace compartir la sordera del pintor: cuando Goya está en escena, sólo oímos hablar a Goya y los demás personajes hablan o gritan sin articular sonido alguno. De este modo, los vemos como los ve Goya: sin poder entenderlos del todo, intentando descifrar lo que dicen a través del alfabeto de Bonet, y en muchas ocasiones algunos de estos personajes se nos pierden en una zona de ambigüedad y de penumbra: nunca sabremos hasta qué punto el P. Duaso es consciente de ser un peón del Rey y hasta qué punto lo es en realidad; nunca sabremos del todo cómo es doña Leocadia, mujer enigmática, tan enigmática como la pintó Goya. Paralelamente, un conjunto muy vario de efectos sonoros —como, por ejemplo, ese latido de un corazón, expresión del miedo— acompañarán constantemente las distintas escenas. Estos efectos sonoros se componen de voces y de gritos, de risas, de ladridos, de maullidos, de sonidos estridentes y a menudo ininteligibles... Un pandemónium. Todo ello constituye la sonorización de los pensamientos del protagonista. Así, pues, no sólo no oímos lo que Goya no puede oír, sino que, además, oímos lo que piensa. No es ocioso recordar que *En la ardiente oscuridad* contenía un recurso similar: la escena en que se apagaban todas las luces del teatro y los espectadores se encontraban inmersos, de esta forma, en el mundo invidente de los personajes. En *El sueño de la razón*, donde la sordera llega a tener, igualmente, una significación alegórica, el procedimiento es todavía más complejo. A esta sonorización del mundo interior del personaje, añade todavía Buero la visualización de los fantasmas interiores de Goya en una escena magnífica: aquella en que se glosa la estampa que aparece en *Los Caprichos*, y cuya turbadora inscripción presta título, parcialmente, al drama que nos ocupa.

Así pues, la identificación con el personaje dramático se produce de una forma que pretende ser *totalizadora*. Identificación: ya está dicha la palabra. Puesta en cuestión por la estética de Brecht, Buero parece poner en cuestión, a su vez, la supuesta ilegitimidad de este secular propósito del arte dramático, y lo hace forzando al máximo sus límites. Más que identificarnos con Goya, nos encontramos *sumidos* en el interior de su conciencia. Desde allí, vemos con él el mundo circundante:

> GOYA: (...) Los hombres son fieras. Y otra cosa que no sabría decir... Otra cosa... que noto desde que perdí el oído (...) Las gentes ríen, gesticulan, me hablan... Yo las veo muertas (...) En la guerra he visto gritar, llorar ante la sangre y las mutilaciones... Era lo mismo. Autómatas. Las bombas estallaban y yo sólo imaginaba una gran risa...

Lo que Goya imagina ante lo que no oye es fuente de una profunda, reveladora interpretación de la realidad. Merece la pena subrayar aún dos pasajes, que enriquecen y amplían el anterior ejemplo: de gran comicidad, el primero de ellos; de hondo patetismo, el segundo. En cuanto al primero, se trata de la altisonante —pero muda— disputa que Gumersinda, nuera del pintor, y Leocadia mantienen en presencia de don Francisco, quien trata de ignorarlas sin conseguirlo. De pronto, en la acotación del autor, leemos:

Un leve cacareo comienza a oírse y Goya levanta la cabeza. El cacareo gana intensidad y Goya mira al sofá, advirtiendo que el ruido gallináceo parece salir de los labios de Leocadia, que está en el uso de la palabra. El cacareo aumenta; es evidente que Leocadia está furiosa. Con altivo ademán, Gumersinda la detiene y responde con un displicente rebuzno. Goya las observa con extraña expresión; aunque contiene su hilaridad, hay una chispa de terror en sus ojos. Por boca de ambas señoras los cacareos y los rebuznos se alternan; hay creciente sorpresa en los cacareos de Leocadia, y victoria creciente en los rebuznos de Gumersinda. Lívida, se levanta de pronto Leocadia y lanza dos furibundos cacareos que equivalen a una crispada pregunta. Gumersinda se levanta y responde con un rebuzno solemne que parece una rotunda aseveración. Inquieto y oprimiéndose los oídos, Goya ríe a carcajadas.

Esta escena, de portentosa eficacia teatral, nos revela un significado profundo cuando, de inmediato, nos enteramos de cuál era el motivo concreto por el que disputaban las dos mujeres, cuya rivalidad no nace tanto del cariño que como nuera y amante, respectivamente, puedan sentir por don Francisco, como sí de su egoísta pretensión al querer obtener de éste los mayores beneficios materiales. En el momento final de la singular disputa, Gumersinda estaba diciendo a Leocadia que don Francisco había cedido la finca a su nieto, Marianito.

El otro pasaje, a que hemos aludido, se encuentra al final de la obra. Leocadia y don Francisco, a solas, inmediatamente después de la violación de Leocadia por el sargento, en presencia de don Francisco, allí maniatado en una silla y con el sambenito inquisitorial encima. Liberado por Leocadia de las ataduras, «se levanta y ella lo ve erguido ante sus ojos como un gran fantoche grotesco». Y verdaderamente nos parece un fantoche cuando se dirige —«la paliza recibida le hace renquear y quejarse muy quedo»— hasta la

escopeta, diciendo a Leocadia: «Tú los has traído. ¡Para
gozar!». Sigue pareciéndonos un fantoche cuando apunta
con la escopeta a la mujer, dispuesto a matarla... Pero entonces oímos hablar a Leocadia; es decir, oímos lo que
piensa Goya que podría decir Leocadia. Ya no es un cacareo,
como en la divertida escena que antes vimos. Ahora son
palabras estremecidas y estremecedoras, inquietantes, que
resumen —sin la menor concesión sentimental o ternurista
por parte del autor— la tremenda complejidad humana del
personaje, con su anverso y su reverso de abnegación y de
egoísmo, de fidelidad y de liviandad, de soledad y de incomprensión... «Nunca sabré lo que has dicho. Pero quizá te
he comprendido», dirá don Francisco. Ha dejado de ser el
«fantoche grotesco» de unos minutos antes, y ahora su estatura trágica le eleva por encima de la humillación que Leocadia y él acaban de sufrir.

Consecuentemente, lo que es una tara física —la sordera— se transforma en una posibilidad de aprehender rigurosamente la realidad. Lo mismo se nos dice —muy una-
munianamente— de la locura. «Bajo la amenaza del hombre
a quien ha insultado —dice Arrieta— Goya vive a caballo
entre el terror y la insania». Arrieta quiere curar a Goya,
sacarle de esa tumba alucinante que es su casa, instarle a
que salga de España... Como los demás personajes, cree que
esas terribles pinturas en que Goya trabaja no son buenas,
que son producto de su locura [6]. Mas, en un determinado

─────────

[6] Pasadas las pinturas de los muros al lienzo en 1873, cinco años
más tarde fueron llevadas a la Exposición Universal de París. «Se
buscaba un comprador para las pinturas, pero el comprador no apa-
reció. A pesar de que se habían iniciado ya en Francia la renovación
pictórica del impresionismo y las libertades de representación que
llevaron al arte a los derroteros sorprendentes a que en nuestros
días ha llegado, no hubo coleccionista que entendiera el tremendo
mensaje de aquellas composiciones goyescas. Gracias a esta circuns-

momento, es el único que se pregunta con lucidez: «¿Y si esos adefesios que pinta en los muros fueran grandes obras? ¿Y si la locura fuera su fuerza?».

Es interesante connotar que Buero rehúye toda idealización de su personaje. Y que, incluso, se complace en mostrarnos ciertas miserias de éste. El Goya que conocemos es un anciano decrépito, cuyo debilitamiento sexual es otro de los ingredientes de su problemática como individuo y la causa de cuanto hay de conflictivo en su relación con Leocadia. Más aún, se podría ver un cierto paralelismo entre el *tour de force* Goya-Fernando VII (que termina con la derrota y claudicación de Goya: abandonará España, renunciará a su obstinado empeño de pintar en España) y la relación Goya-Leocadia. Es la relación entre un hombre de setenta y seis años y una mujer de treinta y cinco, la cual, por otra parte, se nos presenta como de temperamento cálido e insaciable. En una conversación inicial entre Leocadia y Arrieta, la mujer refiere al médico cómo fueron al principio, y cómo son en la actualidad, las relaciones sexuales de la pareja: «...cuando él empezó a galantearme, admití sus avances por curiosidad y por reírme... Pero, cuando me quise dar cuenta... era como una cordera en las fauces de un gran lobo. Sesenta y cuatro años contaba él entonces». La situación actual es muy distinta: «Me busca todavía..., muy de tarde en tarde. ¡Dios mío! Meses enteros en los que me evita por las noches y ni me habla durante el día... Porque... ya no es tan vigoroso». Desde el punto de vista de Goya, esta situación actual comporta una enorme lucha interior: su potencia sexual todavía no agotada por completo, le sitúa ante la alternativa de buscar el placer solitario —rehuyendo

ancia, es decir, al poco éxito que pinturas tan admiradas hoy tuvieron en París, las creaciones de la Quinta del Sordo pudieron volver a España». (Lafuente, *op. cit.*, pág. 376.)

así la vergüenza de un posible fracaso— o de afrontar el
riesgo de ese fracaso en una adecuada relación erótica con
su amante, a la que, por supuesto, desea. (Este problematismo interno en la relación hombre-mujer no había apare-
cido con anterioridad y con esta intensidad, en el teatro de
Buero Vallejo, lo que constituye otra de las novedades más
interesantes de este drama.) Debatiéndose en esta lucha interior, comprobaremos que también en este terreno Goya
queda finalmente derrotado, y ello en la misma escena en
que queda derrotado políticamente: la escena de la violación de Leocadia [7]. Pero la inquietante Leocadia es sólo una
parte de un símbolo mucho más amplio, rico y contradictorio de lo femenino, tal como aparece en la conciencia del
personaje, y que incluye las figuras de Mariquita y de la
mítica Asmodea. Esta complejidad simbólica, su *duplicidad,*
podría resumirse con palabras del propio autor: «la mujer
como fuente de sosiego y como fuente de inquietud» [8].

Este debatirse del personaje frente a una realidad que
finalmente, es más poderosa que él, no disminuye su estatura, sino que, al contrario, la acrecienta, en tanto que le
confiere una autenticidad humana incuestionable. A su manera, *El sueño de la razón* es un *esperpento* (apenas hace
falta recordar la memorable frase, cuyo autor todo el mundo conoce: «El esperpentismo lo inventó Goya»). A su manera, es decir, a la manera como Buero entiende el *esper-*
pento: desde una postura no demiúrgica, mirando *en pie*
a sus personajes [9]. Cabe pensar que hay, incluso, cierta se-

---

[7] Sobre este aspecto del drama, véase el criterio del propio dramaturgo en la mencionada entrevista de Ángel Fernández-Santos, página 23.

[8] *Loc. cit.*

[9] Cf. Antonio Buero Vallejo, «De rodillas, en pie, en el aire. (Sobre
el autor y sus personajes en el teatro de Valle-Inclán)», *Revista de*
Occidente, núm. 44-45, noviembre-diciembre 1966.

creta ironía en la escena en que Goya no dispara contra
Leocadia; es decir, el momento en que deja de ser un «fantoche» y se convierte en un personaje trágico, comprendiendo la verdad de Leocadia... y su propia verdad.

Pero la problemática de Goya no es sólo la de un individuo —un pintor excepcional— enfrentado a su rey y a los
achaques de su ancianidad. El autor ha sido muy explícito
en este aspecto: «La problemática de Goya es la de la guerra
civil, la de un país sin fórmulas efectivas de convivencia.
Un intelectual puede vivir este hecho de formas muy diferentes, y el intelectual Goya, en su tiempo, en un siglo *ilustrado*, lo vivió como una manquedad trágica de la sociedad
que él pintó»[10]. Por lo demás, ya hemos advertido cómo
Goya, a través de su sordera —y en otro sentido, *a causa
de ella*— se convierte en conciencia de su país, en *conciencia del fratricidio*. Las dos figuras que completan y enriquecen esta dimensión del drama son Arrieta y el P. Duaso. En
un inteligente artículo, Eduardo Queizán ha estudiado con
detalle la función que ambos personajes desempeñan en el
debate ideológico del drama[11], en tanto que —pese a estar
unidos por su común amistad hacia Goya— pertenecen a
bandos opuestos y, por lo tanto, su relación inicial es básicamente conflictiva, distante y recelosa. Arrieta es un médico liberal, que presencia con miedo y con horror los
atropellos de la dictadura. El P. Duaso apoya a Fernando VII,
ocupa ahora un alto cargo político... Pero lo hace con honradez, cree en la moralidad de la causa que defiende. Es
Goya quien hace ver a Duaso, al principio del drama, su
contradicción, al hablarle de las causas justas e injustas, de
los medios y los fines, en un fragmento que ya hemos trans-

---

[10] Declaraciones a Fernández-Santos, cit., pág. 26.
[11] Eduardo Queizán, *art. cit.*, págs. 13-15.

crito al comienzo. La evolución de Duaso —que sobrepone
los valores humanos a las convicciones ideológicas, espoleado
quizá por aquellas palabras de Goya; horrorizado, seguramente, por los bárbaros excesos de sus correligionarios—
le permitirá acercarse a Arrieta en los términos de franca
amistad y abierto diálogo que, al principio, había buscado
inútilmente. A su vez, y en relación con Duaso, Arrieta mo-
difica su primer impulso de recelo, e incluso de repugnancia.
Del abismo que separaba a los dos personajes, se llegará
finalmente a un *encuentro*, en el que serán posibles la amistad y el diálogo. Esta reconciliación a nivel interindividual
es en extremo sugerente, pues, entre otras cosas, nos revela
que la lucha civil no es una *fatalidad*, que la convivencia
es posible a partir de la mutua aceptación de determinados
valores esenciales... Si bien —no podemos dejar de hacerlo
constar, con tristeza y melancolía— no son los Duaso ni los
Arrieta quienes llevan la voz de mando en la hora de la
sangre y de la violencia, de los martillazos y las violacio-
nes... Acaso sea ésta la amarga lección que se desprende
de las relaciones, finalmente convergentes, de ambos personajes.

Ahora debemos volver al tema de la sordera y a la figura
de Goya. «Ciegos, todos...», nos había dicho Esquilache, y
Velázquez nos había manifestado su «tormento de ver claro
en un país de ciegos y de locos». La sordera tiene en *El
sueño de la razón* un significado análogo, como lo demuestra
este breve fragmento de una conversación entre Goya y
Arrieta. Dice Goya:

> Fantasmas. ¿Hablo realmente con alguien? (*Movimiento de
> Arrieta.*) Ya sé. El fantasma de Arrieta me va a decir que estoy
> sordo. Pero toda esa extrañeza... ha de significar algo más.
> (*Arrieta asiente.*) ¿Sí? ¿Es algo más? (*Arrieta afirma con fuer-
> za.*) ¿El qué? (*Arrieta traza signos. Goya piensa un momento.*

¿Sordos todos? (*Arrieta asiente.*) No lo comprendo... (*Arrieta va a accionar. Goya lo detiene con un ademán.*) Sí. Sí lo comprendo. Pobres de nosotros.

La primera significación es clara: en un mundo de sordos —o de ciegos, o de locos—, quien sufre esa tara es, paradójicamente, quien va a penetrar en los misterios que se esconden tras la «ilusión de normalidad», quien va a penetrar en la verdad más secreta, que a los demás resulta inaccesible. A través de su pintura, resultante de su sordera —o lo que es igual, de sus voces interiores— Goya expresará esa verdad, comprensiva del —nos atreveríamos a añadir— «significado del enigma». Por lo mismo, y como ya adelantamos antes, Goya se convierte en conciencia de los demás, de los *otros.* Es interesante recordar que ya en *Hoy es fiesta,* Buero Vallejo había hecho un planteamiento similar con respecto a la sordera. En aquel drama, Pilar sorprende a todos —por haberles comprendido— cuando los vecinos quieren denunciar a doña Balbina, y Silverio pregunta: «Nos está viendo a todos por dentro como si fuésemos de cristal. ¿No les da miedo esa mirada?».

También ahora podríamos preguntar a los coetáneos de Goya: ¿no les da miedo *esa mirada,* que es su «pintura negra», es decir, la verdad del mundo en que viven? Aunque quizá la pregunta fuera inútil, en el sentido de que no sería comprendida. Fernando VII, por ejemplo, vive en el error de creer que Goya «a mí me ha retratado poco, y a mis esposas, nada». Grave error, pues él, su corte, su reinado... están en las «pinturas negras».

Pero el incitante fragmento que antes hemos recogido, en la conversación Goya-Arrieta, nos mueve a una segunda y quizá más profunda reflexión. Todos somos sordos, se nos dice, como *En la ardiente oscuridad* nos había enseñado que todos somos ciegos. La sordera, como *símbolo*, es análogo al de la ceguera, en tanto que pone de relieve la soledad radical del individuo, los obstáculos que se oponen a una comunicación con el *otro* y a un conocimiento de la verdad. Pero Goya, como Ignacio, nos demuestra que frente a ello... «no debemos conformarnos». Desde esta España sumida en el terror —una vez más, en la oscuridad—, desde su precaria situación individual, Goya sueña, como Ignacio, lo imposible. Ese sueño de lo imposible es lo que simbolizan su personal interpretación de la mítica Asmodea y —en conexión con ella— las figuras de los Voladores: hombres libres, seres superiores, habitantes de una ciudad lejana y al mismo tiempo próxima, imagen de una *España soñada* y a la vez de una humanidad redimida de sus torpezas y de sus crímenes. Goya espera que esos Voladores vengan a destruir la dictadura, a iluminar este mundo de tinieblas, de silencios y de miedos. No son los Voladores, sino los soldados realistas, quienes vienen a casa de Goya, para destruirle a él definitivamente. ¿Definitivamente? «Si amanece, nos vamos», se repite al final, con insistencia, pero el sentido quizá esperanzado que ese título tiene en la pintura goyesca, parece encerrar aquí otro bien diferente, al menos a simple vista: quien se va es Goya —se va de España, ha claudicado en su deseo de *pintar en España*, ha sido derrotado—, y no los monstruos del célebre grabado —símbolo de la noche española—. Así, pues, ¿no amanecerá? Nos encontramos ante un final que recuerda, sensiblemente, el de *Historia de una escalera* y el de *Hoy es fiesta*. Un final en el que la esperanza del autor pugna por afirmarse y a la vez asume la conciencia de los obstáculos, cobrando así la forma implícita de una pregunta, cuya respuesta compromete la responsabilidad de sus espectadores.

HISTORIA Y TEATRO

Hasta hoy, críticos y profesores han insistido en el aspecto *actual* de *Un soñador para un pueblo*, *Las Meninas* y *El sueño de la razón*, y nosotros mismos, en los comentarios críticos que les dedicamos a raíz de su estreno, más de una vez hicimos hincapié en esa actualidad. Desde este supuesto, se concluiría que Buero escoge una temática histórica para plantear problemas de nuestro presente, amparándose en esa cierta libertad e impunidad que la lejanía de los personajes y los temas ofrece; así, la historia sería sólo *un pretexto*. En *Las Meninas*, además, hay una frase de Martín que ayudaría, en parte, a sustentar esta interpretación. Dice Martín, nada más alzarse el telón: «Se cuentan las cosas como si ya hubieran pasado y así se soportan mejor». Más todavía: en las páginas precedentes hemos comprobado, a menudo, la presencia —quiero decir: persistencia— de determinados problemas y la vigencia de algunas respuestas. Aun admitiendo que late en estas obras ese «sentir trágico» de la historia, de que nos hablaba Kott, se podría concluir —con palabras que, en otra ocasión, a propósito de *El Concierto de San Ovidio*, nosotros mismos hemos empleado— que esta distancia histórica es «un modo de decir lo que pasa cuando lo que pasa no se puede decir».

No descartamos, desde luego, esta dimensión del *teatro histórico* de Buero, ni creemos que él mismo la descarte: en estas obras se pueden rastrear, aquí y allá, frases de doble sentido, alusiones más o menos veladas a circunstancias presentes, que —según hemos comprobado como espectadores— el público de los estrenos capta muy bien, a juzgar por sus inmediatos, significativos aplausos. Quiere decirse, pues, que no se trata sólo de la imposibilidad de que un dramaturgo de hoy rehaga en escena un tema histórico sin proyectar sobre éste su mentalidad y su sensibilidad de otra época, la nuestra; *malgré lui*, esa recreación histórica —pretendidamente pura, *ex nihilo*— será siempre *actual*. No se trata de eso, decimos, sino de que el propio Buero pretende comunicar a sus contemporáneos una problemática que les concierne. Con todos los matices y los distingos que se quiera, de la actualidad de sus dramas históricos no es lícito dudar, so pena de traicionar el pensamiento mismo del autor, que esos dramas traslucen.

Pero, después de nuestro análisis de *Un soñador para un pueblo*, *Las Meninas* y *El sueño de la razón*, ¿no se nos antoja un tanto pobre e insuficiente esta sola conclusión? Hay *algo más*. De ese algo más, ya hemos adelantado lo siguiente: estas tres obras —que de algún modo son una trilogía— se erigen como un *proceso a la historia de España*, y se presentan ante el espectador como una meditación acerca del pasado y del destino de su pueblo, instándole a tomar una *conciencia histórica* y una *conciencia trágica* de su historia. Naturalmente, ello presupone en el dramaturgo una preocupación real —y no sólo circunstancial, oportunista— por los conflictos elegidos en cada obra, lo cual es perceptible en el modo tan escrupuloso, detallista, con que recrea la vida española en cada una de estas obras, recreación que —pese a las libertades lícitas y convenientes en una obra de imaginación— busca siempre lo esencial, lo más verdadero y más profundo de las figuras y los problemas. El carácter fronterizo de esos tres momentos de la historia de España —en los tres casos, opciones históricas decisivas... y posibilidades finalmente perdidas de cara a la construcción de una España moderna, o, si se prefiere, de una *España soñada*—; cuanto hay de controvertido y a veces poco claro en esos momentos fronterizos, y el punto de vista siempre inteligente, sugerente, documentado del dramaturgo respecto a ellos; la insistencia misma en estas calas históricas de la España de la Edad Moderna... Son factores suficientemente demostrativos de una preocupación real por determinados temas históricos. Ahora bien, Buero Vallejo no es un historiador, sino un dramaturgo, lo que equivale a decir que asume esa preocupación en tanto que dramaturgo.

Llegados a este punto, la mayor dificultad crítica consiste en encontrar la adecuada conexión entre esa preocupación real por la historia de España y la problemática general del teatro de Buero. Creemos que esa dificultad es relativamente fácil de superar merced al método de trabajo que hemos seguido hasta aquí. Nos hemos adentrado en el análisis de estos tres dramas históricos *partiendo* de *En la ardiente oscuridad;* considerando *En la ardiente oscuridad* como núcleo originario, lo que se nos ha revelado como algo enormemente útil, ya que, en efecto, hemos apreciado que en cada una de estas obras reaparecían determinadas cuestiones esenciales, existentes ya —o latentes— en aquel primer drama de ciegos. Pero otro tanto sucedía, como se recordará, con un conjunto de obras que estimábamos como proceso inmediato a la sociedad española de hoy: *Historia de una escalera, Hoy es fiesta, Las cartas boca abajo* y *El tragaluz.* Nos encontramos así, en primer lugar, con que la unidad radical, orgánica, del teatro de Buero empieza a ser algo más que una hipótesis inicial de trabajo, para empezar a ser una unidad incuestionable, lo que, por otra parte, ha de resultar más claro en capítulos posteriores. Pero nos encontramos también con la necesidad —mejor: con la posibilidad— de hallar la adecuada conexión entre estos dramas históricos y aquellos otros que se levantaban como un testimonio crítico, como una impugnación de nuestra sociedad presente: de sus mentiras, de sus injusticias, de sus violencias.

La primera conexión evidente podría enunciarse así: estos dramas históricos nacen como una necesidad de encontrar respuestas a las interrogantes planteadas en *Historia de una escalera, Hoy es fiesta* o *Las cartas boca abajo*. «Esto empezó hace mucho tiempo», dice Juan en *Las cartas boca abajo*, y aunque estas palabras del personaje conciernen a su situación particular, de algún modo podrían aplicarse como un *leit-motiv* que explicara el origen de *Un soñador para un pueblo, Las Meninas* o *El sueño de la razón*, en tanto que estos dramas buscan las raíces secretas, subterráneas, de lo que en nuestro tiempo ya es tópico llamar el problema de España.

Pero encontramos, *además*, una conexión subyacente, que la consideración de *En la ardiente oscuridad* nos permite ver ahora. Según ello, estos dramas sociales que no son sólo «sociales», y estos dramas históricos que no son sólo «históricos», pues en un caso como en otro hemos descubierto un trasfondo metafísico directamente implicado con *En la ardiente oscuridad*, se inscriben a su vez en una indagación mayor, o si se prefiere, más profunda, en la cual lo histórico y lo social son elementos integrantes, pero no únicos. Dicho de otro modo, estas indagaciones en la sociedad española actual y en la historia de España se articulan en el marco de una más amplia meditación española, que comporta simultáneamente —armónicamente— otras indagaciones acerca del misterio del hombre y del mundo. Sólo en un capítulo final, en el que estudiaremos el trasfondo mítico del teatro de Buero, veremos cómo estas diversas conexiones traslucen una estructura mítica, y cómo ésta es la mediación que permite encontrar la relación profunda del teatro de Buero con la sociedad española de hoy, entendido ese teatro en su unidad y totalidad. Pero de momento puede bastarnos lo dicho para comprender estos dramas históricos desde un punto de vista más rico y complejo del que hasta ahora era habitual, en tanto que se nos revelan como parte integrante de una amplia meditación española.

X

VÍSPERAS REVOLUCIONARIAS

El Concierto de San Ovidio, una «parábola» en tres actos, se estrenó en 1962. En esta obra cristalizan, de un modo bastante parecido a como sucede en *El tragaluz* (1967), anteriores y diferentes experiencias dramáticas del autor.

Una primera impresión nos permite comprobar que *El Concierto de San Ovidio* se sitúa al lado de los dramas históricos que le preceden inmediatamente: *Un soñador para un pueblo* y *Las Meninas*, en tanto que se trata, asimismo, de una dramatización de hechos rigurosamente históricos. En septiembre de 1771, un café de la Feria de San Ovidio de París ofreció, como espectáculo de éxito, una orquestina bufa, compuesta por un grupo de ciegos del Hospicio de los Quince Veintes, y este suceso bochornoso impulsó a Valentin Haüy a consagrar su vida a la educación e incorporación a la sociedad de los invidentes [1]. Hay un escrito célebre de

---

[1] Valentin Haüy —hermano de René, prestigioso físico y mineralogista— nació en Saint Just en 1746 y murió en París en 1822. Cuando ocurrió este episodio, tenía, pues, veinticinco años. Haüy fue el inven-

Haüy, en el que recordaría, mucho tiempo después, lo que aquel episodio significaría para él como estímulo: «Sí, me dije embargado de noble entusiasmo: convertiré en verdad esta ridícula farsa. Yo haré leer a los ciegos; pondré en sus manos libros que ellos mismos habrán impreso. Trazarán los signos y leerán su propia escritura. Finalmente, les haré ejecutar conciertos armoniosos» [2].

---

tor de la escritura en relieve, que tiempo después perfeccionaría, decisivamente, Louis de Braille. A ambos se debe esta formidable hazaña: la incorporación de los ciegos a la sociedad. Haüy fundó el primer instituto para la educación de niños ciegos, en París, en 1784. Dos años más tarde publicó su libro fundamental, *Essai sur l'éducation des aveugles*. Inicialmente, Haüy empezó a trabajar con 12 alumnos, pero a los dos años su escuela contaba ya con 125. Como punto de partida, orientó la formación profesional del ciego hacia los trabajos manuales. Escribe Villey: «Les enseñaba el torno y la construcción de asientos para sillas, la cestería, la cordelería, etc. En su escuela se daban al mismo tiempo las nociones generales que todo hombre debe poseer y se enseñaba también un poco de música» (Pierre Villey, *El mundo de los ciegos*, trad. Antonio Bertolucci, Buenos Aires, 1946, Claridad, pág. 291). En ese aspecto humanístico, y puesto que de teatro hablamos, es oportuno recordar que, a instancias de Haüy, el escritor Fabre d'Olivet compuso sobre el tema de la ceguera un «drame philosophique en un acte et en vers», titulado *Le Sage de l'Indostan*, que se representó en 1796, en el entonces llamado Institut National des Aveugles-Travailleurs, siendo interpretado por los propios ciegos, y esto por idea de Haüy. (Cf. Fabre d'Olivet, *Le Sage de l'Indostan*, París, 1894, Dorbon Libraire.) Estudios ya «clásicos», consagrados a la obra de Haüy, son los de Klein (*Geschichte des Blindeunterrichts*, Viena, 1837), Gaudet (*Valentin Haüy*, París, 1870) y Strebitzky (*Valentin Haüy à St. Pétersbourg*, París, 1884). En la valiosísima revista *Sirio*, que venía publicando la O. N. C. E. (Organización Nacional de Ciegos Españoles), bajo la dirección de Enrique Pajón Mecloy, se puede encontrar abundante y selecta información acerca de estas materias. Debemos destacar aquí, en particular, el núm. 9, enero 1963, que contiene los siguientes artículos: Julio Cerrillo, «Desde Valentin Haüy, los ciegos son historia»; Enrique Pajón Mecloy, «De símbolos a ejemplos», y J. C. M., «José María Rodero, intérprete de personajes ciegos».

[2] Estas y otras palabras de Haüy, que se recogen al final de *El Concierto de San Ovidio*, han sido tomadas y traducidas por Buero

La reproducción de un grabado de la época, referente a dicha orquestina de ciegos, inspiró a Buero Vallejo la composición de este drama, de igual modo que —salvada la distancia entre los motivos inspiradores— la contemplación de *Las Meninas* le movió a dar vida dramática a este cuadro de Velázquez. Y así como en esta última obra, al final de la representación se reproducía en el escenario el cuadro de *Las Meninas*, en *El Concierto de San Ovidio* hay una escena —la escena final del acto II— en que se reproduce, animado de vida dramática, el grabado en cuestión[3]. Hay en estas obras históricas una cierta *familiaridad*, una proximidad de tono y estilo que, por lo demás, se hace tanto más notable al considerar que en todas ellas —con excepción de *El sueño de la razón*, de redacción y estreno posteriores— se amplía y enriquece una técnica *narrativa* que, si bien es visible ya en *Historia de una escalera*, alcanza ahora su mayor complejidad y diversidad escénica.

Pero de inmediato cabe advertir otras conexiones, tanto o más profundas, con dramas precedentes. En primer lugar, *El Concierto de San Ovidio* viene a replantear el tema de la ceguera, ahora en circunstancias distintas de las de *En la ardiente oscuridad*. Esa diferencia se resume perfectamente en el título de un interesante artículo de Pajón Mecloy, donde se señala el paso de una obra a la otra: «De símbolos a ejemplos»[4]. Simultáneamente —y no hay contradicción

---

de Maurice de la Sizeranne, *Les aveugles par un aveugle*, París, 1912, Libraire Hachette, págs. 65-68. Debemos la localización de este libro —y creemos que también el propio Buero— a la gentileza de Pajón Mecloy.

[3] Para apreciar con detalle la relación entre dicho grabado y el proceso creador de *El Concierto de San Ovidio*, véase nuestra ya citada edición de este drama en Clásicos Castalia, la totalidad de cuyas notas no sería discreto recoger también aquí.

[4] Enrique Pajón Mecloy, «De símbolos a ejemplos», *Sirio*, núm.

con lo que acabamos de observar—, en *El Concierto de San
Ovidio* encontraremos una respuesta, o mejor dicho, una
pregunta de naturaleza muy similar a la de (a las de) *En
la ardiente oscuridad*. En segundo término, *El Concierto de
San Ovidio* reabsorbe el tema social, tan importante en *Historia de una escalera, Hoy es fiesta* y *Las cartas boca abajo*,
y lo hace situándolo en un plano que, hasta entonces, Buero
Vallejo no había abordado directamente: el de la lucha de
clases.

Hay más todavía. En tanto que nueva incursión en el
ámbito de lo trágico, *El Concierto de San Ovidio* avanza en
una dirección que incluye una dimensión fundamental de lo
grotesco. Cierto que en otras obras que le anteceden, no
han faltado situaciones y personajes de claro relieve tragicómico: recuérdense personajes como Dimas (*Irene, o el
tesoro*), Mauro (*Las cartas boca abajo*), Doña Balbina (*Hoy
es fiesta*), etc. Pero en *El Concierto de San Ovidio* lo grotesco
viene a un primer plano, y de una forma muy particular,
en las figuras de los ciegos de la orquestina, ante los cuales
un espectador burgués —«descompuesto de risa»— llega a
exclamar: «Son como animalillos». Once años más tarde,
El sueño de la razón supone entre otras cosas, como hemos
visto, una nueva e igualmente original profundización del
autor en este campo. Recordamos que, en conversación privada en 1962, el autor nos dijo que los capirotes que usan
los ciegos en la orquestina bufa tenían —desde el punto
de vista como él veía el problema— una cierta relación, un
secreto parentesco con las corozas de los sambenitados. Después de estrenar *El sueño de la razón*, Buero ha declarado:
«Los encapirotados de *El Concierto de San Ovidio* ya eran
goyescos; la orquestina de esa obra prefigura *El sueño de la*

---

cit., págs. 9-12. Reimpreso en Antonio Buero Vallejo, *Teatro*, Madrid,
1968, Taurus, Col. El Mirlo Blanco, págs. 34-39.

razón, y las corozas de los músicos son iguales a la que le encasquetan a Goya. El escarnio es el mismo. Y... esos escarnios no han terminado en nuestro tiempo» [5].

La acción dramática de *El Concierto de San Ovidio* se desarrolla en París, del verano al otoño de 1771. Dieciocho años después, estalla la Revolución Francesa. Recordarlo no es caprichoso: lo hace el propio dramaturgo —y además con un sentido muy preciso— en las siguientes palabras que pone en boca de Valentin Haüy, al evocar éste, pasados ya muchos años, aquel espectáculo bufo: «Sucedió en la plaza de la Concordia; allí se han pagado muchas otras torpezas. Yo he visto caer en ella la cabeza de un monarca más débil que malvado. Y después la de sus jueces: Danton, Robespierre. Era el tiempo de la sangre; pero a mí no me espantó más que el otro, el que le había causado: el tiempo en que Francia entera no era más que hambre y ferias». El suceso de la orquestina de ciegos viene a presentársenos de este modo como uno más, aunque acaso de los más profundamente ilustrativos, de esa sociedad que no es más que «hambre y ferias».

Del hambre que esa sociedad padece se habla, insistentemente, en el curso de la acción. «Francia pasa hambre y el Hospicio también la sufre», afirma la Priora a Valindin en la primera escena, acto I. En el acto III, en una escena entre David y Bernier, este último nos dice: «Mi gente me espera en la aldea, crujiendo de hambre... El año pasado se me murió el pequeño; no había ni raíces para comer, y

---

5 Ángel Fernández-Santos, «Sobre *El sueño de la razón.* Una conversación con Antonio Buero Vallejo», *Primer Acto,* núm. cit., pág. 27.

el pan era de helecho». Además, «de poco sirve que la cosecha venga buena. Ni los curas ni los señores quieren oír hablar de impuestos, y todo sale de nuestras costillas. Y todavía nos obligan a trabajar abriendo caminos, mientras las mujeres y los rapaces se enganchan para el laboreo con la tripa vacía, porque tampoco quedan bestias... Mi Blas está enfermo de eso».

Señalemos otra nota característica de esta sociedad que el drama presenta: la corrupción de la ley. El calderero Bernier, en la mencionada escena, previene a David del peligro que éste corre y se refiere a las tristemente célebres *lettres de cachet*, que llevaron a tantos hombres inocentes a la Bastilla:

> BERNIER: Un papel que firma el rey para encerrar a alguien sin juzgarlo. Las venden caras. Y a veces también las regalan.
> DAVID: ¿Las venden?
> BERNIER: Ellos creen que no se sabe, pero venden demasiadas... y se sabe. El padre viejo que estorba, el marido celoso... ¡Hala! ¡A pudrirse en la cárcel!

Estos y otros datos tienden a configurar una fisonomía de esta sociedad de hambre y ferias, de injusticias y corrupciones [6]. Esa realidad social no nos lo va a explicar *todo*,

---

[6] Al margen de su *verdad dramática*, es oportuno señalar algunas precisiones acerca de su verdad histórica. Aunque en 1771 estamos aún en la que se ha dado en llamar «la edad de oro de Luis XV» y triunfa la política del *laisser-faire, laisser-passer*, favorable a la burguesía, coexiste con la euforia que domina en los medios financieros y burgueses una situación de hambre y penuria en las capas populares, a consecuencia de los desastres agrícolas. (Cf. Hubert Méthivier, *L'Ancien Régime*, París, 1968, 4.ª ed., Presses Universitaires de France, págs. 9 y sigs.) Unos años después —hacia 1778, es decir, bajo el reinado ya de Luis XVI o «Luis Capeto»— empezará la gran crisis económica que, de forma cíclica, culminará en 1787 y, con ella, la realidad de un pueblo hambriento y desesperado. (Cf. Albert Soboul, *La Révolution Française*, París, 1970, 3.ª ed., Presses Universitaires de

aunque sí una parte muy considerable, acerca de las acciones de los personajes. No todo, decimos, y hemos de añadir
que en este punto resulta perceptible una vez más el empeño
del autor en mostrarnos, de un lado, la fuerza condiciona-
dora del medio social sobre el individuo, mas, al propio
tiempo, la siempre abierta posibilidad de una elección personal —y, por tanto, la siempre intransferible responsabilidad del individuo— frente a cualesquiera circunstancias
opresoras o condicionadoras, ya que, como dice al final
Haüy, «el hombre más oscuro puede mover montañas si lo
quiere». Desde esta perspectiva, nos va a ser posible contemplar cómo Valindin, Adriana, David, Donato, los demás
ciegos, la Priora, los espectadores burgueses y Valentin Haüy
precipitan una gama de actitudes diferenciadas, hábilmente
contrastadas con frecuencia, todas ellas expresivas de distintas elecciones personales *en* esta sociedad dada.

Al comienzo de la obra, Luis María Valindin —negociante,
dueño de un café de la feria— [7] acude a la Priora del Hospicio de los Quince Veintes para exponerle el proyecto de
una orquesta de ciegos, ocultando, por supuesto, el carácter
bufo que va a tener, y haciéndole ver ese proyecto como
algo altruista y desinteresado. Cierto que, más que las palabras altruistas de Valindin, parecen pesar en el ánimo de
la Priora el nombre del barón de la Tournelle —protector
de Valindin y protector también del Hospicio— y las dos-

France, págs. 23-24.) Sobre todos estos problemas, véase la ya «clásica» y todavía vigente *Histoire de la Révolution Française*, de Michelet (trad. española, Buenos Aires, 1946, Argonauta, 3 vols.). En
Michelet se apoya, fundamentalmente, la documentación histórica de
El Concierto de San Ovidio.

7 Valindin se llamaba, efectivamente, el dueño del café en que
se ofreció la orquestina bufa de ciegos. Pero todo lo concerniente a
este personaje, como a los demás —excepción hecha de Valentin
Haüy— es inventado... aunque no inverosímil.

cientas libras prometidas, considerable manda de oraciones.
Pero esta primera intervención de Valindin nos importa,
especialmente, porque revela ya un rasgo de su carácter:
su capacidad de simulación. Poco después, dirá a su amante, Adriana: «Me vas a ver subir como la espuma. ¿Y sabes
por qué? Porque sé unir lo útil a lo bueno. Yo tengo corazón
y soy filántropo. ¡Pero la filantropía es también la fuente
de la riqueza, galga! Esos ciegos nos darán dinero». Consiguientemente, esa capacidad de simulación es —entre
otros— un medio del que se vale para satisfacer sus ambiciones. «Me vas a ver subir como la espuma»: aquí se trans-
parenta lo que para Valindin es el norte de su vida: el poder.
Esta ambición de poder va unida a esa capacidad de simulación y —digámoslo en seguida— a una total falta de escrúpulos y a un extraordinario sentido práctico de las cosas.
«Tiempo de hambre, tiempo de negocios», dice también a
Adriana. Es toda una declaración de principios, o mejor
dicho, de una total carencia de ellos.

Abundando en estos rasgos de personaje *activo*, que definen a Valindin, es necesario llamar la atención —el autor
lo hace— sobre un signo externo de poder: la espada. «Todo
es posible para quien lleva espada y el señor Valindin la
lleva», dice Bernier. Pero hay aquí un matiz que no se nos
debe escapar. Cuando Valindin abandonó la Marina y se estableció en París, encontró —gracias al barón de la Tournelle— un empleo en la casa real: el de peluquero de un
príncipe que nació muerto. Valindin, que sigue cobrando
ese sueldo —lo que le hace exclamar: «¡Dios bendiga a nuestro rey!»—, explica a Adriana: «Gracias a eso llevo espada.
Los peluqueros reales pueden llevarla (...). Nuestro hijo la
llevará también aunque sea de cuna humilde (...). Porque
el dinero valdrá tanto como la cuna cuando sea hombre, ya
lo verás. ¡Y tendrá dinero!».

Lo cual nos indica, por de pronto, dos cosas: 1.ª, que Valindin no es realmente, *todavía*, un hombre en el poder; 2.ª, que, sin embargo, sabe cómo puede llegar a serlo. Vive en un mundo en el que la aristocracia —el *valor* de la sangre— se derrumba, y en el que asoma ya el nuevo *valor* que impondrá la clase burguesa: el dinero. Por lo tanto, su ambición de poder apunta a la obtención del mayor dinero posible, a costa de lo que sea. Semejante esquema mental perdura todavía —apenas hay que decirlo— en nuestros días, en nuestro mundo occidental. Ahora bien, ¿cómo se puede obtener el dinero en esa cantidad en que dinero equivale, verdaderamente, a poder? Todas las acciones de Valindin nos muestran ese *cómo*, nos descubren el secreto del mecanismo, que cabría resumir así: mediante la explotación sistemática de los demás. «Esos ciegos nos darán dinero», ha dicho a Adriana. Se trata, por lo tanto, de establecer una relación esencialmente insolidaria con el *otro*, según la cual el *otro* no es más que un objeto manipulable, un instrumento para nuestros fines. A este propósito, es muy ilustrativa la postura de Valindin ante los ciegos y, en general, ante la ceguera. «¿Qué sabe un ciego? ¡Nada!», dice en un determinado momento. Y en otra ocasión: «Ciegos, lisiados, que no merecéis vivir». A partir de esta mentalidad, Valindin llega a establecer con los demás un tipo de relación según la cual los demás *dependen* de él. En cierto modo, le pertenecen. No sólo los ciegos o Adriana, sino también —y el autor lo subraya con gran acopio de datos— Bernier, el músico Lefranc, la Priora...

Esta dependencia se basa, fundamentalmente, en el hecho de que Valindin ha creado un juego de intereses primarios en torno suyo. Pero tal cosa es posible porque, además, en casos extremos, Valindin puede recurrir a la ley —sus contratos siempre estarán «en orden»— y, en general, a los mecanismos represivos que esta sociedad tiene montados al servicio de las clases dirigentes. Además de la simulación y la hipocresía, además de la explotación sistemática de los demás, este es otro rasgo que acompaña al personaje: su resolución a acudir a la violencia cuando ve amenazados sus fines. Vemos cómo ejerce personalmente esa violencia, golpeando a Adriana y a los ciegos; o cómo la ejerce una policía a su servicio, expulsando al «revoltoso» Valentin Haüy del café de la feria [8]; o cómo una «carta secreta», pagada a buen precio, podría permitir a Valindin deshacerse de David, otro «revoltoso».

Simultáneamente, este *activo* personaje, capaz de tantas cosas, es incapaz de satisfacer este íntimo deseo; obtener el amor de Adriana, que Adriana le dé un hijo. Ese insatisfecho deseo de paternidad, y esa convicción del desamor de la mujer a la que él ama profunda, sinceramente, condenan a Valindin a una sorda y oscura soledad, de la que inútilmente trata de evadirse mediante el alcohol. Esa soledad se la ha ganado a pulso. Es el resultado de su insolidaria relación con quienes le rodean. Es un merecido castigo.

DAVID Y UN SUEÑO

David aparece en todo instante como figura antitética de Valindin. El autor moviliza a este fin, incluso, signos externos de compleja significación alegórica y también ciertos paralelismos sugerentes. Por ejemplo, a la espada de Valin-

---

[8] Que nosotros sepamos, no consta que Haüy reaccionara violentamente, interrumpiendo la audición. Pero sabiendo lo que ésta significó para él, y recordando su edad en aquel momento, resulta incluso muy probable una reacción de ese tipo, que por otra parte es absolutamente necesaria en un sentido dramático.

din se opone el garrote de ciego que David usa, y del cual
nos dice: «Se me rieron de mozo, cuando quise defenderme
a palos de las burlas de unos truhanes. Me empeñé en que
mi garrote llegaría a ser para mí como un ojo. Y lo he logrado». Signo externo de su debilidad, ese garrote es un símbolo
de su fuerza, de su hombría. Con él, si llega el caso, puede
asestar un certero golpe en la cabeza de Elías. Con él, en un
momento de suprema exasperación, puede matar a Valindin.
Por eso, cuando vemos que la policía, al detenerle, lo primero que hace es quitarle el garrote, comprobamos que para
David todo está perdido.

Mediante sugerentes paralelismos, decíamos, puede apreciarse también la antítesis David-Valindin. Acaso, fundamentalmente, en éste: su común e insatisfecho deseo de paternidad. Al contrario que Valindin, sin embargo, David ha
sabido crear una relación humana con sus semejantes, y
justamente por ello puede verificar ese sentimiento paternal
en la figura de Donato; sentimiento que Valindin no sabe
verificar en los demás, aunque, paradójicamente, llame «hijos»
al grupo de ciegos. Por idéntico motivo, David consigue esta
otra aspiración imposible para Valindin: el amor de Adriana.

David es, como Ignacio, un *contemplativo*, si esta expresión puede ser válida refiriéndonos a dos personajes que son
ciegos. Creemos que puede, que debe serlo, *precisamente*
porque ambos han convertido su propia ceguera en un modo
particular de aprehender la realidad. David se quemó los
ojos, siendo niño, al prender los fuegos de artificio para
sus señores, en el castillo en que su madre trabajaba como
lavandera. Nunca supo quién fue su padre y su pasión fue
y sigue siendo la música. «Recuerdo que el maestro de música me enseñó un poco de violín, y que yo fui tan feliz, tan
feliz... que cuando perdí la vista no me importó demasiado,
porque los señores me regalaron un violín para consolarme»,

confiesa a Adriana. Personaje complejo, atormentado, disconforme con su situación, capaz de soñar —como Ignacio, como Mario, como Silverio... y tantos otros personajes afines— una realidad superior a ésta, tan irrisoria, que le ha sido impuesta: la de mendigar, en su condición de hospiciano, por las calles de París; o, más tarde, la de ser reducido a objeto grotesco en la orquestina de la feria. David es ciego y es pobre, y esto significa que, en el mundo en que vive, es *lo menos* que se puede ser. Ceguera y pobreza constituyen las dos caras —inseparables— de la realidad del personaje. Si no fuera ciego, su aspiración a ser músico encontraría innumerables obstáculos, pero entraría en el campo de lo posible. Si no fuera pobre, esa aspiración chocaría con no menos obstáculos, mas no sería del todo imposible. Y, sin embargo, el personaje asume íntegramente su realidad —dicho con mayor rigor: su destino— y acepta la lucha. Para medir la grandeza de esa lucha, para apreciar el quijotismo esencial que hay en ella, debemos examinarla a la luz de dos planos distintos: el de los videntes y el de los propios ciegos.

Valindin, al referirse con absoluto desprecio a los ciegos, ha manifestado una postura que, en lo fundamental, parecen compartir —aunque sin su crueldad— todos los personajes videntes, al menos en un principio. La Priora, por ejemplo, dice a Valindin: «Ellos han nacido para rezar mañana y tarde, pues es lo único que, en su desgracia, podrán hacer siempre bien». Y poco después, dirigiéndose al grupo de ciegos: «Vuestra misión es orar, no tocar canciones licenciosas». Cuando David pide a Lefranc que le ayude a entrar «como el último de los violinistas» en la Ópera Cómica, éste, que ha mostrado cierta simpatía por David y le ha reconocido determinadas aptitudes personales, rehúsa ayudarle porque está persuadido de que un ciego como él nunca podrá ser un verdadero músico. Más aún. Recordemos la significativa actitud inicial de Adriana, cuando aún no le conoce: «¡Esa tropa de ciegos va a ser horrible!». Recordemos también su espontánea, inconsciente pregunta a Donato: «Pero, ¿vosotros amáis?». No importa que, inmediatamente, se corrija a sí misma; basta con que, espontáneamente, se le haya podido ocurrir semejante pregunta. Así pues, sólo incomprensión[9] pueden encontrar las aspiraciones de David en este mundo de los videntes, para el cual los ciegos —y muy en especial, *estos* ciegos— no son más que seres inferiores y marginados. David no ignora esa debilidad: «Los ciegos no somos hombres: ése es nuestro más triste secreto. Somos como mujeres medrosas. Sonreímos sin ganas, adulamos a quien nos manda, nos convertimos en payasos..., porque hasta un niño nos puede hacer daño». Pues bien, desde esta debilidad y frente a esa incomprensión, David propone a sus compañeros: «Hay que convencer a los que ven de que somos hombres como ellos, no animales enfermos». Cada uno podría aprender su parte de oído y podría haber orquesta de ciegos... Es la posibilidad de ganar su libertad y su dignidad frente al mundo que los ha marginado.

Pero también aquí las aspiraciones de David se estrellan contra el muro de la incomprensión. Ni Lucas —que tocaba el violoncello antes de perder la vista—, ni Nazario —«pícaro de ferias»—, ni Gilberto —meningítico—, ni Elías —ciego de nacimiento— son capaces de asumir esta esperanza, este sueño que David trata de inculcar en ellos. «Sin poder leer las partituras, los ciegos nunca lo harán», dice Lucas. «¡Nunca hubo orquesta de ciegos!», dice Elías. Han aceptado la

---

[9] Esa incomprensión *está* en la época y a ella no escapa el mismo Diderot en su obra de juventud, *Carta sobre los ciegos para uso de los que ven* (1749). Sobre este punto, remitimos de nuevo a la obra citada de Villey.

oferta de Valindin, porque ésta puede suponer unas leves mejoras materiales en su forma de vida: nada más. David, en cambio, imagina desde el principio una verdadera orquesta. Más aún: «podremos leer», dice a sus compañeros. A lo que ellos —Elías, Nazario— contestan que delira, que está loco. David insiste: «¿No habéis oído hablar de Melania de Salignac? (...) Esa mujer sabe lenguas, ciencia, música... Lee. ¡Y escribe! ¡Ella, ella sola! No sé cómo lo hace, pero lee... ¡en libros!» [10]. Sus compañeros no le creen. «¡Se han reído de ti!», dice Nazario. A lo que David, como un nuevo Ignacio, replica: «¡Estáis muertos y no lo sabéis!». Tiempo después, cuando Valindin les propone recorrer otras ferias con el espectáculo grotesco, todavía David imagina una nueva posibilidad:

> DAVID: (...) Seguiremos de hazmerreír por las ferias... si él consiente en que yo, ¡yo solo!, os vaya enseñando acompañamientos a todos. ¡Cuando volvamos en febrero seremos una verdadera orquesta! ¡Seremos hombres, no los perros sabios en que nos han convertido! ¡Aún es tiempo, hermanos!
>
> LUCAS: ¿Cuándo vas a dejar de soñar?
>
> ELÍAS: Ni siquiera nos deja los violines.
>
> DAVID: Nos los dejará si le exigimos eso. ¡Pero tenemos que pedírselo unidos! ¡Unidos, hermanos!
>
> NAZARIO: (...) Lo que tú quieres es un sueño, y, además, no me importa. ¡A mí me importa el dinero, y más no nos va a dar...!
>
> DAVID: (...) Tenéis la suerte que os merecéis.

---

[10] Melania de Salignac existió en la realidad. De ella escribió Diderot en 1783: «Confieso que jamás he concebido claramente cómo figuraba algo en su cabeza, sin colorear. Este cubo se había formado por la memoria de las sensaciones del tacto. Su cerebro se había convertido en una gran mano, bajo la cual las sustancias se realizaban: ¿se había establecido una especie de correspondencia entre dos sentidos diversos? ¿Qué es la imaginación de un ciego?». (Citado por Pierre Villey, *op. cit.*, pág. 138.)

Esta esperanza de David y su relación con el grupo de ciegos, hemos insinuado antes, recuerdan la esperanza de Ignacio y su relación con los estudiantes del centro para invidentes. Ahora debemos matizar este paralelismo, indicando que se trata de una manera *básicamente similar* de luchar por la verdad y por la libertad en una situación concreta que es *básicamente diferente*. Cuando Ignacio afirma que no son seres normales, y cuando David afirma que han de «convencer a los que ven de que somos hombres como ellos, no animales enfermos», están diciendo lo mismo, aunque, superficialmente, pueda parecer lo contrario. Otra divergencia aparente, y que no debemos pasar por alto, es la de que, al revés que Ignacio, David no consigue contagiar su sueño entre los demás ciegos. Desde luego, de una forma inmediata, directa, no lo consigue. Pero una más detenida reflexión en las relaciones David-Donato y David-Adriana nos facilitará una imagen más rica de esta cuestión y, con ella, la oportunidad de reencontrar ese rasgo ignaciano en la figura de David.

Donato quedó ciego, por las viruelas, a los tres años. Informa David a Adriana: «Cuando contaba cinco o seis años, todas las cosechas se perdieron y la gente se moría de hambre. Entonces su padre lo quiso matar (...) Era un estorbo y una boca más. El chico se dio cuenta porque ya no eran palos; eran las manos de su padre que le acogotaban entre blasfemias... Pudo zafarse y escapó a todo correr, medio ahogado, a campo traviesa, a ciegas...». Además de esto, «hace tiempo que también le asustan... las mujeres. El pequeño probó... en vano. ¡Ella se reía de sus viruelas, de su torpeza...! Lo puso en la calle entre insultos y burlas... Yo le oí llorar toda la noche». Entre otras cosas, este relato permite que nos expliquemos la cobardía enfermiza de Donato, muy espectacular en el acto II, en la escena en que, impulsados los ciegos por David a no aceptar la humillación de la orquestina, Valindin les amenaza violentamente y Donato echa a correr, enloquecido, gritando: «¡Lo que él quiera, David! ¡Nos encarcelan, nos matan! ¡Hay que ceder!». Posteriormente, actuará ante los espectadores burgueses de la feria del modo como, expresamente, indica esta acotación: «Las carcajadas, los comentarios arrecian. Menos David y Lucas, los demás ciegos extremaron sus gesticulaciones grotescas; y es justamente Donato quien más se esfuerza en ello».

Cuanto David ha hecho por él —le ha comprado un violín y le ha enseñado la música que sabe, además de intentar darle una más alta conciencia de sí—; cuanto Adriana llegará a hacer por él, a fin de que supere su frustración sexual... Todo ha sido, todo será inútil. Adriana, precisamente, se convertirá para él en un motivo de rivalidad que le enfrentará con David y que —en el extremo de su torpeza— le llevará a delatar a quien ha sido para él como un padre. Desde el submundo al que estos hombres han sido arrojados, es posible elevarse —mediante un poderoso esfuerzo personal— y elegir la lucha por la verdad, por la dignidad, por la libertad, según nos demuestra David. Pero también es posible hundirse aún más en el cieno: ser víctima, no sólo de los demás, sino también de uno mismo, como Donato nos demuestra con su deslealtad y su traición. Como Valindin, Donato elige la indignidad y, como le sucede al negociante, esa elección le sitúa en una circunstancia en que la soledad es su castigo: Donato repetirá, una y mil veces, el adagio de Corelli que David le enseñó, ahora solo, siempre solo, en lucha con su conciencia, impregnado de la esperanza y desesperación de David, como Carlos lo está de la esperanza y la desesperación de Ignacio al final de *En la ardiente oscuridad*.

Adriana, a su vez, aparece como un interesante contraste de Donato. Ha tenido que renunciar a cantar y a bailar, y se ha convertido en un objeto del que Valindin es propietario. En cierto modo, cabría decir que es tan ciega como los demás ciegos, ya que es un ser tan marginado como ellos. Por otra parte, sin embargo, al comienzo de la obra también es ciega en otro sentido, en el sentido en que lo es Valindin: en el sentido de que es incapaz de *ver* a los demás —sean lisiados o no— como semejantes, lo que resulta muy notorio en su inicial actitud ante los ciegos. Pero el ejemplo de David opera en ella una pronta y radical transformación, hasta el punto de convertir su propia tara, la prostitución, en algo noblemente humano al entregarse al enfermizo y repugnante Donato. Adriana, que es «una mujer entera y verdadera», va a representar para David, por otra parte, un descubrimiento que tampoco él sospechaba. David soñaba con Melania de Salignac, idealización de la mujer, en sus horas de tristeza y melancolía: «¡Para ella hablo y para ella toco! Y a ella es a quien busco... A esa ciega, que comprendería...». Esta idealización se hace carne y hueso en Adriana, que de algún modo es ciega como él y que sabe comprender y compartir su angustia y su esperanza. Por el amor de Adriana, David consumará su rebelión frente a Valindin, y ello con no menos astucia y coraje que su homónimo frente a Goliat.

Sin embargo, ni Adriana ni David, y menos aún los demás personajes centrales, podrán conquistar su libertad, convertir su sueño en realidad tangible. «Yo quería ser músico y no era más que un asesino», dice David. El esquema trágico, que ya nos es conocido, se repite una vez más: serán otros los que alcanzarán esa libertad que para estos personajes, aplastados y deshechos, ya no es posible:

DAVID: (...) ¡Lo que yo quería puede hacerse, Adriana! ¡Yo
sé que puede hacerse! ¡Los ciegos leerán, los ciegos aprenderán
a tocar los más bellos conciertos!
ADRIANA (*llorando*): Otros lo harán.
DAVID (*muy triste*): Sí. Otros lo harán.

Al final de la obra, las siguientes palabras de Valentin
Haüy reafirman este concepto: «No quise volver a la feria,
ni saber ya nada de aquellos pobres ciegos. Fue con otros
con los que empecé mi obra».

Además de homenaje a Valentin Haüy y a todo cuanto
su obra gigantesca significa, *El Concierto de San Ovidio* nos
plantea, según hemos comprobado hasta aquí, un doble problema: el de la explotación del hombre por el hombre y el
de la lucha del hombre por su libertad. Este doble problema,
o este único problema, se nos presenta desde una perspectiva
no solucionista; desde una perspectiva indagadora, suscita-
dora de sus múltiples connotaciones. En suma: un «modo
de contemplación activa» de ese problema.

Pero ahora, de pronto, unos personajes secundarios, Latouche (comisario de Policía) y Dubois (oficial de Policía) se
escapan, literalmente, de esta obra, de este capítulo, y nos
llevan a un mundo cuya existencia ya sospechábamos, pero
del que no sabíamos aún —desde el horizonte del teatro
de Buero— cuáles eran sus límites, su tenebrosa realidad.
Este mundo, o este submundo, viene a ser el soporte de la
sociedad que tan puntualmente nos ha descrito *El Concierto
de San Ovidio*. Ese soporte es *el Mecanismo de la represión*,
y la obra en cuestión se titula *La doble historia del doctor
Valmy*.

XI

EL MECANISMO DE LA REPRESIÓN

La doble historia del doctor Valmy —con el subtítulo de «relato escénico»— conlleva un pequeño *affaire*, al que obligadamente, hemos de referirnos. Su estreno estuvo previsto para la temporada 1963-64, pero, por razones nada claras, no llegó a realizarse. ¿Presiones administrativas? ¿Temor del empresario —y al fin, de los empresarios, pues hubo varios— a dar a conocer dicha obra en un momento en que la vida intelectual española se encontraba especialmente enrarecida? Circularon todas las conjeturas posibles acerca de cuál era *el* motivo, si bien se puede hoy señalar que había una confluencia de motivos: presiones, temores, enrarecimientos... Como fuere, *La doble historia del doctor Valmy* se tuvo que estrenar fuera de España y en inglés (en Chester, Inglaterra), no habiendo sido publicada tampoco en España —esto último, según creemos— por deseo expreso del autor[1]. Y ahora una última observación *imprescindible*

---

[1] Vid. bibliografía al final de este libro. Utilizamos aquí la cuidada edición de Alfonso M. Gil, autor también de un sugestivo prólogo

pues las obras prohibidas, semiprohibidas o sutilmente marginadas, tienen siempre un cierto carisma que, a la larga, les perjudica más que les beneficia: *La doble historia del doctor Valmy* no es ni mejor ni peor que otras obras de esta etapa de madurez que se inicia con *Hoy es fiesta*, en 1957; e incluso, para nuestro gusto, no alcanza el grado de perfección de *El Concierto de San Ovidio* o *El tragaluz* —los dos títulos que le son cronológicamente más próximos—. Más aún: el pensamiento de esta obra no difiere de otras del mismo autor (como, por ejemplo, las que acabamos de citar). La mayor y más audaz novedad de *La doble historia del doctor Valmy* radica en la elección del tema —la tortura—, en la revelación de cuanto hay de tenebroso en el Mecanismo de la represión —sea del país que sea— y en el estudio del espacio escénico, aspecto este último que —con independencia de otros— acerca mucho esta obra a *En la ardiente oscuridad* y *El sueño de la razón*.

La perspectiva desde la cual se nos invita a ver la realidad vejatoria de la tortura, es típicamente buerista; dicho de otro modo: es profundamente humanista. Las siguientes palabras de Valmy lo traslucen con claridad: «Premeditadamente me abstengo de comentar qué lucha política, qué actos de sedición fueron aquellos (...) El lector que lo ignore queda en libertad de imaginar que la razón estaba de parte de los sediciosos, y también de suponer lo contrario. Sé que, para muchos, semejante proceder peca de abstracto y escamotea la comprensión del problema, según ellos sólo alcanzable mediante el estudio de tales aspectos. Yo opino lo contrario; sólo callándolos se nos revelarán en toda su des-

---

Sobre el estreno en Chester, véase Vicente Soto, «*La historia del doble caso del doctor Valmy* de Buero Vallejo», *Primer Acto*, núm. 107, abril 1969, págs. 61-62. Véase también el estudio de Müller, ya citado, págs. 136-145.

nudez las preguntas que esta historia nos propone y ante las que cada cual debe meditar si es o no lo bastante honrado para no eludir las respuestas». Como dato adicional a esta perspectiva, una perspectiva que no es elusiva del problema, sino, como Valmy nos dice y más adelante comprobaremos, *comprensiva* de toda su complejidad, recordemos también que la acción se sitúa en un país imaginario: Surelia[2]. De nuevo con palabras de Valmy, acentuemos que esa perspectiva se apoya en algo que es medular en el pensamiento de Buero: la preocupación acerca del individuo concreto y singular. Dice Valmy: «A mí me importa sobre todo la persona concreta que llega a mi consulta con los ojos húmedos y el corazón agitado (...) Yo prefiero mostrar el dolor del hombre a nuestro nivel de hombres, lo cual aclara muy poco pero aviva nuestra gastada sensibilidad. Porque no sólo debemos intentar mejorar el mundo con nuestra ciencia, sino con nuestra vergüenza».

Esta historia sobre víctimas y verdugos —y sobre algunas cosas más, según comprobaremos más tarde— se articula en tres grandes planos de acción, estrechamente conectados:

1.º El que forman el doctor Valmy y su secretaria, *cuando* Valmy dicta a ésta la historia dramática propiamente dicha.

2.º El de esa historia dramática, la cual se nos presenta de forma retrospectiva, discontinua, y abarca varios escenarios, si bien éstos pueden reducirse a su vez a dos planos fundamentales. Primero: la *vida cotidiana* de la familia Barnes. Segundo: la oficina de la policía política de Surelia de la S. P.

---

2 El nombre de Surelia correspondía también al país imaginario de *Aventura en lo gris*. Pero no se trata tanto de *un mismo país* como sí de *un mismo mundo*: el mundo contemporáneo.

3.º El que integran el Señor de Smoking y la Señora en traje de noche, además de un enfermero que no habla y, en cierto sentido, de todos los espectadores.

Es manifiesta la funcionalidad coral que desempeñan Valmy y su secretaria, un poco a la manera de los investigadores de *El tragaluz*, de los que quizá han sido modelo. Algunas observaciones de Valmy, que engarzan escenas o que, en más de una ocasión, interrumpen e inmovilizan una escena por breves instantes, nos recuerdan por su empeño en *valorar* la situación ante los espectadores —e inclusive por su tono «sentencioso»— a los antiguos coros. Véase, por ejemplo, este comentario de Valmy: «¡Si se pudiera detener el tiempo! Lo necesario para reflexionar (...) El tiempo son nuestros impulsos; el tiempo somos nosotros y no es posible detenerlo». (Pronto sabremos la importancia de este comentario en lo que concierne a los personajes principales.)

Un día acude a la clínica del doctor Valmy una de esas personas «con los ojos húmedos y el corazón agitado». Se llama Daniel Barnes y es miembro de la S. P. Desde hace poco tiempo, Barnes sufre una impotencia que le impide desarrollar normalmente su vida conyugal. Valmy diagnostica el origen de la enfermedad: es un autocastigo. Por primera vez, Barnes ha torturado a un preso político en los sótanos de la S. P., a consecuencia de lo cual este preso —Aníbal Marty— ha quedado impotente. «El hecho es irreparable —le dice Valmy—. Usted no podría devolver su virilidad a ese pobre hombre, y por eso ha anulado la suya propia. Es una paradoja: su curación es su propia enfermedad». A partir de aquí presenciaremos cómo Daniel Barnes se debate en un círculo vicioso. De un lado, su repugnancia por el «trabajo» que hace —repugnancia íntima, que se manifiesta en el hecho mismo de su enfermedad— le hará desear una ruptura con la S. P., y buscar una nueva forma de vida. De

otro lado, su cobardía —tan expresiva en el *dominio* que
el comisario Paulus ejerce sobre él— le impide afrontar con
coraje y autenticidad su situación. «Era un hombre vulgar»,
resumirá Valmy, puntualizando que «no lo era por falta de
sensibilidad, sino por carecer de valor».

Al comienzo de la obra, hemos visto a Daniel Barnes en
su ámbito familiar, y, sobre todo, hemos visto *su* ámbito
familiar, que podría ser el de cualquier familia de la clase
media en el mundo contemporáneo. Allí está la abuela, medio sorda; un joven matrimonio —Daniel y Mary—, un niño
de pañales... Y allí están el televisor y el periódico. El televisor, con sus insoportables anuncios, que la abuela tararea
mecánicamente: «Una tableta Finus tomará / y a reírse del
dolor aprenderá. / El mundo es feliz porque Finus llegó /
como un hada y su dicha le dio. / ¡Finus!». El periódico,
con una noticia que, como ese anuncio, tiene algo de típico:
la puesta en órbita de una nueva estación espacial (ante la
cual exclamará Daniel Barnes: «Estas cosas levantan el ánimo. Nuestra labor también contribuye a estos triunfos»).
Todo es cotidiano, incluso vulgar. La posterior revelación
—que en parte hemos adelantado— volatiliza la tranquilidad
con que el espectador había empezado a *ver* el escenario,
es decir, una forma de vida *normal*, corriente, relativamente
estable... Pues sucede que, por debajo de esa cotidianeidad,
están los sótanos de la S. P. y este Daniel Barnes, que cree
—o quiere creer— que contribuye a los éxitos espaciales,
es... un verdugo. La inquietud, la sorpresa van en aumento
conforme nos adentramos —Barnes nos sirve de hilo con-
ductor— en este infierno secreto, subterráneo, que es el
Mecanismo de la represión.

En los sótanos de la S. P. hay esto: víctimas y verdugos.
El autor nos muestra su realidad y su relación. Mostrar esa
realidad equivale a decir que es mostrar su horror, pues se

trata de una realidad intrínsecamente horrorosa. Ahora bien,
¿*cómo* mostrar esto en escena? En *El tragaluz* y en *El sueño
de la razón*, por ejemplo, Buero no elude los episodios sangrientos en el escenario; en *La doble historia del doctor
Valmy* se atiene a una normativa que aconseja situar éstos
fuera de la escena, contando con la tácita colaboración imaginativa del espectador. Ambos procedimientos pueden agi-
tar con idéntica fuerza e intensidad la conciencia del espectador, como, sin ir más lejos, el teatro de Buero Vallejo nos
demuestra. En el caso concreto de *La doble historia del
doctor Valmy*, donde no presenciamos expresamente en escena la tortura de que es objeto Aníbal Marty, llegamos a
ver ésta de una forma que —aunque no nos gustan los ad-
jetivos desmesurados— no vacilamos en calificar de sobre-
cogedora. El interrogatorio que sufre Aníbal Marty en escena, y cuantos datos se nos dan respecto a lo sucedido
antes y después de ese interrogatorio, además de otros datos
de tipo más general, y, muy especialmente, la tortura que
sufre en una habitación contigua al escenario —de la que
llegan sus gritos constantes— vienen a configurar *una atmósfera dramática*, rigurosamente expresiva de ese mundo
de horror, que el espectador o el lector contempla con inquietud y desasosiego. En acotación, el dramaturgo describe
así a la víctima: «El detenido, Aníbal Marty, no pasará de
los 35 años. Viene en mangas de camisa, viste un viejo pan-
talón y calza alpargatas. Luce barba de varios días y su aspecto es horripilante: parece un cadáver». Merece la pena
destacar, como ejemplo del otro término de esta relación
polar, las siguientes palabras intimidadoras del comisario
Paulus... ante ese pobre hombre que «parece un cadáver»:

> Sigue negando y no hablará mientras no empecemos. Pero
> ya verás como entonces se le suelta la lengua. Yo ya soy viejo
> y creo más en estas cosas que en las corrientes eléctricas y todas

esas cosas modernas. Al hombre le quiebra el daño en sus
centros vitales: eso no falla (...) Habremos de apretarle. Y
como nos habrá obligado a apretarle mucho... ya no tendrá
hijos (*Marty lo mira, asustado. Daniel se levanta. Todos se
miran.*) Pero él no querrá vivir toda la vida con su mujer como
con una hermana. Sería un precio excesivo para esta locura
suya de juventud.

Este interrogatorio —que ha empezado con las palabras
cínicas de Paulus: «esta es una conversación amistosa»—
termina sin que Marty confiese el dato que· los policías buscan. Por tanto, será llevado a una habitación contigua y
allí torturado del modo que ha anunciado Paulus. (A consecuencia de esa tortura —perpetrada por Daniel Barnes—
Marty quedará impotente. En una sesión anterior, la mujer
de Aníbal Marty fue violada en su presencia —recordemos,
de paso, el paralelismo con *El sueño de la razón*—. Y en
otra sesión posterior que, como la segunda, parcialmente
comenzaremos a ver en escena en su inicial fase de interrogatorio, Aníbal Marty morirá.) En resumen: Aníbal Marty
lo ha sufrido *todo*, ha sido aniquilado, destruido... Pero no
ha confesado. Aunque de él se nos suministra una información biográfica y psicológica bastante escasa, resulta muy
poderosa la *entidad dramática* del personaje.

El dramaturgo nos invita a ver, casi de inmediato, la otra
cara de esta relación víctimas-verdugos. Lo que estamos presenciando no es sólo la destrucción de *este* hombre, Aníbal
Marty. «Lo que aquí sucede —dirá Daniel cuando ha empezado ya a tomar conciencia de su realidad— no sólo destroza a quienes lo padecen; destroza a quienes lo hacen».
Tanto Daniel como los demás policías —a excepción de Paulus, que consideraremos después— también han sido «des-
truidos». Cuanto hay en ellos de monstruoso, de deforma-
ción y de anulación de lo más noblemente humano, es el

resultado perseguido en todo un proceso implacable. Enfrentándose con Paulus, Daniel dirá: «Volski padece del estómago y siempre está de mal humor. Marsan es un vicioso; no hay bocado más apetitoso para él que una mujer aterrorizada. De Luigi (homosexual) prefiero no hablar. ¿Y Pozner? ¿El fuerte, el equilibrado, el... bruto de Pozner? ¿Sabía usted que grita y se despierta todas las noches?». Estos verdugos, así considerados, empiezan a revelársenos también como *víctimas* del Mecanismo. No es que con ello se disculpen sus horrendas acciones —tal cosa, claro está, sería inimaginable—, pero, de este modo, comprobamos cómo estos hombres han llegado a verdugos en tanto que han llegado a su propia destrucción. Con agudas palabras, Valmy señala el comienzo de la acción del Mecanismo sobre estos sujetos: «Supongo que al principio es fácil aprender a despreciar. Degenerados, estafadores, timadores, borrachos... Luego le cambian a uno de sección y hay que torturar a políticos. Pero para eso se madura políticamente (...) Detrás de la primera bofetada está todo lo demás». Y a lo largo de la relación Barnes-Paulus, se abunda en ejemplos convergentes en esta realidad básica que ha descrito Valmy. Así, por ejemplo, dice Paulus: «Daniel, no se puede tener compasión. Son alimañas que hay que aplastar sin contemplaciones». En este terreno, ofrece un extraordinario interés el disfraz —mejor: los disfraces— con que Paulus intenta ocultar la verdad de lo que es el Mecanismo. Cuando Daniel se enfrenta con él, Paulus esgrime argumentos como los que siguen:

PAULUS: (...) Yo no he inventado la tortura. Cuando tú y yo vinimos al mundo, ya estaba ahí. Como el dolor y como la muerte. Puede que sea una salvajada, pero es que estamos en la selva. Entonces, es una salvajada justa (...) No hay en la historia un solo adelanto que no se haya conseguido a costa de innumerables crímenes (...) Mártires, torturadores... Palabras para la propaganda. Pero ahora que estamos solos te diré la verdad. Lo esencial es tener la razón de nuestro lado. Cuando eso ocurre poco importan los medios a emplear.

DANIEL: ¿Y si no tuviéramos toda la razón?

PAULUS (*confidencial*): Nunca se tiene del todo. ¿Y qué? Necesitamos usar de todas las armas, puesto que el enemigo las usa. Daniel, son armas naturales. Hay gente que muere en las garras de una fiera. A un desdichado lo aplasta una grúa. Otro grita durante meses, roído por el cáncer que le consume... No desterrarás el dolor del mundo. ¡Adueñate de él y utilízalo!

El Mecanismo no vacila en utilizar sus medios violentos de coacción, llegado el caso, contra sus propios miembros, como se advierte en otra conversación —anterior— entre Daniel y Paulus:

PAULUS: (...) Nadie está libre de encontrarse un día entre los detenidos. Y ya ves cómo tenemos que tratar a los detenidos (...) ¿No reparas en que tu lenguaje se parece extrañamente al de ellos? Estoy enfermo, ustedes inventan...

DANIEL: (...) Si un policía no tiene la razonable seguridad de estar por encima de toda sospecha, nadie querrá serlo.

PAULUS: Al contrario. Sólo cuando sabe que también él puede ser sospechoso cumplirá con el debido celo.

Tenemos así entrevistas las varias tácticas con que el Mecanismo se adueña de estos hombres, les destruye, les convierte en verdugos; es decir, en monstruos. Pero hay más, hay bastante más. Ya nos ha dicho Daniel Barnes, dirigiéndose —refiriéndose— a Paulus, que «hay quien enferma aquí dentro y hay quien ingresa enfermo». Este Paulus da el nivel límite de los *activos* del teatro de Buero. «Yo he elegido el poder, ¿entiendes? Entre devorar o ser devorado, escojo lo primero», confiesa a Daniel. Y esta intempestiva y malhumorada confesión, que incluso literalmente nos recuerda la figura de Vicente (*El tragaluz*), concretiza de una sola vez lo que es el personaje: su modo de *estar* en el mundo, sus acciones. Queda por saber el resorte personal, estrictamente individual, que en buena parte le ha empujado a esa elección y ha potenciado en él una ambición desmedida (pues, además de comisario, Paulus es una destacada figura política en Surelia). Cuando era joven, Paulus pretendió sin éxito a la que sería la madre de Daniel. Éste le impugnará: «¿Le es imposible olvidar... que ella le rechazó? (...) Ahora le comprendo a fondo. ¡Usted nunca ha dejado de odiar al hombre que fue mi padre! ¿No le da a usted mismo risa? El hombre fuerte resulta un muñeco. El político sin flaquezas escondía un resentido. Desde entonces no hace otra cosa que vengarse de aquella herida. Sobre todo en el hijo de su rival: en el que pudo haber sido su hijo y lo fue de otro (...) ¡Me ayudó a ingresar para destruirme! ¡Me trajo a la S. P. para destruirme! Pues bien, ¡ya lo ha conseguido! ¡El hijo paga por sus padres!».

En Paulus, el Mecanismo se convierte en un cauce que, socialmente, legaliza su insania; en Daniel Barnes —no tan ruin como los demás verdugos— el Mecanismo actúa como una fuerza destructora, impulsora de sus bajos instintos... Pero, ¿no habrá para él salida posible de ese Mecanismo? ¿Es verdad, como le dice Paulus, que «un S. P. lo es hasta la muerte»? Valmy no le oculta lo difícil que para él sería expiar su culpa... de otro modo, pues, inconscientemente, ya ha elegido una forma de autocastigo. No obstante cierta torpeza de Valmy —que él mismo reconocerá después, exigente consigo mismo— en tanto que se desentiende del caso, en sus palabras ha quedado abierta una esperanza —aunque remota— para Daniel. Y cuando va a terminar la primera parte del drama, la conversación entre Daniel y Mary nos hace pensar en esa posibilidad:

> DANIEL: (...) Algo dentro de mí me ha castigado... dejándo-
> me en el mismo estado en que yo le dejé a él (a Marty). O
> alguien... Porque hay otro hombre dentro de nosotros que nos
> castiga (...) Ayúdame a ser ese otro hombre que hay dentro
> de mí.
> MARY (*débil, sin mirarlo*): Deja la profesión.
> DANIEL: Lo intentaré.

No importa la breve escena que sigue hasta caer el telón,
y cuanto ésta encierra de augurio sombrío. Más todavía.
Hay escenas posteriores en las que tenemos la impresión de
que Daniel Barnes *está a punto de salvarse*, de elegir ese
otro hombre que lleva dentro de sí y que el Mecanismo
todavía no ha podido destruir enteramente. Por ejemplo, en
su enfrentamiento con Paulus: «¡Este guiñapo viene a decirle que es usted un canalla!», etc. Pero, simultáneamente,
percibimos que en este debatirse de Daniel contra la tela de
araña que le apresa, el personaje carece de algo sustancial,
algo que le impide adoptar una decisión radical, esa decisión
constantemente aplazada. «Yo encontraré la salida de este
túnel; te lo he prometido —dice a Mary—. Escucha: sé que
hay vacantes en el servicio exterior. Si pido un puesto fuera,
Paulus me lo dará, estoy seguro. Y en el extranjero dimitiré.
Entonces no podrán impedírmelo». Entrevemos aquí una
mezcla de miedo —Barnes sabe bien cómo actúa el Mecanismo— y... de otra cosa: la ausencia de una conciencia más
profunda de su delito. Repárese en que, cuando esto dice a
Mary, Aníbal Marty ha muerto en el tercer interrogatorio,
y, aunque en él no haya intervenido Barnes, ¿cómo esa muerte no le afecta de un modo más hondo y total? Aníbal Marty
sigue siendo el *otro;* no ha superado el desprecio al *otro,*
que el Mecanismo ha incrustado en su mente. Más tarde,
todavía comprobamos que para Daniel Barnes sigue abierta
una posibilidad, y cómo nuevamente se engaña a sí mismo:

DANIEL: Tenías tú razón, Mary. Con mi cobardía nunca hubiera cortado este nudo. Pero hoy me sentía tan desesperado que encontré mi propio valor. Todo me lo ha tenido que oír ese canalla. ¡Todo! Y al fin me ha prometido enviarme al servicio exterior.

MARY (*lo mira fijamente*): ¿No tienes que volver?

DANIEL: No esta noche... A eso me he negado en redondo. Mañana, sí. (*Mary baja la cabeza. Él se acerca.*) Sí, Mary: es un duro precio. Pero estos días lo estaba pagando por nada y ahora él (*por Paulus*) ha tenido que transigir. Será cosa de unos días... Yo procuraré hacer en ellos... el menor daño posible, y él no se atreverá a reprochármelo.

Adviértase la importancia que el autor concede a la pregunta de Mary al decirnos en su acotación que «lo mira fijamente», lo que es tanto como decir que aún no se ha cerrado para Barnes el camino de su salvación, que *su decisión* aún es posible. Pero la inmediata respuesta del personaje, su nuevo *aplazamiento*, muestra que no ha sabido, no ha querido o no ha podido tener el coraje suficiente para asumir su verdad trágica. Estos *aplazamientos* de una decisión radical, de una elección de la verdad, la dignidad y la libertad, aparecen con frecuencia en el teatro de Buero. Salvadas las características singulares que en cada obra tiene ese esquema, puede verse en *Hoy es fiesta* y en *Las cartas boca abajo*, en *Historia de una escalera* y en *El tragaluz*. Acaso también en otras obras más. En *La doble historia del doctor Valmy*, dicho esquema, merced a las intervenciones corales de Valmy, trasluce con mayor concreción la idea en que se sustenta: el compromiso ineluctable que toda vida humana tiene con el tiempo; las cosas se hacen *a tiempo*... Vemos cómo estos personajes de Buero encuentran sucesivas opciones, oportunidades para verificar su decisión fundamental, lo que significa que no son muñecos en manos de un destino ciego —los ciegos son ellos— ni de ninguna

fuerza *exterior* a ellos mismos que llegue a anular su libertad más recóndita. Ahora bien, su libertad, su vida está *en
el tiempo* y un día ese tiempo se acaba. La muerte de Daniel
Barnes —como la muerte de Vicente, como la desgracia
final de Silverio— tienen, dentro de su carácter de *castigo*,
algo de ajuste de cuentas en y con el tiempo. De estas cosas
ha hablado siempre la tragedia.

OTRA HISTORIA, OTRA CASTRACIÓN

Sin embargo, *lo trágico* no es sólo la corroboración de
que todo culpable es castigado. O mejor dicho, la culpabilidad trágica no es exclusiva de un personaje o de unos
personajes. Alcanza también, a través de las mediaciones
peculiares del género, al espectador. El espectador está comprometido *en* el debate trágico. El espectador también tiene
algo que expiar, también tiene que adoptar algunas decisio-
nes y elegir ciertas respuestas. Lo cual nos enfrenta con la
otra gran cuestión —y yo diría que fundamental cuestión—
de *La doble historia del doctor Valmy*, y que se refiere, no
sólo a la tortura, sino a la actitud que la sociedad adopta
ante ella.

Conviene que empecemos por recordar esta disyuntiva
que ha planteado Paulus: la división del mundo entre verdugos y víctimas, entre los que devoran y son devorados.
Abundando en ello, cuando Mary Barnes acude desesperada
a la clínica del doctor Valmy, sorprendemos este diálogo:

> DOCTOR: Su hijo es inocente. Y tiene una madre que puede
> evitar el que mañana se convierta en un verdugo...
> MARY: ¿Para que se convierta en una víctima?

Las palabras inmediatas de Valmy sitúan el problema en sus justos términos: en este mundo hay algo más que verdugos y víctimas, y, sobre todo, son legión quienes intentan un mundo en el que no haya ni víctimas ni verdugos. Pero, como *En la ardiente oscuridad* ya nos había enseñado, para alcanzar o intentar alcanzar esa libertad superior es necesario empezar por ganar y proclamar la verdad, aquí y ahora. Para intentar un mundo en el que no haya verdugos ni víctimas, es necesario empezar por saber y hacer saber que hoy vivimos en un mundo en el que hay víctimas y en el que hay verdugos, un mundo en el que el hombre es constantemente destruido, convertido por el Mecanismo en un objeto irrisorio. Pero no parece que esa proclamación de la verdad sea tarea fácil. En primer lugar, porque el Mecanismo encubre en la impunidad del silencio y de la oscuridad sus propias acciones:

> DANIEL: ¿Por qué no lo proclamamos? ¿Por qué no incluimos la tortura en el código?
> PAULUS: La gente es increíblemente pueril y no lo entendería.
> DANIEL: No. Es que empieza a comprender. La gente lo admitió en otros tiempos, cuando era más pueril que ahora. Hoy hay que esconder la tortura como a un hijo deforme. Para defenderla usted tiene que cerrar las puertas y bajar la voz. En público está obligado a poner la cara afable del buen señor que ama a sus semejantes...

Pero esta es sólo una cara del problema. Porque, simultáneamente, ese *silencio* hipócrita encuentra una determinada correspondencia en la indiferencia, en la *sordera* voluntaria de la sociedad, o de una enorme parte de ella. Como dice Lucila Marty a Mary Barnes: «Hay muchas personas empeñadas en que no se sepa. Y muchas otras... que no quieren saberlo». Llegados a este punto, topamos con esas curiosas figuras que son el Señor de smoking y la Señora en traje de noche. Como un anti-coro, abren la acción de la obra para decirnos que ya conocen la historia que se nos va a contar, que es falsa, o en todo caso muy exagerada, y que, si ha ocurrido, ha sido en algún sitio muy lejano. Así pues, no nos atañe. Debemos sonreír, concluyen. Estos personajes, pacientes del doctor Valmy, son los protagonistas de la otra historia que se supone ha escrito el médico. Espectadores del relato que, en su sanatorio, ha ofrecido Valmy de la historia de la familia Barnes, su reacción ha sido la que acabamos de señalar: incredulidad, indiferencia, ignorancia culpables. Dicta Valmy a su secretaria: «De nada sirvió recordarles que ellos (dicho matrimonio burgués) eran vecinos de la casa (de los Barnes); aludieron precisamente a su condición de vecinos para desmentirme... Al día siguiente yo les daba de alta. Sí; pues, en definitiva, ¿podía diagnosticárseles un desequilibrio mental porque ninguno de los dos admitiese la realidad de los sucesos que acabo de relatar? En nuestro extrañísimo mundo, todavía no se puede calificar esa incredulidad de locura. Y hay millones como ellos. Millones de personas que deciden ignorar el mundo en que viven. Pero nadie les llama locos».

Esta *sordera* guarda una cierta relación con la sordera real de la madre de Daniel Barnes: sordera real y, al mismo tiempo, equívoca, ambigua, como sucedía —en otro nivel de cosas— con Pilar en *Hoy es fiesta*. Efectivamente, en un determinado momento, en que Mary y Daniel creen que la madre no les oye, ésta les sorprende con un dato decisivo —referente a la antigua pretensión de Paulus por ella— y al hacerlo queda en pie la incógnita de hasta qué punto esta mujer sabe —aunque calle— en qué consiste el «trabajo» de su hijo. Como fuere, su sordera se amplía en un sentido alegórico. Dicta Valmy: «...quizá en este momento, lector, algún otro desdichado grita allí dentro. Pero la inconsciencia nos vuelve tan sordos como a la madre de mi paciente...».

En contraste con esta sordera culpable —que viene a ser cierta forma de castración—, la figura de Mary Barnes resulta en extremo interesante. Es, con independencia de Valmy (personaje testigo, coro, portavoz del autor), el personaje a cuyo través el espectador puede —es invitado a— hacer la experiencia del problema trágico planteado. Inicialmente, Mary Barnes *parece* formar parte de esa sordera culpable; en todo caso, ignora lo que su marido hace, lo que ocurre en la S. P. Esto queda muy patente en la primera escena con Lucila Marty. Lucila ha sido alumna de Mary, cuando Mary ejercía su profesión de maestra —que abandonó al contraer matrimonio—. Lucila acude a visitarla con una finalidad muy precisa: pedirle que no torturen más a Aníbal. (Tal cosa sucede cuando ya Aníbal ha quedado impotente y, por tanto, cuando ya Lucila ha sido violada en los sótanos de la S. P. y en presencia de su marido.) Mary Barnes se resiste a creer en lo que Lucila le dice —que, por otra parte, no es todo—. Replica: «Les someten a cierta presión física, eso sí... Y más que nada, psicológica». Lucila le interrumpirá: «¿Es así como llama usted a las corrientes eléctricas?». Mary sigue negándose a admitir la realidad de tales hechos, si bien reconoce que Daniel «nunca me habla de su trabajo». Lucila estallará: «A mí me detuvieron también, ¿se entera? ¡Y me golpearon horriblemente! ¡Y abusaron de mí delante de mi marido!». (Dice «abusaron», no «violaron», pero Mary lo averiguará después, indirectamente, por la torpe explicación-ocultación de Daniel.) Mary considera aquello como un insulto: terminará dándole una bofetada a Lucila. A primera vista, se diría que Mary forma parte de la sordera culpable, o, en todo caso, que no ha creído a Lucila. Pero en la escena posterior, en que interroga a Daniel acerca de tales hechos, comprobamos que en su mente hay ya duda, sospecha, temor... Porque Lucila «parecía sincera», y Mary también es sincera. El proceso mental de Mary está en marcha: ya no se detendrá, llegará hasta el final.

El paso siguiente es el conocimiento del problema en sus aspectos generales, digamos «intelectuales». Lucila envía, anónimamente, un libro clandestino a Mary: se titula *Breve historia de la tortura*. En parte, Mary parece encarnar el antiguo aforismo de que un libro puede cambiar la vida de un hombre.

> DANIEL: ¡Es un libro repulsivo!
> MARY: Está lleno de documentación. Es veraz.
> DANIEL: ¿Cómo se pueden escribir esas cosas?
> MARY: ¿Cómo se pueden hacer?

Pero Mary no sospecha aún hasta qué punto Daniel es culpable: «Yo sé que tú no puedes hacer esas cosas. Se las estás viendo hacer a ellos y tienes que callar (...) Esos ojos son puros, son buenos... No; tú no eres como ellos (...) Yo te ayudaré a salir de ese pozo».

La posterior confesión de Daniel —movido, a su vez, por una necesidad de sincerarse con ella, de declarar su culpa y buscar perdón— destruirá en Mary esta ingenua ilusión que aún abrigaba: la de que Daniel no era un verdugo, la de que no era «como ellos». La súbita aparición de la abuela, para recoger un pañal del niño que estaba secándose encima del radiador, llevará a Mary a sentir el problema en una dimensión aún más profunda. La escena, aunque no exenta de cierto convencionalismo, es importante en tanto que Mary se da cuenta así de que *también su hijo* puede ser víctima, lo que le hace compartir el dolor de quienes han sido víctimas: «¡Sacrificaban niños en la gehena! ¡Los quemaban vivos! ¡Mientras tocaba un tambor para ahogar sus gritos! ¡Cómo gritaría ese niño que desgajaron por las piernecitas en un campo de concentración! ¡Ante su madre!».

De una ignorancia total del problema, Mary ha llegado a una comprensión y un sentimiento profundos de éste. Ahora presenciaremos su enconada lucha contra el Mecanismo, intentando salvar a Daniel, rescatarlo, devolverlo a la dignidad de hombre; intentando salvar al hijo de poder llegar a ser, algún día, un verdugo... o una víctima. ¿Qué fuerzas tiene Mary para esta tremenda y desigual batalla? ¿Qué puede un individuo, solo, frente al Mecanismo? Lucila y Aníbal Marty están integrados en una organización política: tienen sus propios medios de lucha frente al Mecanismo y enarbolan un ideal revolucionario. No es que esto les haga invulnerables —sobradamente hemos visto que no—, pero sí sitúa su lucha en un plano distinto. Mary se opone al Mecanismo sin otras armas que una actitud individual, ética y básicamente humanista. No enarbola ningún ideal revolucionario. Enarbola, simplemente, la bondad humana, lo que le hace semejante a otras figuras femeninas del teatro de Buero: Irene (*Irene, o el tesoro*), Amalia (*Madrugada*), etc.

Esta lucha contra el Mecanismo es lo que subyace en su constante forcejeo con Daniel. Le insta imperiosamente a que elija su verdadera redención, le ofrece la mayor fuerza en que Daniel se podría apoyar: la comprensión, la ayuda moral de la mujer que le ama y a la que él ama. Pronto comprenderá Mary la debilidad de esa fuerza. En primer lugar, porque Daniel vacila, no sabe o no puede elegir: el Mecanismo *está* en él. En segundo lugar, porque quizá esa fuerza no es tan grande como ella quisiera: Daniel se le aparece como un desconocido. No es el hombre que amaba: es un monstruo, un verdugo. En el extremo de su desesperación, hará lo único que el Mecanismo espera de ella para convertirla en víctima: dispara contra Daniel. Es una opción

suicida, en el intento de salvar al hijo de las garras del
Mecanismo. Éste gana así la última baza en esta desigual
batalla. Pero, ¿la gana del todo? Ningún sacrificio trágico
es estéril. Acaso Mary —que ahora va a purgar, como víctima, la cuenta aún pendiente de Daniel como verdugo— ha
salvado a su hijo, como ella cree en su desesperación. Acaso
este *no* a la indignidad pueda salvar a otros, a través de
Valmy. Acaso tantos y tantos sacrificios puedan germinar
un día en una humanidad nueva. La reacción del Señor de
smoking y la Señora en traje de noche precipita, aparentemente, una respuesta negativa. Pero es que también ellos
son el Mecanismo; o dicho más exactamente, son sus bene-
ficiarios. No sabemos la reacción de otros pacientes del sanatorio del doctor Valmy. No sabemos... lo que ocurrirá. Pero
ocurra lo que ocurra, el espectador o el lector comprende
que él es responsable de ese futuro incierto.

XII

HACIA UNA INTERPRETACIÓN TOTALIZADORA

Nos proponemos en este último capítulo una nueva incursión en el teatro de Buero Vallejo, que nos permita llegar a unas conclusiones globales y a una interpretación comprensiva de su unidad y de su totalidad. Comenzaremos por situar ante el lector los diferentes problemas que hemos de plantearnos:

1.º Una consideración de aquellas obras de Buero que hasta aquí no hemos analizado. Tenemos, en primer lugar, seis dramas dados a conocer entre 1952 y 1954: *La tejedora de sueños* (1952), *La señal que se espera* (1952), *Casi un cuento de hadas* (1953), *Irene, o el tesoro* (1954) y *Aventura en lo gris* (1954). El año indicado corresponde al estreno, con excepción de *Aventura en lo gris*, que no se estrenó hasta nueve años después de su publicación, en 1963, ya que la representación fue inicialmente prohibida[1]. A este material es obligado añadir los fragmentos publicados —en 1954— de *El terror in-*

---

[1] Cf. Patricia O'Connor, *art. cit.*, pág. 284.

móvil, obra primeriza del autor, nunca representada. Por último, tenemos dos textos muy posteriores: *Mito*, libro para
una ópera que no se llegaría a estrenar y que se publicó en
1968, y *Llegada de los dioses*, su último estreno por el momento (1971). Estas obras ahora objeto de nuestra atención ofrecen, a un tiempo, divergencias y afinidades bastante notables. Pero nuestro propósito radica, sobre todo, en encontrar
las conexiones profundas que hay o puede haber entre estas
y aquellas otras que ya nos son suficientemente conocidas
por capítulos anteriores.

2.º Una indagación en el trasfondo mítico de su teatro.
La reelaboración moderna de mitos clásicos, particularmente
en el teatro occidental de los últimos cincuenta años, es
tema que no ha escapado a la atención de estudiosos e investigadores. Entre nosotros, hace ya algún tiempo, Luis
Díez del Corral publicó un interesante estudio sobre *La
función del mito clásico en la literatura contemporánea* [2],
donde destacaba las Electras, Antígonas, Teseos, Orestes, etc.,
que, especialmente en la escena francesa, cobraron nueva
vida antes y después de la segunda guerra mundial. Recrea-
ciones a menudo muy libres —como el Orestes de Sartre—,
las cuales, pese a esa libertad en la recreación, vendrían a
probar la *vigencia* de determinados mitos; esto, si creemos
a Lévi-Strauss, para el cual cada variante o cada versión
posterior no sólo no destruye el mito, sino que lo reafirma.
(Pues, al fin, lo que importa es que «el mito sigue siendo
mito mientras se lo percibe como tal», lo que permite añadir
a Lévi-Strauss que tanto Freud como Sófocles son fuentes
igualmente dignas de crédito en lo concerniente al mito de

---

[2] Madrid, 1957, Gredos, 245 págs. Es tema del que también yo
me he ocupado, examinando algunos casos concretos, en *El teatro
hoy*, Madrid, 1966, Edicusa, caps. IX y X.

Edipo)[3]. Con respecto al teatro de Buero, Díez del Corral mencionaba *La tejedora de sueños*, recreación del mito de Penélope[4]. Desde un punto de vista similar se podrían añadir otros títulos: *Las palabras en la arena*, recreación de un pasaje bíblico, y ya en fechas cercanas, *Mito*, recreación del mito de Don Quijote. Pero los resultados críticos que, desde esta perspectiva, se pueden obtener de una investigación en el teatro de Buero, son escasamente relevantes. Resulta forzoso elegir otro enfoque, desde el cual se hagan visibles, no sólo los mitos evidentes, sino también y sobre todo, los *subyacentes*. La obra de Buero —como la de algunos otros escritores del siglo XX— contiene un trasfondo mítico de gran riqueza y, a la vez, difícil de apresar, puesto que no se encuentra en la superficie. Lo que supone que, para acceder a él, es necesario un previo y sistemático análisis de los textos, advirtiendo, entre otras cosas, sus diferentes conexiones y analogías.

Dicho esto, debemos recordar en seguida que, con respecto a *En la ardiente oscuridad*, existe ya un intento de interpretación crítica de naturaleza algo similar a la que, con respecto a la totalidad del teatro de Buero, nos proponemos nosotros. Es la interpretación —varias veces citada— de Pajón Mecloy, según el cual *En la ardiente oscuridad* viene a ser una reelaboración del mito de la Caverna, de Platón. Como ya advertimos, esta reflexión se podría prolongar a *El tragaluz*, que sería una vuelta sobre el mismo mito, ahora con variaciones importantes y deliberadamente paradójicas. La Caverna es a simple vista el semisótano con el tragaluz, pero el conocimiento de la verdad no se alcanza en un mundo exterior, más elevado *geométricamente*, sino precisamente

---

[3] Claude Lévi-Strauss, *Antropología estructural*, trad. Eliseo Verón, Buenos Aires, 3.ª ed., 1970, Eudeba, pág. 197.
[4] *Op. cit.*, pág. 216.

al contrario: sólo *en* y *desde* el semisótano —la Caverna—
se puede alcanzar el conocimiento de la verdad. Por estas
y otras razones —por ejemplo, el papel que juega Vicente—
El tragaluz es algo así como el mito de la Caverna *al revés*.
Reconociendo la importante contribución de Pajón Mecloy
al estudiar *En la ardiente oscuridad*, estudio que permite
comprender mejor una obra tan posterior como es *El tragaluz* —inclusive cabe pensar que esa interpretación de Pajón
ha influido, consciente o inconscientemente, en el propio
Buero al concebir *El tragaluz*—, sin olvidar que este es un
terreno en el que esperamos confiadamente nuevas e importantes contribuciones del citado escritor [5] y sin olvidar, en
fin, los ya indicados mitos evidentes (Penélope en *La tejedora
de sueños;* Don Quijote en *Mito*), nosotros creemos encontrar en el teatro de Buero un trasfondo mítico que tiene,
como núcleo esencial, magnético, la fusión de tres mitos
fundamentales: Edipo (no sólo en *Llegada de los dioses*),
Don Quijote (no sólo en *Mito*) y Caín y Abel (no sólo, por
ejemplo, en *El tragaluz*) [6]. Partiendo de este enunciado, de-

---

[5] En conversación privada, Pajón Mecloy nos ha referido una
interesante interpretación de la figura de Donato (*El Concierto de
San Ovidio*), entendiendo este personaje como una reactualización de
Edipo. Como se comprobará luego, la presencia del mito edípico que
señalamos aquí tiene otro tipo de orientación.

[6] Como pistas que, aunque colateralmente, son indicativas de la
presencia de Don Quijote en el teatro de Buero, pueden recordarse
algunas declaraciones del dramaturgo. Así, en esta entrevista con-
cedida a Antonio Bernabéu (*La Actualidad Española*, 9 noviembre
1967):
    —¿Cuáles son las raíces de tu teatro?
    —Quizá, en primer lugar, Don Quijote.
    —¿Por qué?
    —Don Quijote representa la obstinación exasperada por efec-
tuar cambios positivos en una época de decadencia (...) Don
Quijote es una tragedia. Yo quiero escribir tragedias (...) Consi-
dero indispensable la persistencia de un fondo quijotesco —de

beremos mostrar de qué manera y hasta qué punto se funde esa tríada mítica en todo el teatro de Buero.

3.º Finalmente, y a partir de los análisis críticos realizados en este y anteriores capítulos, hemos de proceder a una reconstrucción del pensamiento trágico de Buero Vallejo. Bien entendido que no se trata de cuál es el pensamiento del dramaturgo acerca de la tragedia o acerca de lo trágico, y menos aún acerca de su propio teatro, cuestiones éstas que nos han sido útiles inicialmente y como primeros puntos de apoyo, sino que ahora se trata de cuál es el pensamiento —la visión del mundo— que se deduce de la obra trágica de Buero, y cuál su relación profunda con el entorno

---

una ética— en el hombre, que se armonice con su acción práctica.

Y cita también a Calderón, Valle-Inclán y Unamuno. En la nota preliminar a la edición de *Mito*, Buero escribe: «El (tema) de Don Quijote me atraía espontáneamente. Bajo otras formas, se había deslizado más de una vez en obras mías anteriores y era, en cierto modo, un tema mío» (*Primer Acto*, núm. 100-101, pág. 73.) Por último, de la intervención de Buero en el homenaje a Unamuno tributado por el Club de Amigos de la UNESCO, destaquemos estas palabras: «Unamuno fue, y todos lo saben, un poco el Don Quijote de nuestro tiempo (...) Y nos es muy conveniente a nosotros, españoles, recordar de vez en cuando que el gran libro del cual dependemos todos se llama *Don Quijote de la Mancha*. Esto lo recordó durante toda su vida Unamuno, que se volvió realmente un Don Quijote y un quijotizador de la vida y de la literatura. Por eso fue también un gran trágico, y por eso es en el teatro, campo propio de la tragedia, uno de los más grandes trágicos que hemos tenido. El español entiende lo trágico de una manera quijotesca, porque suele ser —ha solido ser desde hace siglos, por desgracia— un hombre exasperado frente a una sociedad enquistada que le cerraba, le frenaba e intentaba anularle». («Antonio Buero Vallejo habla de Unamuno», *Primer Acto*, núm. 58, pág. 20). Es interesante observar que la obra dramática que Buero cita de Unamuno, y que califica de «esta gran tragedia española», es *El otro*: recreación muy original, típicamente unamuniana, del mito de Caín.

social y político en cuyo marco se produce. Para responder
a esa implícita pregunta —hacia la que convergen todos los
capítulos anteriores y los dos epígrafes que le han de pre-
ceder— encontraremos, siquiera sea de manera parcial, una
ayuda sobremanera valiosa en el magnífico estudio de Goldmann sobre Pascal y Racine *Le dieu caché* [7]. Esta obra es
demasiado conocida —y su positiva influencia en estudios
posteriores, demasiado evidente— para que tengamos que
añadir un solo adjetivo acerca de ella. Con todo, queremos
señalar nuestra convicción de que, en la actualidad, es imposible abordar el estudio de cualquier problema trágico
sin tener en cuenta el concepto de *visión trágica,* que, como
metodología, propuso Goldmann en 1955. Conviene recordar,
desde luego, que Goldmann no aplica este «instrumento
conceptual» al estudio de la tragedia en el siglo XX (el trabajo que, en ocasión posterior, Goldmann dedicó a Genet,
por ejemplo, tenía muy otras características, no obstante
partir igualmente, como método, de la hipótesis de «unas
estructuras significativas»). Y es oportuno recordarlo porque, en el pensamiento de Goldmann, la *visión trágica* no
aparece desligada —antes al contrario— de los procesos sociales e históricos. Aplicar dicho instrumento conceptual,
olvidando su auténtica finalidad, sería un trabajo baldío.
Ahora bien, ciertas circunstancias sociales, particulares, del
siglo XX, y la relación con ellas de determinadas obras filosóficas o trágicas que cabe tipificar bajo el concepto de «visión trágica», parecen aconsejar al mismo tiempo, e incluso
reclamar imperiosamente, la aplicación de este instrumento
de trabajo, que permita iluminar el sentido último de estas
obras y su relación profunda con el medio social. Ello, al

---

[7] Utilizamos la edición castellana, *El hombre y lo absoluto,* trad.
de Juan Ramón Capella, Barcelona, 1968, Ediciones Península, 530 págs.

menos, de un modo muy parcial y a título de experimento, es lo que nos vamos a proponer al intentar reconstruir el pensamiento trágico de Buero Vallejo y su relación con la España actual.

Apuntados así los tres temas cardinales de este capítulo, podemos pasar ya a su estudio, y lo hacemos siguiendo el mismo orden de su enunciado.

DE «LA TEJEDORA DE SUEÑOS»
A «LLEGADA DE LOS DIOSES»

La tejedora de sueños, el tercer estreno de Buero, es, como ya hemos dicho, una recreación del mito de Penélope. De la *Odisea* toma el autor las líneas temáticas generales: la partida de Ulises a la guerra de Troya, la larga espera de Penélope —tejiendo de día y destejiendo de noche para entretener a los pretendientes—, el retorno de Ulises y su astucia para imponerse y hacerse dueño de la situación. Varía considerablemente, en cambio, el valor que el dramaturgo adjudica a estos hechos. En primer lugar, Penélope no es tanto la figura simple y virtuosa de la leyenda, como sí una mujer de carne y hueso y, por lo tanto, de espíritu complejo, movida por sentimientos diversos y contradictorios. Herida en su vanidad de mujer —Ulises la ha abandonado para ir a la guerra, una guerra que se ha producido por *otra mujer*, Helena—, Penélope se ve halagada en su sensibilidad femenina al saberse disputada, codiciada por los pretendientes. No desteje lo que ha tejido para prolongar así la espera de Ulises, sino para prolongar esta situación que le restituye su dignidad de mujer, humillada por la partida del esposo [8].

---

[8] Ofrecen notable interés las reflexiones de Borel sobre esta obra (*op. cit.*, págs. 244-248).

Del grupo de pretendientes destaca, particularmente, Anfino. Es el menos poderoso, pero —en tanto que individuo— es el mejor. A diferencia de sus contrincantes, no busca en Penélope un matrimonio que le asegure la posesión del reino de Itaca —por otra parte, cada vez más ruinoso—, sino que pretende a una mujer concreta y singular, a la que ama sincera y profundamente. Digámoslo sin más: Anfino es el personaje *contemplativo* de este drama. Penélope va a encontrar en él —como, por ejemplo, Adriana en David— la más alta imagen de sí misma. El amor de Anfino la ennoblece; la bondad de Anfino la hace bondadosa; la espiritualidad de Anfino enriquece y llena su espíritu y su soledad. Todo hace suponer que Penélope se va a inclinar, finalmente, por este pretendiente, cuando Ulises —hábil, astuto, tramposo, práctico, brutal— pone fin a la situación: llega de incógnito, mata a todos los pretendientes, impone el *orden* en su reino devastado, procede a una dura represión contra quienes estima que le han sido infieles en su larga ausencia, y compone y hace cantar una especie de rapsodia, en la que se da la versión «oficial» de los sucesos. El coro entona esta rapsodia como contrapunto al diálogo final entre Penélope y Ulises, y este diálogo manifiesta todo lo contrario de lo que el coro dice, de lo que Ulises le hace decir. Pues, en efecto, este hombre práctico y brutal —personaje *activo*— ha recobrado su reino y su prestigio, pero lo que no podrá recobrar nunca será el amor de Penélope. Viejos ya, sin amor el uno para el otro, a este hombre y a esta mujer les aguarda un porvenir desdichado. En Penélope estará siempre presente el recuerdo del amante perdido. Ulises —como tantos otros *activos*— se verá condenado a la más completa soledad. Ha derrotado a Anfino por la razón de la fuerza, pero Anfino, más allá de su muerte, ha derrotado a Ulises —como Ignacio a Carlos —por la razón del espíritu. Esta

antinomia, así pues, se amplifica más allá de una mera rivalidad de dos hombres por una mujer, como sucede siempre
en la reiterada antinomia activos-contemplativos. Pérez Minik
ha llamado la atención, especialmente, sobre la figura de
Ulises, viendo esta obra como el «proceso de un héroe, del
héroe militar que regresa vencedor a sus lares»[9]. La recreación buerista del mito de Penélope cobra así, de pronto, una
dimensión insospechada.

Particular relieve tiene en esta obra la figura de la nodriza, Euriclea. No sólo puede advertirse en ella un precedente
de las figuras de Pilar (*Hoy es fiesta*), de Anita (*Las cartas
boca abajo*), de Pedro (*Las Meninas*) e inclusive y hasta cierto punto de El Padre (*El tragaluz*) y de Goya (*El sueño de
la razón*), sino que desempeña *idéntica función* en el curso
de la acción dramática. Desde su ceguera, sólo la nodriza
percibe el misterio que vibra por debajo de la realidad, y
para el cual son ciegos todos los personajes videntes. Allí
donde los demás sólo ven hechos simples y cotidianos, Euriclea advierte la llegada de las Furias.

> PENÉLOPE: (...) Tus pobres oídos creen sentir muchas cosas.
> La risa de los dioses... y los pasos de las Furias en la escalera.
> (*Ante el silencio de Euriclea, se vuelve*). ¿Qué te ocurre?
> EURICLEA (*temblando*): Como ahora, ama... Las Furias su-
> ben..., y la venganza sube con ellas. ¿No las oyes? ¡Suben!
> (*Señala a la derecha y se enfrenta con la puerta. Después de
> escuchar un segundo, Penélope se acerca decidida a la puerta
> y mira.*)
> PENÉLOPE (*sonriente*): Tranquilízate, nodriza. Sólo es Telé-
> maco.
> TELÉMACO: Y un extranjero, madre, que quiero presentarte.

Ese supuesto extranjero es Ulises, que viene disfrazado
de mendigo. Euriclea tenía razón: *en* Ulises vienen las Furias,

---

[9] Pérez Minik, *op. cit.*, pág. 39.

la venganza. (*Llegada de los dioses* planteará de nuevo esta misma idea.) La relación Euriclea-Penélope es básicamente similar a la relación Anita-Adela (*Las cartas boca abajo*). Pero no solamente Euriclea es, en virtud de su rara lucidez, conciencia de Penélope. Escenas similares al fragmento que acabamos de transcribir abundan a lo largo de la obra, y a veces estas predicciones de Euriclea no sólo afectan a Penélope. En un momento muy importante, afectan también, por ejemplo, a Ulises. Digamos asimismo que en Euriclea encontramos un aspecto que refuerza considerablemente su analogía con Pedro Briones (*Las Meninas*). Ya indicamos que Pedro ve a menudo cosas que los demás no imaginan que puede ver. Recuérdese la escena en que Martín quiere engañarle, hacerle creer —sin conseguirlo— que ha pasado un perro por la calle. Idéntico planteamiento aparece en la primera escena de *La tejedora de sueños*, en una disputa entre Euriclea y Dione, una de las esclavas. Dione entrega a la nodriza un ovillo de lana rojo, diciéndole que es azul, pero Euriclea descubre inmediatamente el engaño. Otra de las esclavas dirá después de Euriclea que ésta «ve y oye con las manos». Importa mucho añadir que el propio Buero ha señalado un paralelismo entre Euriclea y Tiresias [10], y más adelante comprobaremos la enorme importancia que encierra, como pista, este dato que ahora nos limitamos a registrar.

A propósito de *La tejedora de sueños*, y en particular sobre el citado fragmento Penélope-Euriclea, debemos subrayar finalmente que no sólo cabe encontrar en la misma obra otras situaciones semejantes, en las que, de pronto,

---

[10] «Hablando con Buero Vallejo», *Sirio*, núm. 2, abril 1962, pág. 4. Véase también: Antonio Buero Vallejo, «La ceguera en mi teatro», *La Carreta*, núm. 12, septiembre 1963, pág. 5. Asimismo, el «Comentario» a la primera edición.

el misterio, latente por debajo de las manifestaciones super-
ficiales de la realidad, se presiente, se percibe en escena,
merced a la habilidad con que el autor ha creado una atmósfera dramática, sino que otro tanto ocurre en gran parte
de las obras de Buero. A título meramente indicativo, y
para no hacer prolija la relación, baste recordar la ya mencionada escena Ignacio-Carlos, en que se apagan completamente las luces de la sala; o también, por ejemplo, algunas
súbitas apariciones de Anita en *Las cartas boca abajo;* o
también, por último, una escena Esquilache-Fernandita, en
la primera parte de *Un soñador para un pueblo,* en que,
asimismo, los personajes se sienten —y nosotros, en tanto
que espectadores, con ellos— en una situación extraña, incierta:

> ESQUILACHE: ¿Qué nos pasa, Fernandita? ¿Qué ocurre esta
> noche?...
> FERNANDITA: No lo sé...
> ESQUILACHE: Yo sí. Yo sí lo sé. Somos como niños sumidos
> en la oscuridad.

Si en esta escena hubiera estado presente Euriclea, también habría dicho que las Furias se acercan, y no le habría
faltado razón.

La interpretación que, en torno a estas cuestiones, ha
dado Abellán hace unos años, nos parece enteramente ajus-
tada: «Buero sabe que el misterio no suele manifestarse
directamente en nuestra vida. Por eso su esfuerzo consiste en
manifestarnos éste a través de acciones cotidianas de la vida
y las pasiones de los hombres» [11]. En el estreno siguiente a
La tejedora de sueños, el de *La señal que se espera,* vemos
una coincidencia con este mismo propósito, si bien con re-

---

[11] José Luis Abellán, «El tema del misterio en Buero Vallejo»,
Ínsula, núm. 174, mayo 1961, pág. 15.

sultados poco satisfactorios en tanto que la obra, en conjunto, tiene escaso relieve. Pero no tratamos de establecer
una jerarquía entre las obras mejores, medianas o peores
del autor —esa jerarquía, por otra parte, va implícita en la
extensión y el detalle con que consideramos unas obras u
otras—, sino de encontrar los diferentes nexos y analogías,
de acuerdo con los objetivos finales que nos hemos propuesto en este capítulo. Tres son los personajes centrales de
La señal que se espera: Luis, Susana y Enrique. Vivamente
enamorado de Susana, el compositor Luis Bertol se vio un
día rechazado por ésta y a consecuencia de ello sufrió una
enfermedad psíquica. Ahora ya se ha restablecido, pero no
puede componer música, la imaginación le falla. Sin embargo,
cree que podrá hacerlo cuando recuerde la melodía en que
trabajaba al caer enfermo y de la cual ha perdido todos los
apuntes. Al no conseguir recordarla, acude a una fórmula
mágica, *exterior* a sí mismo: construye un arpa eolia y espera que ésta le devuelva la melodía olvidada. A su manera,
también el matrimonio Susana y Enrique, esperan una señal,
un hecho *exterior* que les devuelva la tranquilidad y la felicidad. (En cierta medida, este planteamiento sobre la esperanza prefigura *Hoy es fiesta*.) Al final, la señal llega para
los tres. El arpa no suena sola, sino a manos de Susana, y
nadie se puede engañar en este punto. Pero en otro sentido,
por el modo como se producen los acontecimientos, el arpa
sí suena sola, aunque su sonido no se pueda oír y sí, en
cambio, sentir o presentir. La obra trata de mostrar lo que
el autor llama «las posibilidades activas de la fe» [12], que,
como idea central, reaparecerá en otras obras posteriores,
y especialmente en *Mito*.

---

[12] «Comentario», en *La señal que se espera*, Madrid, 1952, Escelicer,
pág. 68.

Madrugada, estrenada en 1953, es un drama de corte enteramente realista, si bien no falta una cierta nota de misterio por la especial atmósfera dramática, creada por el autor. La acción consiste en la denodada búsqueda, por parte de Amalia, de la verdad del amor de Mauricio, su amante, que acaba de morir, repentinamente, tras una grave tensión en las relaciones de la pareja. Amalia duda entre aceptar que Mauricio había dejado de quererla, o bien suponer que ese enfriamiento en sus relaciones era consecuencia de factores ajenos; más concretamente, de la intromisión de alguno de los familiares de Mauricio, quienes —desde su mentalidad puritana— siempre habían visto con animadversión su relación de amantes. A fin de averiguar esa verdad —una verdad que para Amalia es esencial—, la mujer convoca a los familiares de Mauricio, les dice que éste no ha muerto todavía, sino que se encuentra gravísimo y en estado inconsciente; que no ha hecho testamento aún, y que mediante una inyección se le podría reanimar, en cuyo caso haría testamento —y los familiares presuponen claramente que lo haría a favor de Amalia—. Lo que busca, al urdir la trampa, es que se descubra de entre los familiares quién ha sembrado la discordia en su intimidad con Mauricio. Si el culpable se descubre, Amalia promete no usar esa supuesta inyección. Lo probable entonces —prosigue Amalia— es que Mauricio muera sin recuperar el conocimiento y, por consiguiente, sin testar, en cuyo caso la fortuna del pintor —bastante elevada ahora por una importante exposición en el extranjero— pasará íntegra a los familiares, pues a Amalia no le asiste ningún derecho legal sobre esa fortuna. De no revelarse el culpable, la mujer amenaza con reanimar a Mauricio, de forma que éste haga testamento a su favor. La trampa es completa, porque Mauricio ya había hecho testamento a favor de Amalia, pero lo que a ella le importa no es la fortuna de Mauricio, sino la verdad de su amor. No faltan en esta situación dramática, que brevemente hemos resumido, ingredientes prestados del género policíaco. El factor intriga se intensifica por la presencia de un reloj —cuya importancia, desde el punto de vista de la técnica dramática, ya hemos ponderado en otro momento—, que señala el tiempo con que cuenta Amalia para llevar a buen puerto sus investigaciones. A una hora determinada, vendrán a disponer la capilla ardiente y en ese momento, descubierta la mentira, los familiares de Mauricio volverán la espalda a Amalia, quien ya no podrá averiguar de ese modo la verdad que busca. Esta *pasión por la verdad*, que mueve a Amalia, le sitúa en un plano común a Ignacio, Mary Barnes y otros personajes *contemplativos*.

Del mismo año es *Casi un cuento de hadas*, escenificación libre de un cuento de Perrault: *Riquet, el del copete. Casi un cuento de hadas* y las dos obras que le siguen, *Irene, o el tesoro* y *Aventura en lo gris*, tienen en común estas dos cosas. En primer lugar, desarrollan el tema del misterio mucho más allá de esa zona de ambigüedad, de claroscuro y avanzan en un campo estético neosimbolista, mediante la incorporación de figuras fantásticas o alegóricas. Los resultados no son demasiado convincentes —quizá porque el autor traiciona aquí su propia idea del valor de *lo implícito*— si bien cabe añadir que estos experimentos constituyen la base de algunas de las mejores síntesis dramáticas de madurez, como *El tragaluz* y *El sueño de la razón*. En segundo lugar, tienen en común estas obras la expresión del mundo como *realidad escindida*, y esa escisión es, igualmente, una idea medular de las creaciones de madurez, desde *El tragaluz* hasta *Llegada de los dioses*. Pero vayamos por partes.

En *Casi un cuento de hadas*, el problema del protagonista, el príncipe Riquet, es su espantosa fealdad. El problema
de su amada, la bella princesa Leticia, es su necedad, su es-
tupidez. Sin embargo, Leticia dejará de ser estúpida por el
amor de Riquet, quien acierta a darle una más elevada conciencia de sí misma (planteamiento de lugar muy semejante
al que hemos comprobado en *La tejedora de sueños*, *El
Concierto de San Ovidio*, etc.). A su vez, Riquet va a dejar
de ser monstruoso, físicamente monstruoso, porque el amor
de ella acrecienta al máximo la belleza espiritual de él. En
una determinada escena, Leticia verá en Riquet a un apuesto
príncipe. La imagen de ese apuesto príncipe —que llega a
escenificarse mediante la aparición de un segundo actor—
estará siempre presente en el amor de Riquet y Leticia. Responde a un modelo de perfección sólo accesible desde un
punto de vista: el de la intimidad subjetiva de Leticia. Riquet es bello y apuesto —aunque *objetivamente* siga siendo
monstruoso— porque Leticia es capaz de *verlo* de esa forma, y esa mirada subjetiva puede en cierto sentido transformar la realidad objetiva.

Irene, o el tesoro desarrolla más extensamente esta idea.
El medio social de la obra es el mismo que el de *Historia
de una escalera*, *Hoy es fiesta* o *El tragaluz*. El autor ha
podido hablar, refiriéndose a este drama, de su «superficie
costumbrista» y de los «grotescos perfiles de sainete» de
uno de los personajes, el usurero Dimas [13]. Y en fechas cercanas, se ha referido a ella como un precedente de *El tragaluz* [14]. Personaje *activo*, Dimas ha llegado en su mezquindad
a extremos irrisorios: por ejemplo, no haber adquirido las

---

[13] «Comentario», en *Irene, o el tesoro*, Madrid, 1955, Escelicer, páginas 119 y 124.
[14] Ángel Fernández Santos, «Una entrevista con Buero Vallejo
sobre *El tragaluz*», *Primer Acto*, núm. 90, noviembre 1967, pág. 15.

medicinas que podrían haber evitado la muerte de su hijo. Con Dimas viven su mujer, Justina, y su hija, Aurelia; también su nuera, Irene, y un huésped: Daniel, oscuro opositor (que, *en tanto que tal*, nos recuerda al Fidel de *Hoy es fiesta* y, en menor grado, al Juan de *Las cartas boca abajo*). Irene, tras haber perdido a su marido y a su hijo, se ve sometida a una auténtica esclavitud en este ámbito familiar, al tiempo que muestra claros síntomas de un grave trastorno psíquico. Pero estos datos aluden sólo a una cara del problema, pues ya nos dice Daniel —enamorado de Irene— que «el mundo no es esta sucia realidad que nos rodea: que en él también hay, aunque no lo parezca, una permanente y misteriosa maravilla que nos envuelve». El misterio, lo maravilloso, se manifiesta a través de dos personajes alegóricos: El Duendecito y La Voz. Personajes equívocos, deliberadamente equívocos, y no exentos de un alto grado de convencionalismo. En cierto modo, podrían considerarse como una objetivación escénica de las alucinaciones de Irene, pero a la vez es explícita la voluntad del autor respecto a que estas figuras sean tomadas como signos de esa «misteriosa maravilla que nos envuelve». Así, por ejemplo, dice La Voz al Duende: «Para la loca sabiduría de los hombres, tú y yo somos un engaño. Pero el mundo tiene dos caras... y desde la nuestra, que engloba a la otra, ¡ésta es la realidad! ¡Ésta es la verdadera realidad!». El final del drama reafirma esta idea en una escena que se desdobla en dos planos: el de la realidad objetiva y el de la realidad subjetiva de Irene. Objetivamente, Irene se suicida, arrojándose por un balcón. Subjetivamente, Irene se libera del mundo sórdido en que vive, alejándose por un «maravilloso camino de luz» mientras va cantando una nana al duende, que ahora lleva en brazos. El sentido de esta liberación del personaje se resume en unos versos

de Unamuno, que el autor cita como lema en la edición de
la obra:

> El secreto del alma redimida:
> vivir los sueños al soñar la vida

Así, pues, *Irene, o el tesoro* se sitúa, como *Historia de una
escalera* o como *Hoy es fiesta*, en el nivel de una «transfiguración del sainete», pero en una dirección que no es
enteramente similar y que, como búsqueda, anticipa lo que
será, como logro muy convincente, *El tragaluz*. Sé que el
autor tiene en bastante estima la obra, y también que algunos estudiosos de su teatro le han adjudicado un alto valor.
Personalmente, respeto pero no comparto este criterio. Creo
que es una de las obras menores de Buero. Sin embargo, al
mismo tiempo, es una obra de la que en ningún caso se podría prescindir para entender el conjunto de su teatro. Va
dicho el porqué: es *una búsqueda*, la búsqueda de una unidad totalizadora de la realidad subjetiva y la realidad objetiva, que tan admirablemente cristalizará en *El tragaluz*
o en *El sueño de la razón*. Por otra parte, la ambigüedad
de La Voz constituye, según comprobaremos más adelante,
una pista valiosísima para reconstruir el pensamiento trágico de Buero a partir de este instrumento conceptual que
es la *visión trágica*. No hay que añadir, por último, que la
figura de Irene se inserta plenamente en la idea de personaje *contemplativo*. Así considerada, esta figura nos ofrecerá
también algunas claves de gran interés en una perspectiva
general. Luego veremos cuáles.

La acción dramática de *Aventura en lo gris* se desarrolla
en «un albergue de paso, en la línea principal de evacua-
ción», en un país imaginario: Surelia. Surelia vive los últimos momentos de una guerra perdida. No se nos dice qué
significación ostenta el ejército invasor ni tampoco el país

vencido. Resultaría posible identificar algunos rasgos de Su
relia con la Alemania nazi o con la Italia fascista, pero de
cualquier modo esa identificación nunca sería completa
Como en *La doble historia del doctor Valmy*, y a pesar de
que la Surelia de Valmy nada tiene que ver con ésta, esa
ambigüedad es premeditada y responde, con toda evidencia
a las mismas razones. *Aventura en lo gris* tiene un indudable
valor documental, pero no es teatro-documento. Es un ale
gato contra la guerra, pero no es solamente esto. Es, ante
todo, una exploración acerca de la conducta moral del hom
bre en una situación límite, acerca de su relación con el
otro y acerca de su destino en un mundo incierto y equí
voco. Ahora bien, la presencia en esta obra de la guerra —de
la guerra mundial: esto sí parece indudable— es algo a lo
que debemos conceder la máxima importancia. Ya hemos
encontrado el tema de la guerra española en *Historia de una
escalera*, en *Hoy es fiesta* y en *El tragaluz*, y ello en una
gradación que va de una formulación secreta, sobreenten
dida, a una formulación explícita y relativamente clara. En
Llegada de los dioses el tema de la guerra mundial y e
tema de la guerra española confluyen en *un solo tema*. Bas
tarían estos datos para concluir que la guerra —ambas
guerras a la vez— constituye una preocupación constante
del teatro de Buero. Pero pronto hemos de ver que su valor
es todavía mayor, en tanto que nos hallamos ante una nueva
pista —y de las más fundamentales— de cara a la recons
trucción de su pensamiento trágico y a la relación profunda
de toda su obra con la sociedad española actual.

En el primer acto de *Aventura en lo gris*, conocemos a
Goldman, ministro de Surelia, hombre cínico y brutal, que
huye de incógnito con su secretaria y amante: Ana. De in
mediato, Goldman se define como personaje *activo*. Frente a
él, Silvano, hombre bondadoso, testigo excepcional de los

acontecimientos, sañudo indagador de la verdad; en suma, personaje *contemplativo*. Conocemos a Isabel, una muchacha que ha sido violada por un soldado invasor y que huye con su hijo y con Albo —un joven que la protege, que la ama y desea en secreto—. Otros personajes, de menor relieve, completan este cuadro de fugitivos. El drama consta de dos actos y un intermedio que es «un sueño increíble»: un sueño que sueñan a la vez todos los personajes [15], excepto Goldman. El sueño termina con la muerte de Isabel, aparentemente a manos de Albo. Cuando todos despiertan, Isabel, efectivamente, está muerta. La ha matado Goldman, quien, durante el sueño de los demás personajes, ha intentado brutalizarla. Albo, que era un militante entusiasta del partido de Goldman, mata a éste, una vez que Silvano, tras una investigación meticulosa y tenaz, pone en claro lo sucedido. El final es típicamente bueriesta. Silvano y Ana —ésta, prontamente contagiada por la *verdad trágica* de Silvano— deciden esperar en el albergue a que llegue el ejército invasor, con objeto de entregarles al niño e intentar salvar así esa vida inocente. Saben que serán fusilados, pero en la posible salvación del niño encuentran una forma de salvación personal [16]. Es a lo más que pueden aspirar en un mundo cuya crueldad impide la verificación de su sueño de felicidad y de libertad. Y este acto es ya un modo de afirmar su libertad en el mundo objetivo.

---

[15] Sobre este punto, véase: Antonio Buero Vallejo, «A propósito de *Aventura en lo gris*», *Teatro*, núm. 9, septiembre-diciembre 1953, página 39.

[16] Pérez Minik define esta obra como «la tragedia del sacrificio inverosímil y del futuro del destino humano comprometido» (*op. cit.*, pág. 388.) Sobre *Aventura en lo gris*, véase también: Guillermo de Torre, «Dos dramas fronterizos», en *Al pie de las letras*, Buenos Aires, 1967, Losada, págs. 159-167.

Siguiendo este rápido comentario de diferentes obras, debemos referirnos ahora a *El terror inmóvil*. No habiéndose publicado más que dos cuadros del acto II, toda valoración de estos «fragmentos de una tragedia irrepresentable» —como el autor los ha subtitulado— es, por fuerza, incompleta y provisional. Entre las cosas que habría que saber de este drama está, sobre todo, el motivo de la *inmovilidad* de Álvaro (¿quizá, y aunque en la obra no se declarara abiertamente, ese motivo es el desenlace de la guerra civil?). Conociendo el teatro posterior de Buero, podemos aventurar que este Álvaro es una especie de Mario, y su hermano, Regino, una especie de Vicente. Personaje *activo*, Regino nos habla con entusiasmo de una importante fábrica que ha levantado —dice— con su solo esfuerzo. En el escepticismo de Álvaro, reconocemos una anticipación del escepticismo de Mario frente a un «progreso» que es más aparente que real, y que está montado sobre la explotación del hombre por el hombre, el oportunismo, etc. La figura del niño es una vez más, y como siempre, una pregunta acerca del porvenir. Luisa —la mujer de Álvaro— prefigura con el incidente del libro secreto, guardado en un arcón, un episodio de *La tejedora de sueños*. Los dos cuadros se desenvuelven en una atmósfera cuajada de secretas tensiones. No se comprende bien la negativa de Álvaro a que su hijo, Víctor, sea fotografiado. En todo caso, cabe interpretar tal obsesión como un rasgo de esa *inmovilidad* suya: un estar sin estar en el mundo, última forma de protesta frente a una circunstancia opresora.

Finalmente, *Mito* y *Llegada de los dioses*. Si, en conjunto, estas obras están por debajo de las mejores creaciones dramáticas del autor, no hay que olvidar que ambas tienen cualidades muy sobresalientes. A propósito de *Llegada de los dioses* ya hemos visto los méritos que concurren en este

drama en tanto que investigación formal. En cuanto a *Mito*,
José Monleón escribe que en la escena española «nunca
hemos tenido un libro de ópera tan rico, tan sugerente, tan
entrañado en una problemática histórica» [17]. Como fuere, y
llegados a esta altura de nuestro estudio, el valor primor-
dial que nos ofrecen ambas obras es, digámoslo así, *estra-
tégico*. Desde ellas, el acceso al trasfondo mítico del teatro
de Buero se convierte en una tarea relativamente fácil y, en
cierto modo, inexcusable.

Mito es una reelaboración enteramente libre y personal
del *Quijote*. De la novela de Cervantes, el autor toma algunas
ideas cardinales y algún pasaje aislado, como el episodio de
«Clavileño», pero no como un simple traslado a la escena, sino
mediante una transformación muy grande en cuanto a todos
los datos externos. Digamos en seguida que se funde con
esta recreación de Don Quijote un tema —otro mito— muy
del momento actual: los platillos volantes y los seres extraterrestres. El ámbito de la acción es un teatro: un teatro
donde, precisamente, se acaba de representar una ópera
sobre *El Quijote*. De esa representación nos llegan —como
si, a pesar de ser espectadores, estuviéramos entre cajas—
las últimas manifestaciones con la reacción del público. Resulta evidente: se trata de una representación típicamente
«oficial», a la que asiste el Presidente del imaginario país,
estruendosamente aclamado al final por los propios actores.
Cuando esa supuesta representación termina, un actor secundario, Eloy —del que se nos dice que hace años, una
noche, cantó el papel de Don Quijote— toma la bacía, la
contempla un instante y por fin se la encasqueta en la cabeza.

---

[17] José Monleón, «*Mito*, un libro de Buero para una ópera», *Primer Acto*, núm. 100-101, noviembre-diciembre 1968, pág. 72.

Ya sabemos a qué atenernos: va a ser Eloy quien encarnará el mensaje quijotesco.

Eloy cree en los seres extraterrestres, está persuadido de que se encuentran entre nosotros: «...Han llegado / y saben lo que encierran nuestras mentes». Y poco después: «Ignoráis que nos hablan cada día / bajo las más humildes apariencias. / La portera, el obrero, la maestra / de vuestros hijos, pueden ser marcianos. / ¡Y en el mismo teatro puede haberlos!». Efectivamente, esto piensa de Marta, cuya participación en el drama es sobremanera equívoca: *puede ser y puede no ser* una criatura extraterrestre; ambigüedad que hace de Marta una figura similar a Pilar (*Hoy es fiesta*), Anita (*Las cartas boca abajo*), El Padre (*El tragaluz*), etc. En cuanto a Eloy, baste señalar: 1) Su desacuerdo con el mundo en que vive («Hallan lo absurdo natural y sueñan / que es bella y fuerte su ciudad podrida»). 2) Su esperanza de lo imposible («Yo canto a una galaxia muy lejana...») y ello ante la incredulidad de quienes le rodean. 3) Su exigente ética personal, que vivamente le hace disputar con Ismael —un revolucionario, para quien «la acción es impura»— y, a la vez, le lleva a protegerle y, al término del drama, a perder la vida por él. A simple vista, Eloy se parece más a Ignacio, a David, etc., que a Don Quijote. Es, ante todo, un personaje *contemplativo*. Pero la gran cuestión que de inmediato se suscita es ésta: hasta qué punto es posible homologar toda esta serie de personajes *contemplativos* con Don Quijote.

Personaje *contemplativo* es también Julio, protagonista de *Llegada de los dioses*. Ahora estamos ante una reelaboración —asimismo muy libre y personal— del mito de Edipo.

La acción dramática se sitúa «en las islas de un bello archipiélago, en un país cualquiera». Del texto se puede deducir que nos encontramos en las Islas Canarias o en las

Baleares; o quizá, simplemente, en cualquier playa levantina, pese a que reiteradamente se hable de «las islas». Como fuere estamos en la España actual y en una localidad de fuerte atracción turística. Aquí ha nacido Julio. Radicado estos últimos años en París, a su ciudad natal vuelve ahora —acompañado de Verónica, su amante— con la esperanza de recuperar la salud. La ceguera que sufre no es orgánica, sino psíquica. Y esta ceguera será el cauce que, como en otras ocasiones, permitirá al autor llevar al personaje hasta los límites de lo humano. Al personaje y también a nosotros, espectadores, mediante un procedimiento técnico de *inmersión*, que ya hemos descrito en el capítulo II de este estudio.

La relación conflictiva con el padre —Felipe, personaje *activo*— es el origen de la ceguera de Julio y el problema medular de la obra. Pero ante ella caben dos interpretaciones diferentes. La ceguera de Julio puede ser resultado de un shock al conocer el pasado del padre. Durante la guerra mundial, Felipe, que ostentaba el cargo de capitán del Servicio de Inteligencia —obviamente, en el ejército de Hitler, pues resulta claro que Felipe es un antiguo nazi, refugiado en España desde el final de la guerra—, estuvo destinado en la localidad de Wessels y allí torturó a una serie de prisioneros. (Wessels es una ciudad imaginaria.) Julio acaba de enterarse de todo esto en París, a través del hijo de uno de esos prisioneros: un joven músico, que hasta ese momento era un buen amigo suyo. Y se ha quedado ciego. ¿Es, pues, el horror que el muchacho siente al saber lo que ha sido su padre, la causa de su ceguera? El drama nos suministra al mismo tiempo otra causa posible. Casi en las mismas fechas, Julio ha hecho una exposición de su pintura en una sala de París, con absoluto fracaso; y Felipe, con gran éxito, en esta ciudad en la que es hoy un poderoso hombre de negocios. Julio es un pintor joven, inexperto todavía, pero dotado de excelentes condiciones, de un talento nato. Felipe, por el contrario, es —como él mismo dice de sí— un «pintor de domingo», autor de acuarelas rosadas para bañistas, aunque no carece de cierto oficio, de cierto dominio artesanal de la pintura. En un arranque de ingenua vanidad, Felipe ha escrito a Julio detallándole su éxito... Y Julio se ha quedado ciego. ¿Es el resentimiento y la envidia por el éxito del padre lo que ha enfermado a Julio, volviéndole precisamente ciego, es decir, incapaz ya para pintar? Desde luego abundan en la obra datos que hacen más probable esta causa que la anterior. Pero resulta manifiesto el empeño del autor en que no nos atengamos a una sola de ellas, sino —pirandellianamente— *a ambas a la vez*, con lo que la relación conflictiva padre-hijo, que es lo verdaderamente esencial, gana en intensidad y en problematismo.

Julio y Felipe son dos estudios psicológicos muy completos. El primero, en su lucha por liberarse de la influencia avasalladora del padre y del medio social burgués, que el padre ejemplifica. Lucha difícil, pues no basta la burla o el desdén para romper radicalmente con esas raíces familiares y sociales, aunque éstas resulten a la vez repugnantes. Las fantasmagorías que cruzan a menudo por la mente de Julio y en las que ese mundo detestable y detestado aparece reducido a irrisoria caricatura, prueban precisamente esa dificultad y una cierta impotencia del personaje: son una evasión, y no una verdadera ruptura, según le hace comprender Verónica. Lucha difícil también la del padre, pues este antiguo verdugo y hoy desvergonzado hombre de negocios no es, sin embargo, lo suficientemente cínico para acallar su conciencia. Como el Vicente de *El tragaluz* o el Daniel Barnes de *La doble historia del doctor Valmy*, desea y necesita el perdón para sus delitos, y, del mismo modo que aquellos, rehúye *esa decisión* que de verdad le devolvería la

paz consigo mismo. Los dioses, invocados por él en su pintura, vendrán efectivamente... pero lo harán para castigarle.
Son Julio y Verónica, como lo era El Padre en *El tragaluz*.
Presintiéndolos inconscientemente, el propio Felipe asocia
a Julio y a Verónica con una acuarela suya, antigua ya, en
que aparecen Minerva y Pan [18], al comienzo de la obra. El
castigo no sólo será su propia muerte, sino también, probablemente, la de su hija, Nuria (fruto de los amores ilícitos
de Felipe con la mujer de su mejor amigo). A diferencia de
lo que sucede en *El tragaluz*, ese castigo es aquí más fortuito, aunque igualmente simbólico. Nuria sufre un accidente
al jugar con un saltador que le ha regalado Felipe y estallar
entonces una bomba enterrada en aquel lugar desde los
años de la guerra, pues «también aquí hubo guerra». Al
conocer la noticia, Felipe sufre un ataque cardíaco... Pero
lo que ve Julio, *desde su ceguera*, es la presencia fantástica
de Nuria y del torturado de Wessels, y cómo este último
asesta una puñalada en el pecho de Felipe. En un sentido
simbólico, pues, no se trata de accidentes fortuitos, sino de
un riguroso castigo trágico. En Nuria —como, de distinta
forma, en Julio— se corrobora el hecho de que los hijos
pagan por los delitos de los padres. En Felipe, su muerte
y el dolor de ver destrozados a sus hijos constituyen la respuesta a su *hybris*. En cuanto a Julio, quizá no recobre
nunca la visión, pero de todos modos las palabras finales de
Verónica abren el horizonte de la esperanza, como sucede
en toda tragedia una vez que se han producido los episodios
sangrientos y el universo recobra la armonía que había sido

---

[18] La elección de tales deidades no es arbitraria. Minerva, diosa
intelectual, reaparece en Verónica, quien en el juego dramático simboliza siempre el punto de vista de la razón. Pan —el todo— reaparece
en Julio, cuyo punto de vista es la totalidad: lo real y lo fantástico
a un tiempo.

perturbada. Vuelve la calma sobre este escenario agitado y convulso, la vida prosigue su curso regular.

Nos hemos referido antes a que ciertas visiones de Julio son resultado de una evasión, de una impotencia; va implícito en lo que acabamos de escribir que otras muchas no son así, sino, por el contrario, pesadillas obsesivas que torturan su mente. En algunos casos —por ejemplo, aquellas escenas en que Julio imagina abrazados a Verónica y Felipe— podemos observar rasgos típicos de su enfermedad y, desde luego, una prueba más de la lucha interior del joven frente a la personalidad arrolladora, poderosa, del padre. En otros —y son las escenas más interesantes— estas alucinaciones de Julio constituyen un descubrimiento sorprendente y profundo de la realidad y de la verdad. Desde su ceguera, Julio *ve* lo que los videntes no pueden ver. Así, por ejemplo, la escena en que Felipe regala a Nuria el saltador. Lo que Julio ve —y nosotros, en tanto que espectadores, con él— es un ataúd, y toda la acción, que *en las palabras* es una alegre escena familiar, es *en las imágenes* una escena patética, terrible. El contraste —como otros semejantes— resulta de una gran teatralidad.

Los rasgos edípicos más evidentes son: 1.º, el símbolo de la ceguera, cuya función es básicamente similar a la que tiene en *Edipo Rey*, primero con Tiresias y, al final ya de la tragedia, con Edipo; 2.º, la relación conflictiva padre-hijo, que termina con la muerte del primero; 3.º, en *Llegada de los dioses* no hay ningún incesto, pero el autor muestra éste como una realidad latente, como un impulso secreto. Ello puede advertirse al considerar la relación «maternal» de Verónica con Julio y los celos exasperados de Julio con respecto a la relación Verónica-Felipe. El tema del incesto aparece también —del modo indicado— en las relaciones Nuria-Julio. Ignorante de los lazos consanguíneos que le unen a

Julio, Nuria está enamorada de él; conocedor de esos lazos, Julio se complace de manera un tanto extraña con el amor inocente de la muchacha [19].

La presencia del mito de Edipo es, como la de Don Quijote en *Mito*, bastante clara y, simultáneamente, alusiva, indirecta. Advertido el procedimiento, es lícito interpretar la antinomia Mario-Vicente como una reelaboración del mito Caín-Abel, aparte las otras cuestiones ya señaladas sobre *El tragaluz*. Pero lo interesante del caso, una vez más, radica en la posibilidad de prolongar esta interpretación a otras obras, dado que: 1.º, es constante la existencia en cada obra, y como centro de ella, de un personaje *contemplativo*, protagonista, que asume el mensaje trágico; 2.º, es constante la antinomia *contemplativo-activo*, y 3.º, es constante el símbolo de la ceguera, cuando no de otros símbolos afines: la locura, la sordera, etc. Todo ello afianza nuestra hipótesis de un trasfondo mítico: Edipo, Don Quijote y Caín-Abel, que de una manera u otra, con mayor o con menor intensidad según los casos, subyace en todo el teatro de Buero. Veamos ahora cuáles son exactamente las dimensiones de tales mitos que, de acuerdo con esta hipótesis, pueden encontrarse reactualizadas en el teatro de nuestro autor.

TRASFONDO MÍTICO

Independientemente de la dimensión psicoanalítica del mito edípico, y de aquella otra que se refiere a la lucha del hombre contra el destino, o dicho de otro modo: la lucha del hombre por afirmar su libertad en el mundo, debemos

---

[19] En unas interesantes declaraciones en un coloquio (*A B C*, 5 diciembre 1971), Rof Carballo ve en la figura de Julio una reactualización de Orestes.

atender aquí, especialmente, a la dimensión ontológica del mito, que engloba a la anterior en la tragedia de Sófocles, y que se manifiesta a través del símbolo de la ceguera. La perfecta simetría de esta tragedia, que tan oportunamente subraya Lacarrière [20], nos enfrenta con ese símbolo en una escena inicial, entre Edipo y el adivino ciego, Tiresias, y en una escena final: aquella en que Edipo, tras haber descubierto su espantosa realidad y el suicidio de Yocasta, se ha estropeado los ojos y aparece ciego ante nosotros. Las palabras de Edipo al destruirse la vista fueron —cuenta el mensajero— las siguientes: «No veáis, ojos míos, ni cuanto yo estaba sufriendo ni cuanto yo estaba haciendo; sepultados en eterna oscuridad, contemplad a los que yo jamás debiera haber visto, y nunca veáis a los que yo tanto deseé ver» [21]. Edipo no se suicida —lo que, en el extremo de su desesperación, habría sido más lógico— sino que, al atentar contra su integridad física, lo hace *precisamente* contra la vista. Esta diferencia se explica a través de las palabras del mensajero en tanto que, indirectamente, se nos remite a la escena inicial Edipo-Tiresias. En dicha escena hemos comprobado que el ciego Tiresias es el único que conoce la verdad, esa verdad que Edipo y los demás videntes están buscando por mandato de Febo: según el oráculo, sólo cuando el asesinato de Layo haya sido vengado, desaparecerá la peste que asola la ciudad de Tebas. Pero, ¿quién es el asesino de Layo? Edipo ha prometido que lo encontrará; que salvará a la ciudad de la desgracia, como ya lo hizo cuando derrotó a la esfinge. Con la arrogancia y la «ceguera» de quien ostenta el más alto poder, Edipo se enfrenta con Tiresias. Éste, al

---

[20] Jacques Lacarrière, *Sophocle*, París, 1960, L'Arche, págs. 102 y sigs.
[21] Cito por la traducción y edición de Ignacio Errandonea, S. J., Madrid, 1942, Escelicer, si bien he preferido el uso más habitual de *Tiresias* —en vez de *Teresias*—, *mensajero* —en vez de *paje*—, etc.

principio, rehúye declarar cuanto sabe, pero muy pronto, herido por los insultos de Edipo, manifestará hasta tres veces cuál es la verdad que Edipo busca: «Eres *tú* la plaga que tiene a esta tierra contaminada» (...) «Tú eres el asesino que andas buscando» (...) «Aunque no lo crees, vives en vergonzoso consorcio con los tuyos y no ves los males que vives». Y todavía añade al final: «Yo te hago saber, pues me motejas de ciego, que tú sí ves mucho, pero no ves ni en qué males estás, ni dónde habitas, ni con quién vives». Allí está la verdad: desnuda y terrible. Edipo se resiste a aceptarla. Busca un subterfugio, imagina un atentado contra su poder: «¿Fue Creonte o fuiste tú el que tramó este enredo?». Y una vez más, el ciego Tiresias verá claro: «No busques en Creonte tus males; en ti mismo están».

Lucien Goldmann propuso, acerca del valor simbólico de la ceguera en *Edipo Rey*, una interpretación que —aunque no era estrictamente original y no llegó a desarrollarla después con la extensión requerida— consideramos de obligada referencia para entender este símbolo en toda su profundidad:

> Parece consistir (la significación fundamental de la tragedia de Sófocles) en la afirmación de una ruptura insuperable entre el hombre, o, más exactamente, entre ciertos hombres privilegiados y el mundo humano y divino. Ayax y Filoctetes, Edipo, Creonte y Antígona expresan e ilustran a la vez esta verdad única: el mundo se ha hecho confuso y oscuro, los dioses no están ya unidos a los hombres en una misma totalidad cósmica, sometidos a las mismas fatalidades del destino, a las mismas exigencias de equilibrio y moderación. Se han separado del hombre y se han convertido en sus dueños, pero ahora su voz lejana es engañosa, sus oráculos tienen doble sentido: un sentido aparente y falso y un sentido oculto y verdadero; las exigencias divinas son contradictorias y el universo es equívoco y ambiguo. Universo insoportable para el hombre, que, en lo sucesivo, sólo podrá vivir en el error y en la ilusión. Entre los

seres vivientes, sólo aquellos a los que una enfermedad física ha apartado del mundo pueden soportar la verdad. El hecho de que Tiresias (...), que conoce la voluntad de los dioses y el porvenir de los hombres, y Edipo, al final de la tragedia, cuando conoce la verdad, sean uno y otro ciegos, es un símbolo. Su ceguera física expresa la ruptura con el mundo que necesariamente entraña el conocimiento de la verdad; la ruptura con el mundo en el que sólo pueden vivir los que son *realmente* ciegos porque (como más tarde el viejo Fausto en Goethe) con ojos físicos intactos no se ve la verdad y se vive en la ilusión. A los demás (Ayax, Creonte, Antígona), el conocimiento de la verdad les lleva simplemente a la muerte [22].

El problema de la libertad de Edipo, sobre el que se han escrito torrentes de páginas, queda así enmarcado en el problema del conocimiento de la verdad. La historia de Edipo ejemplifica, desde luego, la ley de la Dike: ningún delito queda impune, los culpables son castigados en ellos mismos o en sus hijos. Así, las desgracias de Edipo son el castigo por el delito de Layo. (La historia mítica es bien conocida y no hemos de explayarnos en ella.) Pero en la lucha de Edipo contra ese destino, advertimos un momento crucial y un error. Conocido el oráculo —equívoco— que le anuncia sus desdichas, Edipo no vacila en separarse de Pólibo y Mérope, a quienes cree sus padres, y abandona Corinto. Es una hermosa afirmación de su libertad, pero es un acto insuficiente. Para escapar al *fatum*, habría sido necesario que Edipo hubiera llegado a un conocimiento de la verdad de

---

[22] Lucien Goldmann, *op. cit.*, págs. 58-61. Afirma también Goldmann que *Edipo en Colono*, por cuanto nos presenta una reconciliación final de Edipo con sus dioses, es un intento de «superación de la tragedia». Pienso que se trata de una afirmación precipitada: la idea de reconciliación final está en la esencia de la tragedia griega. Pero esto no invalida la idea de la ruptura del hombre y sus dioses, sea o no insuperable, pues basta con que el héroe trágico la sienta como tal.

sí mismo, siguiendo el antiguo imperativo délfico. Esa torpeza, y puesto que Edipo no es un hombre torpe, sino, al
contrario, un hombre excepcionalmente bien dotado, de cuya
clara inteligencia tan evidente prueba obtenemos en el episodio de la esfinge, pone suficientemente de relieve que en
este universo equívoco, incierto, el acceso a la verdad es
sobremanera problemático. No basta, además, con encontrar
la verdad: hay que encontrarla a tiempo, y los medios de
que el personaje trágico dispone para buscarla son insuficientes, lo que, por otra parte, no le exime de la obligación
de asumir esa tarea. Porque si no la asume, si decide vivir
«en el error y en la ilusión», la verdad acabará imponiéndo-
se, a destiempo, como un contratiempo; es decir, sobre él
y contra él.

Como la ceguera en *Edipo Rey*, la locura en *Don Quijote
de la Mancha* es un símbolo de la ruptura con el mundo.
«La locura de Don Quijote le permite ver las cosas con una
claridad que escapa a la cordura», ha escrito Eric Auer-
bach [23]. Definiendo el quijotismo, Ferrater Mora ha podido
hablar de «la cuerda locura de creer dudando en lo imposible» [24]. Y bien se sabe con cuánta insistencia, en su *Vida de
Don Quijote y Sancho*, contrapone Unamuno los conceptos
de locura quijotesca y cordura sanchopancesca, considerando la primera como la única, la verdadera lucidez.

A diferencia de Edipo, sin embargo, Don Quijote ya ha
verificado esa búsqueda esencial de sí mismo: «Yo sé quién
soy» (Parte primera, cap. V), puede decir sin la menor arrogancia, o en todo caso, con la lícita arrogancia de quien ha
ganado tan difícil batalla. Este conocimiento de la verdad

---

[23] Citado por Luis Rosales, *Cervantes y la Libertad*, Madrid, 1960,
Sociedad de Estudios y Publicaciones, vol. II, pág. 324.
[24] *Ibid.*, pág. 365.

—de la verdad de uno mismo, en primer lugar, y, como consecuencia inmediata, de la verdad del mundo en torno— ha supuesto, naturalmente, una ruptura: Don Quijote se ha vuelto loco, como, al final de la tragedia de Sófocles, Edipo se ha vuelto ciego. Porque también es éste, como en seguida comprobaremos, un universo equívoco, incierto, en el que la verdad está oculta, en el que se vive «en el error y en la ilusión». Así, lo que para Edipo es un punto de llegada (aunque le quede todavía por llegar a la conciliación final con sus dioses, en *Edipo en Colono*) para Don Quijote es un punto de partida. Consiguientemente, el problema del conocimiento de la verdad se desplaza ahora al problema de la libertad (la libertad en sus múltiples connotaciones, es *el tema* de Cervantes, como tan oportuna y exhaustivamente ha demostrado Rosales), pues de lo que se trata en este caso es de afirmar la verdad en el mundo y de elegir cierta forma de vida consecuente a ella. («La verdad os hará libres», enseñaba —en correcta síntesis— el antiguo imperativo bíblico.)

El obstáculo fundamental que se opone a este vivir quijotesco estriba en que la sociedad está moldeada para un vivir enteramente distinto, lo que convertirá a Don Quijote en «un desplazado en situación de permanente imposibilidad» [25]. Los principios establecidos señalan a Don Quijote que él es un hidalgo, que debe entregarse al cuidado de su hacienda y acatar el orden social. Don Quijote responde que él no es ése, que él es un caballero andante, y que debe vivir de acuerdo con otros principios y valores. Pero en «estos nuestros detestables siglos» (Parte primera, cap. XI), en «la depravada edad nuestra» (Parte segunda, cap. I) no hay sitio para los caballeros andantes: lo que Don Quijote

---

[25] Rosales, *op. cit.*, II, pág. 375.

pretende —*ser el que es*— resulta, no ya azaroso y problemático, sino, sencillamente, imposible. Por eso, «Don Quijote tiene que transformar la realidad y ver abadejo donde hay truchas y ejércitos donde hay rebaños, para poder vivir en situación de caballero andante» [26]. La raíz de ello está, así pues, en lo que Rosales llama «lo necesario inexistente», cuya invención cervantina «responde a la necesidad de demostrar que el quijotismo es (...) la condición ineludible, constitutiva y radical de la experiencia humana (...) Estamos hechos de la materia de los sueños, afirma Shakespeare; estamos hechos de la materia de los sueños, demuestra Cervantes» [27]. Esta radical aspiración a «lo necesario inexistente» no lleva a Don Quijote a una huida del mundo, sino a un constante forcejeo con él: sólo *en el mundo* podría ser caballero andante, realizar determinados valores absolutos, seguramente irrealizables.

A pesar de las caídas, golpes y contusiones que el personaje recibe como respuesta a su azaroso proyecto, Don Quijote siempre está por encima de su propia realidad, siempre es más de lo que es, y por eso en sus continuadas derrotas puede alcanzar, simultáneamente, algunas conquistas esenciales. En primer lugar, la realización de sí mismo —de su verdad y de su libertad— para lo que ha necesitado una transformación del mundo. «La personalidad de Don Quijote —escribe Rosales— se nos revela por la creación de un mundo impracticable y último donde las cosas pierden su fijeza real para profundizar en su valor (...) Dejan de ser *hipócritas apariencias* y de fingir ante nosotros su presencia. Cambian para llegar a hacerse inteligibles, como si el mundo se ordenase de nuevo bajo un soplo moral» [28]. Ello comporta

---

[26] *Ibid.*, pág. 319.
[27] *Ibid.*, pág. 360.
[28] *Op. cit.*, I, pág. 157.

a su vez este hecho: la capacidad de Don Quijote para contagiar a los demás su visión de la realidad y su actitud ante
la realidad. En una ocasión, claramente se lo dicen: «Tú
eres loco, y si lo fueras a solas y dentro de las puertas de
tu locura, fuera menos mal; pero tienes propiedad de volver
locos y mentecatos a cuantos te tratan y comunican» (Parte
segunda, cap. LXII). Este contagio no es sólo perceptible en
la quijotización de Sancho, tan extensamente comentada
por Unamuno en *Vida de Don Quijote y Sancho*, sino también en otros muchos personajes. Rosales ha demostrado
que los episodios en el Palacio de los Duques, tenidos hasta
aquí por uno de los mayores fracasos del héroe, son, al
contrario, acabada muestra de esa quijotización de los
otros [29]. Así, además de realizar su libertad, Don Quijote
conquista para los demás la posibilidad de que realicen la
suya.

Pero este vivir quijotesco es en todo momento, sin embargo, un tenso y angustiado vivir. Es un vivir desviviéndose: «Yo, Sancho, nací para vivir muriendo» (Parte segunda,
cap. LIX). Porque cuanto el héroe ha ganado a fuerza de sus
trabajos no es nada en comparación con lo deseado: lo
necesario inexistente, lo imposible. A lo cual, y pese a que
la melancolía se abate cada vez más sobre sus impulsos
activos, Don Quijote no renuncia. Su esperanza, su fe —«Caballero de la Fe», le llamaba Unamuno— empujan hasta el
límite de lo humano sus empresas y, contrariamente a los
mercaderes, siempre estará dispuesto a «creer, confesar,
jurar y defender» algo que no ha visto. Lo que no se ve, lo
que rigurosamente no existe, es a un tiempo la fuerza ener-
gética y la esperanza de Don Quijote. Vienen a cuento estas
bellas palabras de Salinas, con que glosaba el porqué de

---

[29] *Op. cit.*, II, págs. 9 y sigs.

los mitos y en particular el de Don Juan: «las cosas que más necesitamos son inexistentes» [30].

Por último, debemos referirnos a las circunstancias concurrentes en la creación de *El Quijote*, e incitadoras de ella, cuestión que de manera tan brillante y pormenorizada ha estudiado Américo Castro. «Don Quijote y Cervantes —escribe Castro— vuelven la espalda a la sociedad de 1600, y emprenden la tarea de construirse un mundo suyo, distinto del reconocido por todos como inmutable e irremovible» [31]. Y en otro momento: «Cervantes personalizó y universalizó genialmente el tema del vacío angustioso del vivir español, un tema que él no había inventado, pues existía en los ánimos y venía expresándose de modos muy varios en esa época conflictiva» [32]. Y finalmente, esta interpretación, conectada con las anteriores y que ayuda a situar la creación cervantina en el ámbito de la «visión trágica», tal como la define Goldmann: «Sus contemporáneos (los de Cervantes) cultivaron ampliamente el tema de la huida del mundo —morada tan infeliz como vacía de realidad, y comparada muy a menudo con el viento, el humo, el cristal o el sueño. Lo único seguro y en verdad apetecible era el futuro más allá de la muerte. Cervantes fue quizá el único gran espíritu que, sintiendo la urgencia de escapar de la ingrata opresión de lo inmediato, se liberó de ello sin salir del campo puramente humano. *El Quijote* eludió tanto la solución religiosa, como la genérica y lírica del *beatus ille* horaciano» [33]. La historia

---

[30] Pedro Salinas, *Ensayos de literatura hispánica*. (*Del Cantar de Mio Cid a García Lorca*), Madrid, 3.ª ed., 1967, Aguilar, pág. 167.

[31] Américo Castro, *Hacia Cervantes*, Madrid, 3.ª ed., 1967, Taurus. pág. 393.

[32] *Ibid.*, pág. 366.

[33] *Ibid.*, pág. 364. Para Castro, *El Quijote* resume y expresa la desesperación de una comunidad marginada: la de los cristianos nuevos. Según Castro, Don Quijote es un cristiano nuevo, y Sancho Panza,

del teatro español deberá explicar, a partir de aquí, el hecho a primera vista contradictorio de que el mayor personaje trágico de nuestra literatura no sea el protagonista de una tragedia, sino de una novela.

Al pasar a considerar ahora otros tantos rasgos sustanciales del mito Caín-Abel —es decir, aquellos rasgos que asimismo advertimos como un sustrato en la obra dramática de Buero— comenzaremos por recordar el modo —doblemente estremecedor por lo escueto del relato— como aparece en el capítulo IV del *Génesis*:

> 3. Y aconteció al cabo de muchos días que **Caín** ofreciese de los frutos de la tierra presentes al Señor.
>
> 4. Abel ofreció asimismo de los primogénitos de su ganado, y de las grosuras de ellos: y miró el Señor a Abel y a sus presentes.
>
> 5. Mas a Caín y a sus presentes no miró: y ensañóse Caín en gran manera y decayó su semblante.
>
> 6. Y díjole el Señor: ¿Por qué te has ensañado? ¿Y por qué ha decaído tu semblante?
>
> 7. ¿No es cierto que si bien hicieres, serás recompensado: y si mal, estará luego a las puertas el pecado? Mas su apetito estará en tu mano, y tú te enseñorearás de él.
>
> 8. Y dijo Caín a su hermano Abel: Salgamos fuera. Y como estuviesen en el campo, levantóse Caín contra su hermano Abel y le mató.
>
> 9. Y dijo el Señor a Caín: ¿Dónde está tu hermano Abel? Él respondió: No lo sé. ¿Soy yo acaso el guarda de mi hermano?
>
> 10. Y díjole: ¿Qué has hecho? La voz de la sangre de tu hermano clama en mí desde la tierra.

Lo más inquietante del relato es la equívoca relación del hombre con su Dios —esa mirada que se detiene... o no se

---

un cristiano viejo. Ha desarrollado extensamente esta idea en *Cervantes y los casticismos españoles*, Madrid, 1967, Alfaguara.

detiene sobre la ofrenda— y los motivos secretos, inextrica-
bles de ese Dios, cuestiones éstas que en el terreno religioso
tantos comentaristas se han esforzado en desentrañar. Desde
los fines propios de estas páginas, únicamente importa destacar aquí la figura de este Dios enigmático —muy distinto,
sin duda, de los dioses de Edipo, pero, desde luego, tan
enigmático y desconcertante como ellos— y el hecho de que
el mito cainita ha ejemplificado de una vez por todas el
tema del fratricidio. El *Génesis* abunda en otros episodios
referentes a luchas entre hermanos, y éstas se encuentran
de una manera u otra en toda la mitología antigua. Un ejemplo al azar: recuérdese de la mitología griega la historia
de la lucha Etéocles-Polínices, tan brillante e incluso exube-
rante en comparación con la parquedad del relato bíblico.
Por alguna razón, que quizá la estructura interna de ese
relato pueda aclarar alguna vez, han sido las figuras de
Caín y Abel las que han universalizado, con categoría mítica, el tema de la lucha fratricida.

Debemos añadir en seguida que, en la literatura española
contemporánea, se ha operado una auténtica *españolización*
del mito cainita, concretamente por algunos escritores del
98 y en particular por Unamuno [34]. De éste conviene recordar

---

[34] Acerca de la presencia de este mito en la obra de Unamuno,
véase: Carlos Clavería, «Sobre el tema de Caín en la obra de Unamuno», en *Temas de Unamuno*, Madrid, 1953, Gredos. Brillantes e incisivas son las páginas que a ello dedica Aurora de Albornoz, en *La
presencia de Miguel de Unamuno en Antonio Machado*, Madrid, Gredos, 1968, págs. 208 y sigs. Manejamos la edición de *Obras Completas*,
que preparó García Blanco con un rigor que nunca se elogiará bastante, y que convirtió a Unamuno en el escritor mejor editado del 98.
A Valle-Inclán le tocó en esto la peor parte: por causas desconocidas,
pero que sus herederos deberán explicar públicamente alguna vez,
no se ha emprendido una *verdadera* edición de Obras Completas.
Sobre el mito de Caín en Unamuno, he de añadir todavía una referencia bibliográfica que estimo fundamental: Carlos París, *Una-*

sobre todo una novela, *Abel Sánchez* (1917), y una tragedia,
El otro (1932, pero escrita en 1926). Ambas obras desarrollan
vigorosamente este doble conflicto: el problema de la personalidad e identidad del individuo y el desacuerdo entre
el individuo y el *otro*. En ambas obras se afirma literalmente
que si Caín no hubiera matado a Abel, Abel habría matado
a Caín. Pero, ¿quiénes son Caín y Abel desde el punto de
vista de la reactualización mítica de Unamuno?

En *Abel Sánchez*, la figura de Caín reaparece en Joaquín
Monegro, a quien consume la envidia que tiene de su amigo
Abel Sánchez. Esa envidia —o «pasión»— corroe el alma de
Joaquín pero hasta cierto punto permanece oculta: externamente, Abel y Joaquín son, desde los años escolares, amigos
íntimos y terminarán siendo consuegros. Abel Sánchez es
brillante, simpático, egoísta, superficial, y en su carrera —la
pintura— obtiene un éxito amplio y arrollador, lo mismo
que en su vida sentimental: sin proponérselo, fácilmente
enamora a Helena y se casa con ella. Joaquín Monegro es
lo contrario: concienzudo, tenaz, agrio, antipático... Se ve
rechazado por Helena y no consigue en su profesión —la
medicina— el prestigio y la popularidad que anhela para
emular a Abel. Unamuno dirige nuestra atención, especialmente, sobre Monegro, y cabe afirmar que el estudio psicológico del personaje es intenso, profundo. Que Joaquín y
Abel no sean hermanos, sino amigos, es interesante como
esquema de la reelaboración: la «pasión» cainita es posible
fuera de las relaciones entre hermanos. Unamuno subraya
que el sentimiento cainita se da, lógica y precisamente, entre
los sujetos más próximos (hermanos, padres-hijos, etc.), pero
conviene observar también que al final de la novela la envidia y el odio de que ha sido víctima Monegro adquiere

muno. *Estructura de su mundo intelectual*, Barcelona, 1968, Península,
págs. 275 y sigs.

una significación simbólica, más allá de lo estrictamente individual: «¿Por qué nací en tierra de odios? En tierra en que el precepto parece ser: *Odia a tu prójimo como a ti mismo.* Porque he vivido odiándome: porque aquí todos vivimos odiándonos», dice Monegro. Y en el curso de la novela, comprobamos que el odio, la envidia que él siente hacia Abel, simultáneamente parece ser sentida, *hacia Monegro,* por el mendigo aragonés. La historia de este último —relación conflictiva entre hermanos— es un subtema paralelo a la historia Joaquín-Abel, y refuerza considerablemente las palabras de Monegro que acabamos de transcribir: tierra de odios, etc. En el prólogo a la segunda edición de *Abel Sánchez,* escrito en Hendaya en 1928 —exiliado durante la dictadura de Primo de Rivera—, Unamuno subraya con mayor insistencia ese transvase de un plano individual a otro más amplio: social, nacional. Recuerda allí una frase de Madariaga, según el cual en el reparto de los vicios capitales al español le tocó la mayor parte de envidia: «Y esta terrible envidia (...) ha sido el fermento de la vida social española» añade Unamuno.

Estas generalizaciones —«los españoles», «los franceses», «los...»— nos resultan cada día más convencionales cuando se utilizan del modo dicho. Cualesquiera sentimientos están repartidos por igual entre individuos y pueblos, y son más bien las circunstancias particulares —biográficas en el primer caso, históricas en el segundo— las que pueden explicar que en un instante dado se produzca una, digámoslo así, alta concentración de éste o el otro sentimiento. Pero lo que aquí importa señalar, sobre todo, es la vigencia del mito cainita y el modo de reelaboración por Unamuno. Como último dato acerca de *Abel Sánchez,* debemos retener la importancia que adquiere al final de la novela la presencia de un niño: el nieto de Monegro. En él se proyecta, implícita-

mente, una angustiada pregunta acerca del futuro y con ella
la esperanza de una conciliación superadora de la antinomia
Caín-Abel. En *El otro*, esta idea final aparece más desarrolla-
da y la pregunta, más acuciante: ante la sospecha de que
Damiana lleve en sus entrañas a dos gemelos, se levanta la
temerosa sospecha de que el ciclo trágico continúe.

El otro es, probablemente, la mejor obra teatral de Unamuno. En ella, el mito cainita es objeto de un desarrollo no
contradictorio con el de *Abel Sánchez*, pero distintos en
muchos aspectos. Caín y Abel son *uno* al mismo tiempo aunque sean dos: Cosme y Damián, gemelos. Uno ha matado al
otro, y se niega a revelar su identidad: dice que es «el otro»
y en él reconocen los demás, indistintamente, a Damián o
a Cosme. Sobre este enigma, de apariencia «policiaca», descansa el curso de la acción, pero el enigma, el misterio de
que habla Unamuno en el subtítulo —«misterio en tres jor-
nadas y un epílogo»— es el misterio del hombre, lo insonda-
ble de su conciencia individual. Conciencia escindida en una
radical dualidad: Caín y Abel al mismo tiempo[35]. Paralelamente, el tema de la relación conflictiva con el *otro* contiene
aquí, cuando menos, esta perspectiva: el *otro* es nuestro espejo, nuestra conciencia, y esa imagen de nosotros mismos
que el *otro* nos ofrece resulta turbadora e inquietante, porque nadie es el que quiere ser ni nadie quiere ser visto como
es. Las posibilidades de exégesis son muchas, pero basta
con que retengamos estas significaciones peculiares que encuentra el mito cainita en la reelaboración unamuniana, y
ello porque, como hemos dicho, es esa reelaboración la que
directamente llega hasta Buero Vallejo[36].

---

[35] García Blanco se extiende sobre este punto en su Introducción.
[36] Recuérdese lo dicho por Buero sobre Unamuno, en el fragmento
antes transcrito.

No hay duda que en obras aisladas de Buero cabe encontrar raíces míticas e incluso reelaboraciones míticas particulares (como en *La tejedora de sueños* o en *Mito*) que, evidentemente, han de ocupar una parte en nuestra visión del tema. Así, por ejemplo, la antítesis sueño-realidad puede remitir a la figura de Segismundo [37]; la insistencia en la polaridad acción-inacción no está lejos de la figura de Hamlet... Con todo, nos inclinamos a ver en la tríada Edipo-Don Quijote-Caín y Abel, y precisamente en las significaciones que acabamos de destacar, un trasfondo siempre presente o latente. De ese trasfondo emergen a la superficie temas, figuras, acciones. En la continuada antinomia *activos-contemplativos*, bien claramente percibimos ahora la sucesiva reelaboración, desde distintos ángulos y enfoques, del mito cainita. En la exasperación de estos contemplativos, que oponen al mundo que les rodea el sueño de una verdad y una libertad superiores, un sueño que con frecuencia contagian a los demás, bien claramente percibimos un impulso de naturaleza quijotesca frente a un entorno hostil. En los personajes-conciencia (Euriclea, Anita, Pilar, Goya) bien claramente reaparece la figura de Tiresias, cualesquiera que sean en cada caso las variantes. El símbolo de la ceguera —símbolo edípico— es constante en el teatro de Buero: cuando no es la ceguera, nos encontramos con otras taras que desempeñan una función idéntica, sea la locura, la sordera, etc. Ciegos, sordos o locos, estos personajes lisiados reactualizan de diferentes modos la busca edípica de la verdad y la lucha quijotesca por la libertad. Todo el teatro de Buero, a partir de esta hipótesis, puede verse como una serie de reelaboraciones en las que varía, por decirlo de este modo, la colocación de las figuras, los datos caractero-

---

[37] Cf. Jean-Paul Borel, *Quelques aspects du songe dans la Littérature Espagnole*, Neuchâtel, 1965, La Baconnière.

lógicos, el decorado y el vestuario, pero no la naturaleza de
su mensaje trágico, que emana de esa fusión mítica, interna.

Hacemos especial hincapié en esta consideración global
—antes que detenernos en una nueva consideración de obras
aisladas para reforzar con más datos la forma particular de
esta o aquella reactualización—, porque encontramos aquí
el mayor interés que, por el momento, encierra el advertir
ese trasfondo mítico. Efectivamente, con él obtenemos una
nueva perspectiva desde la cual el teatro de Buero se nos
presenta en su totalidad y en su unidad, no ya porque existan
fuertes afinidades entre unas obras y otras, constantes, etc.
sino por el hecho de que cada obra puede verse a partir de
este trasfondo mítico, que es común a todas ellas. Con lo
cual se desvanece la separación que venía haciéndose entre
unas obras tenidas por «sociales» y otras en las que sólo se
veía una transfiguración poética, ajena a los problemas de
la sociedad española actual. Este trasfondo mítico aparece
como una mediación entre el teatro de Buero y la sociedad
española. Esta sociedad queda expresada por Buero como
un mundo que es a la vez el mundo incierto y equívoco de
Edipo, el mundo sin libertad de Don Quijote y el mundo
escindido por el fratricidio cainita. En este ámbito, los per
sonajes de Buero —trátese del mundo contemporáneo o de
un mundo pretérito, trátese de un lugar y un tiempo loca
lizados o, simplemente, de un lugar y un tiempo imagina
rios— se debatirán, para salir triunfantes o para sucumbir
con las grandes cuestiones que estos mitos ejemplifican. La
presencia de tales mitos en el teatro de Buero, y el hecho
de que este teatro haya sido aceptado por sus contemporá
neos, demuestra por otra parte su *vigencia* en la sociedad
actual.

«VISIÓN TRÁGICA» Y CON-
CLUSIONES PROVISIONALES

Es impensable una tragedia sin dioses, o dicho más rigurosamente, una tragedia que no dé cuenta de una relación
conflictiva entre el hombre y su Dios. Nos acercamos a uno
de los más arduos problemas que hasta aquí ha planteado
el teatro de Buero a sus comentaristas. Un problema, en
general, soslayado, o sólo referido tangencialmente o, en
fin, unilateralmente. Pero ocurre que esta cuestión afecta
de manera decisiva a lo que este teatro es y significa en su
totalidad, a la visión del hombre y del mundo que nos propone, a sus relaciones y conexiones con la sociedad en torno.
Consiguientemente, es necesario que afrontemos, en toda su
extensión y aceptando todas las dificultades, este tema «difícil». En el instrumento conceptual de la «visión trágica»,
creemos encontrar la ayuda metodológica necesaria [38]. Más
aún: la aplicación correcta de dicho instrumento conceptual
nos obligará a ir más allá de este aspecto, como último asedio —asedio no contradictorio de los anteriores, sino com-
plementario de ellos— al conjunto del teatro del autor, ilu-
minando zonas todavía en sombra, y coadyuvando a una
síntesis final en forma de conclusiones provisionales.

---

[38] Cuando procedo a pasar a limpio este capítulo, me llega el
inteligente y documentado libro de Francisco Ruiz Ramón, *Historia
del teatro español. Siglo XX*, Madrid, 1971, Alianza Editorial. En página 403, el autor insinúa —aunque sin desarrollarla— la posibilidad
de ver en el Dios de las tragedias de Buero el mismo Dios «ausente
y presente», que Goldmann nos ha enseñado a ver en Racine o Pascal.
Esta coincidencia demuestra una vez más que las ideas están... en el
aire. Más aún cuando median lecturas comunes y puntos de vista
parecidos.

Comenzaremos por señalar que, para Goldmann, la «visión trágica» aparece como una réplica a la crisis del tomismo y del empirismo, y como un pensamiento y una posición «de paso». Confrontemos con estos textos:

> La visión trágica es, tras el período amoral y arreligioso del empirismo y el racionalismo, un retorno a la *moral* y a la *religión*, siempre que se tome esta última palabra en su sentido más amplio de *fe* en un conjunto de valores que *trascienden al individuo*. Sin embargo, no se trata todavía de un pensamiento y de un arte susceptibles de sustituir el mundo tomista y mecanicista de la razón individual por una *comunidad nueva* y un nuevo *universo*.
>
> Contemplada *desde una perspectiva histórica*, la visión trágica no es más que una posición *de paso* precisamente porque admite como algo definitivo e incambiable el mundo —aparentemente claro pero en realidad ambiguo y confuso para ella— del pensamiento racionalista y de la sensación empírica, al que opone únicamente una nueva exigencia y una nueva escala de valores.
>
> Pero esta perspectiva *histórica*, precisamente, le es extraña. Visto desde dentro, el pensamiento trágico es radicalmente *ahistórico* precisamente por faltarle la principal dimensión temporal de la historia: el porvenir.
>
> La negativa, en la forma absoluta y radical que adopta el pensamiento trágico, sólo tiene una dimensión temporal: el *presente* [39].

Y abundando en lo referente a la disolución del mundo tomista y empirista, frente a la cual el pensamiento trágico opone determinadas exigencias fundamentales:

> El problema central del pensamiento trágico, problema que solamente el pensamiento dialéctico podrá resolver en un plano al mismo tiempo científico y moral, consiste en saber si en este espacio racional, que ha sustituido —definitivamente y sin posibilidad de retorno al pasado— al mundo aristotélico y to-

---

[39] Goldmann, *op. cit.*, pág. 48.

mista, existe todavía un medio, una esperanza cualquiera, de recuperar a Dios, o lo que para nosotros es sinónimo de esto y menos ideológico, *la comunidad* y *el universo* [40].

Conviene retener, en fin, esta distinción que hace Goldmann entre el pensamiento trágico y otras formas de pensamiento: «Consagrar la vida a la progresiva realización de valores realizables y que implican una graduación conduce a posiciones mundanas ateas (racionalismo, empirismo), religiosas (tomismo) o revolucionarias (materialismo dialéctico), pero siempre extrañas a la tragedia» [41].

Si esta distinción entre pensamiento trágico y otras formas de pensamiento puede adecuarse muy bien al teatro de Buero (y con ello, entre otras cosas, aclararnos muchos de los rechazos y adhesiones que ha encontrado en sectores a su vez heterogéneos y aun contradictorios), no todos los puntos anteriores pueden ensamblarse con igual facilidad, especialmente el que se refiere a la *ahistoricidad* de la conciencia trágica. Un drama como *El Concierto de San Ovidio* —por no citar otros muchos— bastará como ejemplo. Más todavía: con suficiente detalle hemos visto cómo el autor persigue una imagen total del hombre, en la que se haga visible el misterio y la angustia de su ser en el mundo y a la vez su duro bregar en una sociedad que se apoya en la injusticia, en la mentira y en la violencia. En suma: la dimensión histórica del hombre está plenamente incorporada en esa imagen total.

Esto, que a simple vista quizá parezca una contradicción insuperable, demuestra únicamente que, en nuestra época —y más concretamente, desde la segunda mitad del siglo XIX— no es posible prescindir de una de las grandes

---

[40] *Ibid.*, pág. 50.
[41] *Ibid.*, pág. 81.

contribuciones del materialismo dialéctico, que es la conciencia histórica del hombre. Pero ello mismo nos plantea ahora, sin embargo, una dificultad bastante compleja: ¿es lícito aplicar el concepto de «visión trágica» a una manifestación artística o filosófica contemporánea, sin que, al hacerlo, traicionemos el porqué de este instrumento conceptual y, al traicionarlo, caigamos en una mera elucubración arbitraria? La pregunta es importante. De cómo respondamos a ella, depende el que se entreabra un campo de estudio —desde una metodología dialéctica— acerca de las que son —quizá— más valiosas expresiones filosóficas y artísticas del siglo XX español. Procedamos, pues, con cautela. Goldmann admitía la posibilidad de extender el concepto de «visión trágica» a los trágicos griegos —sobre todo, a Sófocles—, a Shakespeare y a algunas esculturas de Miguel Ángel, aparte de los autores directamente estudiados por él: Pascal, Racine y —en distinta ocasión— Kant[42]. Puesto que Goldmann no conocía bien la cultura española, podemos explicarnos que falten en esa mención estricta algunas brillantes contribuciones de nuestro Siglo de Oro: *La Celestina*, Cervantes, Molinos, etc. a las que —creo— sí cabe aplicar la idea de «visión trágica» sin forzar sus límites. En cuanto a lo contemporáneo, Goldmann se pregunta por la posibilidad de aplicación a expresiones filosóficas de postguerra (Sartre, Merleau-Ponty), y termina desechándola[43]. No hay que olvidar que esto ocurre en 1955. Algunas experiencias posteriores son la «existencialización» del marxismo y la «marxistización» del existencialismo (Sartre en su *Crítica de la razón dialéctica*), la incorporación del psicoanálisis al pensamiento dialéctico (Marcuse) y, en la obra del propio Goldmann, el acceso al mundo

---

[42] Cf. *op. cit.*, pág. 35.
[43] *Ibid.*, págs. 78-79.

dramático de Genet a partir del «estructuralismo genético».
Cabe ver en estas contribuciones, que tanto han ensanchado
y enriquecido una perspectiva crítica moderna, el estímulo
suficiente para replantearnos —a título de prueba o experi-
mentación— esta posibilidad desechada por Goldmann en
1955.

En el propio Goldmann encontramos argumentos muy
válidos para ello. «La ambigüedad del mundo —escribe Goldmann—, su *sentido y sinsentido,* la imposibilidad de encontrar en él una línea de conducta válida, clara y unívoca, se
ha convertido nuevamente en nuestros días en uno de los
temas principales de la reflexión filosófica (...) Es que una
vez más las fuerzas sociales que en el siglo XIX permitieron
superar la tragedia en el pensamiento dialéctico y revolucionario han llegado a subordinar, por una evolución que no
podemos examinar aquí, lo humano, los valores, a la eficacia; y una vez más los pensadores más honestos [44] se ven
obligados a señalar la ruptura que ya atemorizaba a Pascal
entre la fuerza y la justicia, entre la esperanza y la condición humana». Y añade a continuación que «esta misma
situación ha suscitado no solamente la conciencia aguda de
la ambigüedad del mundo y del carácter inauténtico de la
vida cotidiana, sino también un interés renovado por los
pensadores y autores trágicos del pasado». Estos argumentos nos parecen muy sólidos y los que, a continuación, expone también Goldmann —ahora para desechar aquéllos—

---

[44] Una mera observación lingüística: aunque tan frecuentemente
se use el término *honesto,* en vez de *honrado,* no está de más recordar
que es un anglicismo, y que esa sustitución resulta incorrecta, supuesto que en castellano existe una clara diferencia entre una y otra
cosa. Recuerdo haber leído en algún sitio —¿algún escrito de Madariaga?— que esa diferencia se puede resumir, gráficamente, así: la *hon-*
radez afecta a la conducta del hombre de medio cuerpo para arriba,
y la *honestidad,* de medio cuerpo para abajo.

se nos antojan hoy mucho más débiles. Escribe Goldmann
que ninguno de estos pensadores, ni Sartre ni Merleau-Ponty,
se ha situado en una línea que pueda vincularse a Pascal,
a Hegel, a Marx, ni tampoco «a una tradición clásica en el
sentido más amplio y estricto de la palabra». Y explica esto
último en los siguientes términos: «precisamente el hecho
de *no aceptar la ambigüedad,* de mantener a pesar y contra
todo la exigencia de razón y de claridad, de valores humanos *que deben ser realizados,* es lo que constituye la esencia
de la tragedia en particular y del espíritu clásico en general» [45]. No conozco suficientemente la obra de Merleau-Ponty
para discutir estas afirmaciones de Goldmann referidas a
él; entiendo que unas cuantas lecturas dispersas no autorizan a hacerlo, si se quiere proceder con toda la seriedad
intelectual que el problema requiere. Pero en lo tocante a
Sartre, y no sólo al Sartre posterior, sino precisamente al
Sartre de 1955, el Sartre existencialista, sí me atrevo a decir
resueltamente que esa exigencia de claridad y de transformación está implícita en su obra y presta a ésta el sentido
último de su mensaje. En su filosofía, en su teatro o en su
novela de la época existencialista, el mundo contorsionado
y confuso de la postguerra encuentra, no sólo un reflejo
muy exacto, sino una aguda impugnación El mundo y la
condición humana de *Huis clos,* por ejemplo, sólo cobran
su verdadero significado en tanto que se presentan como una
tarea: son algo inaceptable, son algo que hay que transformar.

Pero no podemos extendernos más en este punto. Basta
lo dicho para observar que: 1.º, en el propio Goldmann advertimos razones suficientes que permiten una aplicación
del concepto de «visión trágica» a manifestaciones artísticas

---

[45] Todo ello en *op. cit.,* págs. 78-79.

contemporáneas, y 2.º, esa aplicación puede apoyarse tanto en la vinculación a una línea de pensamiento que él traza de Pascal a Hegel y Marx, como también en esa cualidad de *lo clásico* que él señala. Si, en términos generales, vemos a partir de aquí un campo de exploración crítica lleno de interesantes posibilidades y de resultados que, *a priori*, nos parecen altamente prometedores (piénsese, por poner un ejemplo, en todo lo que cabría deducir de un drama como *Esperando a Godot* desde la perspectiva de la «visión trágica»), ese interés se centuplica al venir a los dominios de la cultura española. En ésta, la conciencia trágica ocupa —desde *La Celestina*, Fray Luis de León, Cervantes, El Greco o Velázquez hasta Goya, Picasso, Unamuno, Valle-Inclán o García Lorca— un lugar preeminente y fundamental. Queda aún por añadir este hecho: lo que ha sido el azaroso vivir español de los siglos XIX y XX, y más en especial lo que ha sido nuestro pasado inmediato: la guerra civil y la etapa histórica siguiente a ella. Que en este ámbito de una cultura nacional se produzca una vigorosa presencia de lo trágico es fenómeno que adquiere ciertas connotaciones particulares, y con ellas se refuerza la posibilidad —más: la necesidad— de análisis críticos como el que aquí nos hemos propuesto.

Tres son, según Goldmann, los planos que estructuran la «visión trágica»: Dios, el mundo, el hombre. El Dios *trágico* no es el Dios *religioso* —Dios de certezas—, sino un Dios incierto, equívoco y paradójico. «La voz de Dios —escribe Goldmann— ya no habla al hombre de manera inmediata. Hé aquí uno de los puntos fundamentales del pensamiento trágico» [46]. Y también, y sobre todo: «Un Dios *siempre ausente y siempre presente* es el centro mismo de

_____

[46] *Op. cit.*, págs. 50-51.

la tragedia» [47]. Con esta idea del Dios trágico, y en definitiva con su elaboración de la «visión trágica», desarrolla Goldmann un pensamiento del joven Lukács sobre la tragedia: «La tragedia —escribía Lukács— es un juego, un juego entre el hombre y su destino, un juego cuyo espectador es Dios. Pero éste es solamente espectador, y sus palabras y sus actos no se mezclan nunca con las palabras y los gestos de los actores. Únicamente sus ojos se fijan en ellos». Asimismo, Goldmann cita esta inquietante pregunta de Lukács, que tan perfectamente podría servir de lema a un drama como *Irene, o el tesoro*: «¿Puede continuar viviendo el hombre sobre el que se ha detenido la mirada de Dios? ¿Acaso son compatibles la vida y la presencia divina?» [48]. Esa «incompatibilidad» nos la hace ver Goldmann, sobre todo, a través de algunos textos de *Pensées*, en los que comprobamos cómo lo más fácil para las exigencias mundanas es lo más difícil para las exigencias divinas, y a la inversa. Para el hombre trágico, la relación con su Dios es, pues, sobremanera compleja: «El Dios de la tragedia, el Dios de Pascal, de Racine y de Kant (...) no le da al hombre ningún auxilio exterior» y tampoco «ninguna garantía, ningún testimonio de la validez de su razón y de sus propias fuerzas», a la vez que sus exigencias son máximas y sitúan al hombre en el límite de sí mismo: «se trata de un Dios que exige y que juzga, de un Dios que recuerda siempre (...) que la única vida válida es la de la *esencia* y la *totalidad*, o para decirlo como Pascal, la de una verdad y una justicia *absolutas* que no tienen nada que ver con las verdades y las justicias *relativas* de la existencia humana» [49]. ¿No expresan estas palabras, admirablemente, lo que es la esperanza y la desesperación de los

---

[47] *Ibid.*, pág. 52.
[48] *Ibidem.*
[49] *Ibid.*, pág. 53.

personajes *contemplativos,* y especialmente del que los resume a todos: el protagonista de *En la ardiente oscuridad?* ¿Qué otra cosa sino un vivir para la esencia y la totalidad es su vida, y qué otra cosa sino un abandono parcial, un pacto con el mundo, es el amor de Juana y la lucha en términos mundanos contra Carlos, expresión todo ello de su *caída* y origen del castigo final: su muerte? ¿Cómo tendría un sentido coherente la historia de Ignacio y el mundo en torno, si no advirtiéramos en ese escenario la *ausencia y presencia* de Dios, un Dios oculto y mudo? ¿A qué otra cosa sino a ese Dios trágico nos lleva, en últimas instancias, la pasión de lo imposible que mueve al protagonista?

En estas preguntas va implícita una respuesta afirmativa. Pero ahora debemos detenernos, brevemente, en *Irene, o el tesoro* y en *Hoy es fiesta.* Con *El tragaluz,* son obras que tienen, respecto al tema del Dios trágico, un valor similar al que, con respecto al tema mítico, tienen *Llegada de los dioses* y *Mito:* son hilos conductores hacia la totalidad del teatro del autor. En *Irene, o el tesoro,* nos encontramos con una figura enigmática: La Voz. A punto ya de terminar el drama, hé aquí este diálogo entre La Voz y el Duende, Juanito:

JUANITO: Yo creo que tú eres Dios.

LA VOZ: Levántate y no pronuncies esa palabra. Es demasiado elevada para todos nosotros.

JUANITO *(se levanta):* ¿Quién eres tú? *(Silencio.)* ¿Eres un ángel? *(Silencio.)* Dime si todo esto es verdad. Dime si yo soy verdad y si lo eres tú, pues sólo así creeré que ella (Irene) no está loca.

LA VOZ: La sabiduría de los hombres es locura, y su locura puede ser sabiduría.

JUANITO: Entonces, ¿todo es verdad? ¿No me he engañado?

LA VOZ: Para la loca sabiduría de los hombres, tú y yo somos un engaño. Pero el mundo tiene dos caras... Y desde la nuestra que engloba a la otra, ¡ésta es la realidad!

En páginas anteriores, ya hemos aludido a estas palabras de La Voz, muy expresivas de una búsqueda peculiar de Buero: la síntesis de la realidad aparente y el misterio, lo maravilloso. Pero aquí importa llamar la atención sobre el pétreo silencio de La Voz ante las preguntas acerca de su identidad, silencio que tiende a subrayar la condición equívoca de esta figura. Ocurre lo mismo que con El Padre, en *El tragaluz*. Esta sustancial «equivocidad» viene a ser un modo original de dar prestancia escénica a la idea del Dios ausente y presente, el Dios de la tragedia. En otros casos, el autor llega a esos resultados merced a la creación de una *atmósfera* dramática. Así, por ejemplo, en *Historia de una escalera*, *En la ardiente oscuridad* y, parcialmente, en *Las Meninas*. Pero, fundamentalmente, en *Hoy es fiesta*. El monólogo o el soliloquio —forma predilecta del lenguaje trágico, según Goldmann— de Silverio es un excelente ejemplo dramático de la llamada del hombre trágico a su Dios oculto y mudo:

> A ti te hablo. A ti, misterioso testigo, que a veces llamamos conciencia... A ti, casi innombrable, a quien los hombres hablan cuando están solos sin lograr comprender a quién se dirigen...

Observemos también la actitud del personaje cuando, casi inmediatamente, muere Pilar. Silverio se incorpora y «mira a todos lados con indecible angustia, ahogándose, en torpe demanda —¿a quién?— de auxilio».

La acción de *Hoy es fiesta*, se represente ante cualesquiera espectadores, se dirige a *un solo espectador válido*: el Dios trágico, cuyas palabras y actos «no se mezclan nunca con las palabras y los gestos de los actores». Lo mismo sucede en *Historia de una escalera* y en todas las demás obras. Pero no se agotan aquí las sugestiones del tema. A menudo, algunos personajes-conciencia encarnan ciertos signos, ciertas *posibles* manifestaciones del Dios oculto y mudo: por ejemplo, Anita en *Las cartas boca abajo*. Cabría añadir que, en el pensamiento del autor, Dios es *el otro*, o cuando menos, sólo a través del *otro* puede ser buscado. Finalmente, el símbolo de la luz. Constante en el teatro de Buero, el modo como aparece en dos obras, *En la ardiente oscuridad* y *Las Meninas*, resulta sumamente significativo. Bastará remitir, en el primer caso, a cuanto acabamos de indicar sobre Ignacio y su búsqueda de Dios, y retomar, respecto al segundo, unas palabras de Velázquez que sólo ahora adquieren toda su intensidad: «He llegado a sospechar que la forma misma de Dios, si alguna tiene, sería la luz...».

Comprobamos así que el teatro de Buero apunta medularmente al problema de recuperar a Dios... «o lo que es menos ideológico —añadiríamos, con palabras de Goldmann que hacemos nuestras—, la comunidad y el universo». Pero no anticipemos conclusiones. Se pregunta Goldmann qué es el mundo para la conciencia trágica y responde: «en dos palabras, *todo* y *nada* al mismo tiempo» [50]. Para añadir poco después: «La tragedia sólo conoce una forma válida de pensamiento y de actitud, *el sí y el no*, la paradoja, *vivir sin participar ni gustar* [51] (...) Esta es la actitud *coherente* y *paradójica* —todavía más: *coherente por ser paradójica*— del hombre trágico ante el mundo y ante la realidad mundana» [52]. Lo cual concede al hombre trágico una excepcional disposición para aprehender la realidad y dar cuenta de ella:

> Este *sí* y *no* hacia el mundo, ambos enteros y absolutos (el *sí* en tanto que exigencia *mundana* de realización de valores,

---

[50] *Ibid.*, pág. 65.
[51] Es frase de Pascal, a la que Goldmann confiere una fuerte significación de conjunto.
[52] *Op. cit.*, pág. 67.

el *no* en tanto que negación de un mundo *esencialmente con-*
fuso en el que los valores son irrealizables) permite a la conciencia trágica alcanzar en el plano del conocimiento un grado
de precisión y objetividad extremadamente adelantado y nunca
alcanzado antes. La distancia infranqueable que separa del
mundo al ser que *vive en él* exclusivamente pero *sin participar*
en él libera a su conciencia de las ilusiones corrientes y de las
dificultades habituales y convierte el arte y el pensamiento
trágicos en una de las formas más avanzadas de realismo [53].

Y más adelante:

El hombre trágico, con su exigencia de absoluto y de claridad, se encuentra ante un mundo que es la única realidad a
la cual cabe oponerla, el único lugar donde *podría* vivir a condición de no abandonar jamás tal exigencia y el esfuerzo por
actualizarla. Pero como el mundo nunca puede bastarle, la
mirada de Dios obliga al hombre mientras vive —y mientras
vive vive en el mundo— a *no participar ni gustar jamás* (...)
El hombre es un ser contradictorio, unión de fuerza y de debilidad, de grandeza y de miseria; el hombre y el mundo en que
vive están hechos de oposiciones radicales, de fuerzas antagónicas que se oponen sin poder unirse o excluirse, de elementos
complementarios que nunca forman un todo. La grandeza del
hombre trágico consiste en verlos y conocerlos en su más rigurosa verdad, y en no aceptarlos jamás. Porque aceptarlos sería
precisamente eliminar la paradoja, renunciar a la grandeza y
contentarse con la miseria. Felizmente, el hombre sigue siendo
paradójico y contradictorio hasta el final, *el hombre supera*
infinitamente al hombre, y a la ambigüedad radical e irremediable del mundo opone su exigencia, no menos radical e irremediable, de claridad [54].

Difícilmente se podría explicar mejor lo que es el universo dramático de Buero, sus tensiones y ambivalencias,
la persistente imagen de una contradicción polar entre el

---

[53] *Ibid.,* pág. 74.
[54] *Ibid.,* págs. 77-78. Todos los subrayados, en el original.

sueño de lo imposible y la precariedad material y moral del mundo; el constante forcejeo contra ese mundo, único ámbito en el que realizar —quijotescamente— lo irrealizable; el obsesivo empeño del autor en llegar a una síntesis de contrarios, y, ya en otro plano, su reivindicación en tanto que escritor y frente a la sociedad de una posición *solitaria* y *solidaria*, cuya coherencia reside en su misma paradoja. Pero abundemos más extensamente en nuestro cometido. Veamos las sucesivas correspondencias que ofrece el teatro de Buero en relación con los elementos fundamentales de la «conciencia trágica», tal como los resume Goldmann, y que a continuación desglosamos en varios puntos —aunque respetando su enunciado— para mayor claridad expositiva [55]:

1.º El carácter paradójico del mundo. (Es el mundo de los personajes *contemplativos*: insuficiente e inclusive hostil frente a su aspiración radical, al tiempo que único ámbito donde poder intentarla.)

2.º La *conversión* del hombre a una existencia esencial. (Todos los *contemplativos* viven para lo imposible: esta es su existencia esencial.)

3.º La exigencia de verdad absoluta. (Todos los *contemplativos* —sin excepción— buscan denodadamente la verdad absoluta y tratan de afirmarla en el mundo.)

4.º La *negación* de toda ambigüedad y de todo compromiso. (En vez de compromiso, quizá fuera más claro decir aquí: *pacto* o *componenda*.) (Puede apreciarse suficientemente en el rechazo que hacen los *contemplativos* —desde Ignacio hasta Julio— de las soluciones falaces y tranquilizadoras, e incluso de los términos medios.)

5.º La *exigencia de síntesis* de los contrarios. (Es afán perceptible en el teatro de Buero desde muchos supuestos,

---

[55] Este resumen en *op. cit.*, pág. 89.

pero sobre todo en lo referente al intento de síntesis misterio-realidad, teatro *totalizador*, etc.)

6.º La *conciencia de los límites* del hombre y del mundo. (La experiencia de cada personaje *contemplativo* es siempre ésta, en tanto que su aspiración radical le lleva a rechazar por insuficiente el plano de lo posible.)

7.º La soledad. (Tema, según hemos visto, permanente en las obras de Buero. Jean-Paul Borel, en un texto ya citado, ha visto en las taras físicas un símbolo de la soledad. Soledad que puede verse también en personajes no lisiados, como Velázquez.)

8.º El abismo infranqueable que separa al hombre del mundo, de Dios. (Como ejemplos del primer caso, baste recordar figuras como Ignacio o Irene; del segundo, los fragmentos ya transcritos de *Irene, o el tesoro* y de *Hoy es fiesta*.)

9.º La *apuesta* sobre un Dios cuya existencia es indemostrable, y *la vida exclusivamente para este Dios* siempre presente y siempre ausente. (Supuestas la complejidad y la diversidad de formas simbólicas como aparece la idea del Dios trágico en el teatro de Buero, encuentro en el modo como Ignacio *espera* alcanzar la luz, un ejemplo —altamente representativo— de esta *apuesta*. Manifiesta el personaje: «...nos dicen incurables, pero, ¿qué sabemos nosotros de eso? Nadie sabe lo que el mundo puede reservarnos; desde el descubrimiento científico... hasta... el milagro».)

10.º La *primacía de lo moral* sobre lo teórico y sobre la eficacia. (Sobradamente lo hemos podido comprobar a través de la antinomia *contemplativos-activos*.)

11.º El abandono de toda esperanza de victoria material o simplemente de futuro. (No puede aceptarse este punto respecto a la obra de Buero, y conviene recordar que, páginas atrás, hemos visto cómo y por qué se da en él una *conciencia histórica* compatible con su conciencia trágica.)

12.º La salvaguarda pese a todo de la victoria espiritual y moral, la salvaguarda de la eternidad. (Victoria espiritual y moral, porque el sacrificio de los *contemplativos* nunca es inútil: ha redimido a *otros;* salvaguarda de la eternidad, porque si existiera ese Dios por el que ha apostado el hombre trágico, estos *contemplativos* podrían presentarse desnudos, con dignidad y sin vergüenza, ante él.)

Cuanto antecede es ya suficiente —creemos— para afirmar que existe una adecuación entre la «visión trágica» y el teatro de Buero. Sin perjuicio, naturalmente, de que un más extenso análisis en esta dirección permita obtener mayor número de datos particulares. Pero lo que ahora resulta más urgente y fundamental es que nos preguntemos por qué aparece esta conciencia trágica que es la obra dramática de Buero en el marco de la actual circunstancia española. Convergen en la respuesta que proponemos a continuación cuantas indagaciones hemos hecho en éste y anteriores capítulos; esa respuesta equivale, por tanto, a unas conclusiones con las que, provisionalmente, cerramos este estudio.

Recordemos, en primer lugar, un dato biográfico de suma importancia: que Buero empieza a escribir teatro después de una experiencia directa, y a nivel personal muy grave, de la guerra y de la postguerra. Cuando, en 1945, sale de la cárcel en libertad provisional, intenta pintar de nuevo, sin mucho éxito, y tras algunos tanteos comienza a escribir *este teatro*, en el que paralelamente hemos encontrado una reactualización de tres mitos españoles o españolizados y una «visión trágica» del hombre y del mundo. Debemos añadir ahora que no sólo abandona la pintura, sino que se abre una brecha en sus sólidas convicciones juveniles respecto a cuestiones tan fundamentales para un intelectual moderno como son la filosofía marxista y la revolución. Al entusiasmo anterior sucede en este terreno una actitud que no será nunca *opuesta*, pero que estará impregnada de una buena dosis de escepticismo y de melancolía. La parálisis momentánea del pensamiento marxista a resultas del stalinismo y de la guerra fría, y, de otro lado, la escisión de la izquierda —que en España fue previa, y tanto más dramática al producirse en y a pesar de la guerra civil— son, sin duda, factores impulsores que pueden explicar —compartiéndola o sin compartirla: ésa es otra cuestión— la actitud dubitativa, recelosa, inquieta y melancólica de Buero Vallejo en 1945 [56]. Es éste, por lo demás, un sentimiento común a gran parte —¿quizá la mayoría?— de los hombres de esa generación, sea cual sea la forma como este sentimiento de frustración y de perplejidad haya sido experimentado y expresado en Europa. En España, pudo ser experimentado de un modo más agudo que en otras partes, por los avatares y el desenlace de la guerra; en el caso de Buero, más agudizado que en otras personas, por la manera particular y contradictoria como la guerra afectó a su vida. En esta tesitura, expresarse en términos artísticos —o incluso y más radicalmente: vivir en la nueva situación— sólo podía resultar digno, ante el espejo de la propia conciencia subjetiva, si el mensaje que se transmitía recobraba y afirmaba la dignidad de lo humano. Dignidad del vivir humano en términos abstractos, desde luego, pero también y particularmente dignidad del vivir en y a pesar de las nuevas circuns-

---

[56] Lo que, por otra parte, no alteraría unas convicciones básicas. Véanse, por ejemplo, estas declaraciones a Salvador Pániker: «Opino que el socialismo debería ser el futuro de la humanidad. El capitalismo es radicalmente injusto» (en *Conversaciones en Madrid*, Barcelona, 1969, Kairós, pág. 182).

tancias. El acceso a la «visión trágica» vendría a ser así la elección de la única alternativa para no caer en la sima del nihilismo o del cinismo, de la desesperación o del silencio. Y vendría a suponer la restauración, por encima de los escombros, de la actitud más avanzada de la cultura española, desde Cervantes hasta Unamuno. El trasfondo mítico, que hemos podido advertir, cabe interpretarlo, entre otras cosas pero acaso fundamentalmente, como una evidencia de esa busca íntima y exasperada, busca *a la vez* de unos valores sustanciales a una cultura y de unos valores inherentes y necesarios a la dignidad de lo humano. Tales mitos, y precisamente en los términos en que llegan hasta el autor y son reactualizados por él, ejemplifican esos valores en sus límites máximos. Su presencia, en tanto que mitos españoles o españolizados, se articula simétrica y armoniosamente con las exploraciones «procesales» del dramaturgo sobre la sociedad española y sobre la historia de España: todo responde a una sola y sostenida meditación. Una meditación desolada —y, pese a todo, esperanzada— acerca del destino de un pueblo. Así, pues, se diría que todos estos hilos vienen a ser convergentes y a dar su compleja estructura y su peculiar fisonomía a un teatro que es a la vez expresión de la mala conciencia de quien ha sobrevivido a la devastación y a la catástrofe, y simultáneamente y por ello mismo, testimonio lúcido, obsesivo y obsesionante de un *final de partida* español. Teatro de izquierdas, se ha dicho a menudo, es el de Buero Vallejo. Sin duda lo es, pero no tanto por contener una crítica a la derecha —que, desde luego, contiene— sino, fundamentalmente, por manifestar la exasperación y la impotencia de una izquierda derrotada y marginada. Y ello sin «derrotismo» ni «revanchismo»; antes al contrario, y justamente porque se sitúa en la perspectiva de la conciencia trágica, con la convocatoria a la conciliación y a la restauración de valores sustancialmente humanos.

Llegados a este punto, creo que hemos obtenido unos resultados útiles al aplicar la idea de «visión trágica» al teatro de Buero. Precisamente esa conciencia trágica —posición de paso, según Goldmann— se nos aparece como una manifestación artística e ideológica extraordinariamente válida, en tanto que restauradora de la dignidad de lo humano. Posición de paso, puede ser también un punto de partida —y quizá sea *el* obligado punto de partida— para un arte y un pensamiento que, dialécticamente, quiera ir más allá de esa frontera. Pero, finalmente y más acá de tales consideraciones, queda en pie este doble hecho: el valor artístico del teatro de Buero, que en media docena de sus obras alcanza un vértice muy alto —interprétense como se quiera— y el significado que ese teatro ha venido teniendo en su continuada relación con los públicos españoles. En la cultura española de estos últimos treinta años, ha habido intelectuales españoles —dentro o fuera del país— de más sólida y compleja formación, o bien escritores —fuera del género dramático, y particularmente en la poesía— que, en un plano sobre todo estilístico, aventajan a la obra de Buero. Pero no encuentro, hablando en términos generales, una obra literaria que en su conjunto exprese tan puntual, tan exacta y tan profundizadamente lo que ha sido el oscuro vivir español de las últimas décadas. Creo que en este punto Buero Vallejo aventaja a casi todos los escritores contemporáneos, cualquiera que sea su medio de expresión e incluyo el discurso histórico y el discurso filosófico. Con rara habilidad, este autor ha plasmado en una forma artística, original, ese sentimiento de *final de partida*, común a la mayoría de los españoles de nuestro tiempo, pero rara vez manifestado. Y este arte suyo, por ser verdadero, trasciende el marco de su propia génesis y de su propio desarrollo. Empapado de savia española, se proyecta en un mensaje de alcance universal. Teatro de protesta en la España de hoy, lo es también en el mundo de hoy, en el que la verdad y la libertad son, igualmente, aspiraciones profundas... e insatisfechas del hombre moderno, para quien recobrar «la comunidad y el universo» es tarea pendiente y en extremo azarosa, incierta y problemática.

FICHA DE ESTRENOS

1

Título: *Historia de una escalera.*

Reparto: Cobrador de la luz (José Capilla), Generosa (Adela Carbone), Paca (Julia Delgado Caro), Elvira (María Jesús Valdés), Doña Asunción (Consuelo Muñoz), Don Manuel (Manuel Kayser), Trini (Esperanza Grases), Carmina (Elena Salvador), Fernando (Gabriel Llopart), Urbano (Alberto Bové), Rosa (Pilar Sala), Pepe (Adriano Domínguez), Señor Juan (José Cuenca), Señor bien vestido (Fulgencio Nogueras), Joven bien vestido (Rafael Gil Marcos), Manolín (Manuel Gamas), Carmina, hija (Asunción Sancho) y Fernando, hijo (Fernando M. Delgado).

Dirección: Cayetano Luca de Tena.

Decorado y Vestuario: Emilio Burgos.

Estreno: Teatro Español, Madrid, 14 octubre 1949.

2

Título: *Las palabras en la arena.*

Reparto: Asaf, jefe de la Guardia del Sanhedrín (Fernando M. Delgado), Noemí, su esposa (Marisa de Leza), La Fenicia, sierva (Encarnita Plana), Joazar, sacerdote del Templo (Félix Ochoa), Matatías, fariseo (Simón Ramírez), Gadi, saduceo (Luis Lama) y Eliú, escriba (Ramón Moreno).

Dirección: Ana Martos de la Escosura.

Estreno: Teatro Español, Madrid, 19 diciembre 1949.

3

Título: *En la ardiente oscuridad.*

Reparto: Elisa (Amparo Gómez Ramos), Andrés (Miguel Ángel),
Pedro (F. Pérez Ángel), Lolita (Berta Riaza), Alberto (Manuel Már-
quez), Carlos (Adolfo Marsillach), Juana (Mari Carmen Díaz de Mendoza), Miguelín (Ricardo Lucia), Esperanza (Mayra O'Wissiedo), Ignacio (José María Rodero), Don Pablo (Rafael Alonso), El Padre (Gabriel
Miranda) y Doña Pepita (Pilar Muñoz).

Dirección: Luis Escobar y Huberto Pérez de la Ossa.

Decorado: Fernando Rivero.

Luminotecnia: M. Romarate.

Estreno: Teatro María Guerrero, Madrid, 1 diciembre 1950.

4

Título: *La tejedora de sueños.*

Reparto: Dione, esclava (Cándida Losada), Esclava 1.ª (Luisita España), Esclava 2.ª (Maruja Recio), Esclava 3.ª (Mara Jerez), Esclava 4.ª
(Esperanza Grases), Euriclea, la nodriza (Julia Delgado Caro), Penélope, la reina (María Jesús Valdés), Telémaco, su hijo (Jacinto Martín), El Extranjero (Guillermo Marín), Antinoo (Fernando M. Delgado),
Eurímaco (Alberto Bové), Pisandro (José María Horna), Leócrito (Rafael Gil Marcos), Anfino (Gabriel Llopart), Eumeo, el porquerizo (José
Cuenca) y Filetio, el pastor (José Capilla).

Decorado y Vestuario: Vicente Viudes.

Canción: Manuel Parada.

Dirección: Cayetano Luca de Tena.

Estreno: Teatro Español, Madrid, 11 enero 1952.

5

Título: *La señal que se espera.*

Reparto: Enrique, dueño de la casa (Antonio Vico), Susana, su
esposa (Carmen Carbonell), Luis, compositor (Antonio Ceballos), Julián,

viejo amigo (José Vivó), Bernardo, criado (José Alburquerque) y Rosenda, criada (María Luisa Arias).

DECORADO: Redondela.

DIRECCIÓN: Antonio Vico.

ESTRENO: Teatro Infanta Isabel, Madrid, 21 mayo 1952.

6

TÍTULO: *Casi un cuento de hadas.*

REPARTO: El rey Alberto (Rafael Bardem), La reina Juana (Matilde Muñoz Sampedro), La princesa Leticia (Nani Fernández), Darío, canciller (Antonio Riquelme), La princesa Laura (Cándida Losada), Félix, gentilhombre (José Vilar), Jorge, gentilhombre (Vicente Llopis), Irene, dama de honor (Esperanza Grases), Clotilde, dama de honor (Celia Fóster), Oriana (Margarita Robles), El príncipe Riquet (Guillermo Marín y Gabriel Llopart) y Armando, señor de Hansa (Ricardo Lucia).

DECORADO: Emilio Burgos.

VESTUARIO: Vicente Viudes.

DIRECCIÓN: Cayetano Luca de Tena.

ESTRENO: Teatro Alcázar, Madrid, 10 enero 1953.

7

TÍTULO: *Madrugada.*

REPARTO: Sabina (Margarita Robles), Enfermera (Pilar Muñoz), Amalia (María Asquerino), Lorenzo (Antonio Prieto), Leonor (María Isabel Pallarés), Mónica (María Luisa Romero), Dámaso (Manuel Díaz González), Leandro (Gabriel Llopart) y Paula (Esperanza Grases).

DECORADO: Vicente Viudes.

DIRECCIÓN: Cayetano Luca de Tena.

ESTRENO: Teatro Alcázar, Madrid, 9 diciembre 1953.

8

TÍTULO: *Irene, o el tesoro.*

REPARTO: Justina (Carmen Seco), Irene (Elvira Noriega), Aurelia (Luisa España), Méndez (Miguel Pastor Mata), Dimas (Rafael Bar

dem), Visitante (Guillermo Hidalgo), Sofía (Pepita C. Velázquez), Juanito (Mary-Tere Carreras), La Voz (Ángel Picazo), Daniel (José María Rodero), Juliana, voz de (N. N.) y Campoy (Agustín González).
MELODÍA: Manuel Parada.
DECORADO: Vicente Viudes.
LUMINOTECNIA: Mayoral.
DIRECCIÓN: Claudio de la Torre.
ESTRENO: Teatro María Guerrero, Madrid, 14 diciembre 1954.

9

TÍTULO: *Hoy es fiesta.*
REPARTO: Nati (María Francés), Doña Nieves (María Luisa Moneró), Remedios (Pepita C. Velázquez), Sabas (Manuel Rojas), Paco (Teófilo Calle), Tomasa (Adela Calderón), Manola (Luisa Sala), Fidel (Pastor Serrador), Daniela (Victoria Rodríguez), La vecina guapa (Malila Sandoval), Doña Balbina (Isabel Pallarés), Silverio (Ángel Picazo), Cristóbal (Javier Loyola), Elías (Manuel Arbó) y Pilar (Elvira Noriega).
DECORADO: Emilio Burgos.
DIRECCIÓN: Claudio de la Torre.
ESTRENO: Teatro María Guerrero, 20 septiembre 1956.

10

TÍTULO: *Las cartas boca abajo.*
REPARTO: Adela (Tina Gascó), Anita (Pilar Muñoz), Juan (José Bódalo), Juanito (José Vilar) y Mauro (Manuel Díaz González).
DECORADO: Emilio Burgos.
DIRECCIÓN: Fernando Granada.
ESTRENO: Teatro Reina Victoria, Madrid, 15 noviembre 1957.

11

TÍTULO: *Un soñador para un pueblo.*
REPARTO: Ciego de los romances (Miguel Ángel), La Claudia, maja (Pilar Bienert), Doña María, alcahueta (Milagros Leal), Fernandita

(Asunción Sancho), Bernardo, el calesero (Fernando Guillén), Morón, embozado (Pascual Martín), Relaño, embozado (Avelino Cánovas), Roque, alguacil (José L. Alvar), Crisanto, alguacil (Manuel Ceinos), Mayordomo (Antonio Albert), Don Antonio Campos, secretario privado (Miguel Palenzuela), Don Zenón de Somodevilla, marqués de la Ensenada (José Sancho Sterling), Don Leopoldo de Gregorio, marqués de Esquilache (Carlos Lemos), Doña Pastora Paternó, marquesa de Esquilache (Ana María Noé), Cesante (José Guijarro), El Duque de Villasanta (Luis Peña), Paisano (Francisco A. Gómez), Embozado 1.º (Anastasio Campoy), Alguacil 1.º (José María Ramonet), Alguacil 2.º (Vicente S. Roca), Embozado 2.º (José Luis Sanjuán), Embozado 3.º (Francisco Carrasco), El Rey (José Bruguera), Doña Emilia (Lolita Salazar) y Lacayo (Antonio Díaz).

DECORADO Y FIGURINES: Emilio Burgos.

DIRECCIÓN: José Tamayo.

ESTRENO: Teatro Español, Madrid, 18 diciembre 1958.

12

TÍTULO: *Las Meninas.*

REPARTO: Martín (José Bruguera), Pedro Briones (José Sepúlveda), Un Dominico (Avelino Cánovas), Doña María Agustina Sarmiento (Mari Carmen Prendes), Doña Isabel de Velasco (Asunción Pascual), Doña Marcela de Ulloa (María Rus), Don Diego Ruiz de Azcona (Manuel Ceinos), Un Guardia Borgoñón (Rafael Guerrero), Juana Pacheco (Luisa Sala), Juan Bautista del Mazo (Carlos Ballesteros), Juan de Pareja (Anastasio Alemán), Diego Velázquez (Carlos Lemos), Infanta María Teresa (Victoria Rodríguez), José Nieto Velázquez (Fernando Guillén), Ángelo Nardi (Manuel Arbó), El Marqués (Gabriel Llopart), Nicolasillo Pertusato (Luis Rico Sáez), Mari Bárbola (Lina de Hebia), El Rey Felipe IV (Javier Loyola), Un Ujier (José Guijarro), Un Alcalde de Corte (Francisco Carrasco), Alguacil 1.º (Simón Cabido), Alguacil 2.º (José Luis de San Juan) e Infanta Margarita (Pepita Amaya).

DECORADO Y FIGURINES: Emilio Burgos.

DIRECCIÓN: José Tamayo.

ESTRENO: Teatro Español, Madrid, 9 diciembre 1960.

13

TÍTULO: *El Concierto de San Ovidio.*

REPARTO: Luis María Valindin, negociante (Pepe Calvo), La Priora de los Quince Veintes (María Rus), Sor Lucía (Amalia Albaladejo), Sor Andrea (Elena Cózar), Gilberto, ciego (Francisco Merino), Lucas, ciego (Pedro Oliver), Nazario, ciego (Avelino Cánovas), Elías, ciego (Manuel Andrés), Donato, ciego (Félix Lumbreras), David, ciego (José María Rodero), Adriana, moza de mala fama (Luisa Sala), Catalina, criada (Carmen Ochoa), Jerónimo Lefranc, violinista (Emilio Menéndez), Ireneo Bernier, calderero (José Segura), Latouche, comisario de Policía (Antonio Puga), Dubois, oficial de Policía (Alberto Fernández), Burguesa (Asunción Pascual), Damisela 1.ª (Beatriz Farrera), Damisela 2.ª (Araceli Carmena), Damisela 3.ª (Soledad Payno), Pisaverde (Jesús Caballero), Burgués (Carlos Guerrero) y Valentin Haüy (Sergio Vidal).

DECORADOS Y FIGURINES: Manuel Mampaso.

MÚSICA DE «CORINA»: Rafael Rodríguez Albert.

DIRECCIÓN: José Osuna.

ESTRENO: Teatro Goya, Madrid, 16 noviembre 1962.

14

TÍTULO: *Aventura en lo gris.*

REPARTO: Ana (Mercedes Prendes), Alejandro (Antonio Puga), Silvano (Ramón Corroto), Carlos (Eduardo Martínez), Isabel (Victoria Rodríguez), Sargento (José Carpena), Georgina (Aurora Redondo), Campesino (Ricardo Alpuente), Soldado 1.º (Francisco Matasanz), Soldado 2.º (Fabio León), Soldado 3.º (Manuel Tejela) y Sargento enemigo (Antonio Cuadrado).

DECORADOS Y FIGURINES: Sigfrido Burmann.

DIRECCIÓN: El autor.

ESTRENO: Teatro Club Recoletos, Madrid, 1 octubre 1963.

15

Título: *El tragaluz.*

Reparto: Ella (Carmen Fortuny), Él (Sergio Vidal), Encarna (Lola Cardona), Vicente (Jesús Puente), El Padre (Francisco Pierrá), Mario (José María Rodero), La Madre (Amparo Martí), Esquinera (Mari Merche Abreu) y Camarero (Norberto Minuesa).

Decorado: Sigfrido Burmann.

Dirección: José Osuna.

Estreno: Teatro Bellas Artes, Madrid, 7 octubre 1967.

16

Título: *La doble historia del doctor Valmy.* (Traducción al inglés de Farris Anderson).

Reparto: Señor de smoking (Stephen Wheldon), Señora en traje de noche (Adrienne Frank), Secretaria (Catherine Fergusson), Doctor Valmy (Tom Durham), Mary Barnes (Teresa Sellens), Abuela (Evadne Stevens), Daniel Barnes (James Bolam), Marsan (Harry Waters), Paulus (Graham Corry), Pozner (Rosham Seth), Luigi (Stephen Williams), Aníbal Marty (Andrew MacWhirter), Lucila Marty (Pat Rossiter) y Enfermero (Robin Howarth).

Decorado: Robin Edwards.

Dirección: Julian Oldfield.

Estreno: Gateway Theatre, Chester (Inglaterra), 22 noviembre 1968.

17

Título: *El sueño de la razón.*

Reparto: Don Francisco Tadeo Calomarde (Antonio Queipo), El Rey Fernando VII (Ricardo Alpuente), Don Francisco de Goya (José Bódalo), Doña Leocadia Zorrilla de Weis (María Asquerino), Don Eugenio Arrieta (Miguel Ángel), Doña Gumersinda Goicoechea (Paloma Lorena), Don José Duaso y Latre (Antonio Puga), Murciélago y Sargento de Voluntarios Realistas (Manuel Arias), Cornudo y Voluntario 1.º (José María Asensi de Mora), Destrozona 1.ª y Voluntario 2.º

(José Luis Tutor), Destrozona 2.ª y Voluntario 3.º (Manuel Caro), Gata y Voluntario 4.º (Roberto Abello) y Voz de María del Rosario Weis (Mari Nieves Aguirre).

DECORADOS Y FIGURINES: Javier Artiñano.

DIRECCIÓN: José Osuna.

ESTRENO: Teatro Reina Victoria, Madrid, 6 febrero 1970.

18

TÍTULO: *Llegada de los dioses.*

REPARTO: Verónica (Conchita Velasco), Julio (Juan Diego), Matilde (Isabel Pradas), Felipe (Francisco Piquer), Artemio (Ángel Terrón), Nuria (Laly Romay), Inés (Yolanda Ríos), Fabi (Betsabé Ruiz), Margot (Lola Lemos) y El torturado (Alfredo de Inocencio).

DECORADO: Wolfgang Burmann.

DIRECCIÓN: José Osuna.

ESTRENO: Teatro Lara, Madrid, 17 septiembre 1971.

Buero Vallejo es también autor de la versiones de *Hamlet* (Teatro Español, 14 diciembre 1961, dirección: José Tamayo) y de *Madre Coraje* (Teatro Bellas Artes, 8 octubre 1966, dirección: José Tamayo).

En los últimos tres años, Televisión Española ha presentado en sus pantallas algunas obras de Buero Vallejo: *Historia de una escalera, En la ardiente oscuridad, La tejedora de sueños, Madrugada, Hoy es fiesta, Las cartas boca abajo* y *El Concierto de San Ovidio.*

BIBLIOGRAFÍA

Presento aquí una extensa bibliografía —la más completa que existe hasta ahora de Buero Vallejo—, y ello con todos los riesgos que tal propósito entraña: incluir fichas de textos que a menudo carecen de interés y de los que muy bien se puede prescindir para el estudio de este autor. Se observará en tal sentido que sólo una parte muy reducida de esta bibliografía hemos utilizado en el libro, a la vez que hemos manejado gran cantidad de estudios y ensayos no referidos al teatro de Buero, pero esenciales para comprenderlo: de ahí que, pese a la costumbre, figuren a pie de página todas las fichas bibliográficas completas. En el presente repertorio, en cambio, recogemos en el apartado III prácticamente todo lo que se ha escrito sobre Buero, inclusive trabajos de poca entidad. El criterio selectivo ha sido. por tanto, extraordinariamente amplio, y de ahí el valor objetivo que estas páginas bibliográficas podrán ofrecer a quienes estudien desde otros enfoques la obra de este dramaturgo. No van recogidas aquí las reseñas de estrenos, aparecidas en los periódicos. La razón es clara: la buena costumbre de la Prensa diaria, que da cuenta de cada estreno al día siguiente o a los dos días de éste, permite la fácil localización de estas reseñas con sólo disponer de la fecha, y ésta ya viene dada en páginas anteriores.

Debo añadir inmediatamente que el carácter exhaustivo de la presente bibliografía ha sido posible gracias a dos valiosas aportaciones bibliográficas anteriores: *An Exhaustive Bibliography about Antonio Buero Vallejo*, de Harriet Carter, antigua alumna nuestra en el Programa en Madrid de Tulane University, y *Antonio Buero Vallejo. Studien zum Spanischen Nachkriegstheater*, tesis doctoral de Rainer Müller (Universidad de Colonia). Y sobre todo: gracias a la valiosa ayuda del propio Buero, quien conserva minuciosamente gran parte de los trabajos publicados sobre él, a veces —incluso— con comentarios al margen.

I

Obras dramáticas

Historia de una escalera. Drama en tres actos. Pról. de Alfredo Marqueríe, Barcelona, 1950, José Janés, Col. Manantial que no cesa. — *Teatro Español 1949-50*, Madrid, 1951, Aguilar, Col. Literaria. — Madrid, 1952, Escelicer, Col. Teatro, núm. 10 (junto con *Las palabras en la arena*). — Ed. e Intr. de Juan Rodríguez-Castellano, New York, 1955, Scribner, The Scribner Spanish Series for Colleges. — Ed. e Intr. de H. Lester y J. A. Zabalbeascoa Bilbao, London, 1963, University of London Press Ltd. — Barcelona, 1973, Biblioteca general Salvat (junto con *Llegada de los dioses*).

Las palabras en la arena. Vid. *Historia...* y *Aventura...*

En la ardiente oscuridad. Drama en tres actos. Madrid, 1951, Escelicer, Col. Teatro, núm. 3. — *Teatro Español 1950-51*, Madrid, 1952, Aguilar, Col. Literaria. — Ed. e Intr. de Juan Rodríguez-Castellano, New York, Scribner, The Scribner Spanish Series for Colleges. — *Teatro* (*Festival de la Literatura Española Contemporánea*), Lima, 1960, Ediciones Tawantinsuyu. — Madrid, 1967, Magisterio Español, Col. Novelas y Cuentos (junto con *Irene, o el tesoro*). — Madrid, 1973, Espasa-Calpe, Col. Austral (junto con *Un soñador para un pueblo*).

La tejedora de sueños. Drama en tres actos. Madrid, 1952, Escelicer, Col. Teatro, núm. 16. — *Teatro Español 1951-52*, Madrid, 1953, Aguilar, Col. Literaria.

La señal que se espera. Comedia dramática en tres actos. Madrid, 1953, Escelicer, Col. Teatro, núm. 21.

Casi un cuento de hadas. Una glosa de Perrault en tres actos. Madrid, 1953, Escelicer, Col. Teatro, núm. 57.

Aventura en lo gris. Dos actos y un sueño. Primera versión: *Teatro*, núm. 10, enero-febrero-marzo 1954. — Madrid, 1955, Ediciones Puerta del Sol. — Versión definitiva: Madrid, 1964, Escelicer, Col. Teatro, núm. 408. — *Dos dramas de Buero Vallejo*, Ed. e Intr. de Isabel Magaña de Schevill, New York, 1967, Appleton-Century-Crofts (junto con *Las palabras en la arena*).

Madrugada. Episodio dramático en dos actos. Madrid, 1954, Escelicer, Col. Teatro, núm. 96. — *Teatro Español 1953-54*, Madrid, 1955, Aguilar, Col. Literaria. — Ed. e Intr. de Donald W. Bleznick y Martha T. Halsey, Massachusetts, 1969, Blaisdell Publishing Company, A Blaisdell Book in the Modern Languages.

El terror inmóvil. Fragmentos de una tragedia irrepresentable. (Acto Segundo, cuadros I y II.) *Número 100, Antología*, Madrid, 1954, Escelicer, Col. Teatro.

Irene, o el tesoro. Fábula en tres actos. Madrid, 1955, Escelicer, Col. Teatro, núm. 121. — *Teatro Español 1954-55*, Madrid, 1956, Aguilar, Col. Literaria. — Diego Marín, *Literatura Española*, vol. II, New York, 1968, Rinehart and Winston, Inc.

Hoy es fiesta. Tragicomedia en tres actos. Madrid, 1957, Escelicer, Col. Teatro, núm. 176. — *Teatro Español 1956-57*, Madrid, 1958, Aguilar, Col. Literaria. — Ed. e Intr. de J. E. Lyon, London, 1964, George G. Harrap.

Las cartas boca abajo. Tragedia española. Madrid, 1957, Escelicer, Col. Teatro, núm. 191. — *Teatro Español 1957-58*, Madrid, 1959, Aguilar, Col. Literaria. — Ed. e Intr. de Félix G. Ilarraz, New Jersey, 1967, Prentice-Hall, Inc.

Un soñador para un pueblo. Versión libre de un episodio histórico, en dos partes. Madrid, 1959, Escelicer, Col. Teatro, núm. 235. — *Teatro Español 1958-59*, Madrid, 1960, Aguilar, Col. Literaria. — Ed. e Intr. de M. Manzanares de Cirre, New York, 1966, W. W. Norton.

Las Meninas. Fantasía velazqueña en dos partes. Madrid, 1961, Escelicer, Col. Teatro, núm. 285. — *Primer Acto*, núm. 19, enero 1961. — *Teatro Español 1960-61*, Madrid, 1962, Aguilar, Col. Literaria. — Ed. e Intr. de Juan Rodríguez-Castellano, New York, 1963, Scribner, The Scribner Spanish Series for Colleges.

El Concierto de San Ovidio. Parábola en tres actos. *Primer Acto*, número 38, diciembre 1962. — Madrid, 1963, Escelicer, Col. Teatro, núm. 370. — Prólogo de J. P. Borel, Barcelona, 1963, Aymá, Col. Voz-Imagen. — *Teatro Español 1962-63*, Madrid, 1964, Aguilar, Col. Literaria. — Ed. de Pedro N. Trakas e Intr. de Juan Rodríguez-Castellano, New York, 1965, Scribner, The Scribner Spanish Series for Colleges. — Ed. e Intr. de Ricardo Doménech, Madrid, 1971, Castalia, Col. Clásicos Castalia (junto con *El tragaluz*).

La doble historia del doctor Valmy. Relato escénico en dos partes. *Artes Hispánicas*, núm. 2, 1967, Indiana University. — Ed. e Intr. de Alfonso M. Gil, Philadelphia, 1970, The Center for Curriculum Development, Inc.

El tragaluz. Experimento en dos partes. *Primer Acto,* núm. 90, noviembre 1967. — Madrid, 1968, Escelicer, Col. Teatro, núm. 572. — *Teatro Español 1967-68,* Madrid, 1969, Aguilar, Col. Literaria. — Madrid, 1970, Espasa-Calpe, Col. Austral (junto con *El sueño de la razón*).

Mito. Libro para una ópera. Madrid, 1968, Escelicer, Col. Teatro, número 580. — *Primer Acto,* núm. 100-101, noviembre-diciembre 1968.

El sueño de la razón. Fantasía en dos partes. *Primer Acto,* núm. 117, febrero 1970. — Madrid, 1970, Escelicer, Col. Teatro, núm. 655.

Llegada de los dioses. Fábula en dos partes. *Primer Acto,* núm. 138, noviembre 1971. — *Teatro Español 1971-72,* Madrid, 1973, Aguilar, Col. Literaria.

Teatro I (*En la ardiente oscuridad, Madrugada, Hoy es fiesta, Las cartas boca abajo*), Buenos Aires, 1959, Losada, Col. Gran Teatro del Mundo, 275 págs.

Teatro II (*Historia de una escalera, La tejedora de sueños, Irene o el tesoro, Un soñador para un pueblo*), Buenos Aires, 1962, Losada, Col. Gran Teatro del Mundo, 285 págs.

Teatro Selecto (*Historia de una escalera, Las cartas boca abajo, Un soñador para un pueblo, Las Meninas, El Concierto de San Ovidio*), Intr. de Luce Moreau, Madrid, 1966, Escelicer, 612 págs.

Teatro (*Hoy es fiesta, Las Meninas, El tragaluz*), Madrid, 1968, Taurus, Col. El Mirlo Blanco, 632 págs. Textos de A. Buero Vallejo, Jean-Paul Borel, Ricardo Doménech, Ángel Fernández-Santos, José Ramón Marra López, Pablo Martí Zaro, José Monleón, José Osuna, Enrique Pajón Mecloy, Claudio de la Torre y Gonzalo Torrente Ballester, págs. 13-128.

VERSIONES:

Hamlet, príncipe de Dinamarca, de William Shakespeare. Madrid, 1962 Escelicer, Col. Teatro, núm. 345. — Barcelona, 1967, Clásicos Nauta *Madre Coraje y sus hijos,* de Bertolt Brecht. Madrid, 1967, Escelicer Col. Teatro, núm. 560.

II

Ensayos y otros textos

«Gustavo Doré. Estudio crítico-biográfico», en Charles Davillier, *Viaje por España*, Madrid, 1949, Ediciones Castilla, págs. 1.379-1.508.

«Palabra final», en *Historia de una escalera*, Barcelona, 1950, José Janés, págs. 147-157.

«Comentario». (A cada una de sus obras, desde *Las palabras en la arena* hasta *Hoy es fiesta*, en las primeras ediciones de Escelicer, Col. Teatro. No figuran en las reediciones de la misma Colección.)

«Cuidado con la amargura», *Correo Literario*, núm. 2, junio 1950.

«La juventud española ante la tragedia», *Papageno*, núm. 1, 1958. Reproducido en *Cuadernos de Teatro Universitario*, núm. 1, 1965, y en *Yorick*, núm. 12, febrero 1966, págs. 4-5.

«Neorrealismo y teatro», *Informaciones*, 8 abril 1950.

«Prólogo», en Flora Prieto Huerca, *El Tiempo*, Madrid, 1951.

«Ocultación y manifestación del autor», *Correo Literario*, 15 enero 1951.

«Teatro anodino: teatro escandaloso», *Informaciones*, 24 marzo 1951.

«El teatro como problema», *Almanaque de Teatro y Cine*, Madrid, 1951, pág. 59.

Lo trágico», *Informaciones*, 12 abril 1952.

La farsa eterna», *Semana*, 19 febrero 1952.

La función crítica», *A B C*, 18 mayo 1952.

Teatros de cámara», *Teatro*, núm. 1, noviembre 1952, pág. 34.

Ibsen y Erhlich», *Informaciones*, 4 junio 1953.

A propósito de *Aventura en lo gris*», *Teatro*, núm. 9, septiembre-diciembre 1953, págs. 37-39 y 78.

Apariencia y realidad», *Informaciones*, 17 abril 1954.

Eurídice: Pieza Negra», *Teatro*, núm. 11, abril-mayo-junio 1954, páginas 34-35.

Don Homobono», *Informaciones*, 4 abril 1955.

El autor y su obra. El teatro de Buero Vallejo visto por Buero Vallejo», *Primer Acto*, núm. 1, abril 1957, págs. 4-6.

Esperando a Adamov», *Informaciones*, 20 abril 1957.

«La tragedia», en Guillermo Díaz-Plaja, *El Teatro*. *Enciclopedia del Arte Escénico*, Barcelona, 1958, Noguer, págs. 63-87.

«Dramaturgos en el umbral», *Triunfo*, enero 1959.

«Homenaje a Antonio Machado», *Cuadernos del Congreso por la Libertad de la Cultura*, núm. 36, mayo-junio 1959.

«Gaudí en su ciudad», *Papeles de Son Armadans*, núm. XLV bis, diciembre 1959, págs. 103-106.

«Obligada precisión acerca del imposibilismo», *Primer Acto*, núm. 15 julio-agosto 1960, págs. 1-6.

«Un poema y un recuerdo» (Sobre Miguel Hernández), *Insula*, número 168, noviembre 1960, págs. 1 y 17.

«Dos sonetos», *Agora*, núm. 57-58, julio-agosto 1961, pág. 6.

«Tres sonetos en la lluvia» y «Velázquez» (Soneto), *Grímpola*, número 5, julio 1961.

«Nota preliminar» en su versión de *Hamlet*, Madrid, Escelicer, páginas 5-16.

«*Las Meninas*, ¿es una obra necesaria?», *La Carreta*, núm. 2, enero 1962, pág. 20.

«Captación intelectual del arte pictórico por un ciego», *Sirio*, núm. 4 junio 1962.

«El público de los teatros», *La Estafeta Literaria*, 15 diciembre 1962 págs. 4-5.

«A tragédia», *Antologia do suplemento «Cultura e Arte» de «O Comercio do Porto»*, Estrada Larga, Organização de Costa Barreto, Porto Editora, 1962, págs. 707-713.

«Sobre la tragedia», *Entretiens sur les Lettres et les Arts* (Hommage à la Littérature Espagnole Contemporaine), XXII, 1963, págs. 52-67.

«A propósito de Brecht», *Insula*, núm. 200-201, julio-agosto 1963, páginas 1 y 14.

«Sobre teatro», *Agora*, núm. 79-82, mayo-agosto 1963, págs. 12-14.

«Día del Autor» (Sobre Jacinto Grau), *Argentores* (Boletín de la Sociedad Gral. de Autores de la Argentina), núm. 118, julio-diciembre 1963.

«La ceguera en mi teatro», *La Carreta*, núm. 12, septiembre 1963, página 5.

«Muñiz», en Carlos Muñiz, *Teatro*, Madrid, 1963, Taurus, Col. Primer Acto, págs. 53-70.

«Prólogo», en Francisco Álvaro, *El espectador y la crítica* (*El teatro en España en 1962*), Valladolid, 1963.

«Aleluyas para Vicente», *El Bardo*, núm. 5, homenaje a Vicente Aleixandre, 1964, pág. 43.

«Unamuno», *Primer Acto*, núm. 58, noviembre 1964, págs. 19-21.

«Tó trajicó, ene problema toú ispanikoú theatroú», *Epoxes*, Atenas, núm. 20, diciembre 1964, págs. 52-56.

«Me llamo Antonio Buero Vallejo», Madrid, 1964, Discos Aguilar, Col. La Palabra.

«Seis dramaturgos leen sus obras», Madrid, 1965, Discos Aguilar, Col. La Palabra.

«Brecht, dominante. Brecht, recesivo», *Yorick*, núm. 20, noviembre 1966.

«De rodillas, en pie, en el aire. (Sobre el autor y sus personajes en el teatro de Valle-Inclán)», *Revista de Occidente*, núm. 44-45, homenaje a Valle-Inclán, noviembre-diciembre 1966, págs. 132-145.

«Nota preliminar» a su versión de *Madre Coraje*, Madrid, 1967, Escelicer, págs. 5-9.

«El teatro independiente. Los objetivos de una lucha», *Yorick*, número 25, 1967, pág. 4.

Del quijotismo al 'mito' de los platillos volantes», *Primer Acto*, número 100-101, noviembre-diciembre 1968, págs. 73-74.

Problemas del teatro actual». (Conferencia pronunciada en el Gabinete Literario de Las Palmas de Gran Canaria, en el XXVII Congreso Mundial de Autores), *Boletín de la Sociedad General de Autores de España*, abril-mayo-junio 1970, págs. 31-36.

El espejo de *Las Meninas*», *Revista de Occidente*, núm. 92, noviembre 1970, págs. 136-166.

¿Quién es el mejor maestro?» (Sobre Claudio de la Torre), *Diario de Las Palmas*, 30 octubre 1970.

Carta a María Luisa Aguirre d'Amico» en *Il sonno della Ragione*, trad. María Luisa Aguirre d'Amico, Roma, 1971, Bulzoni Editore, págs. 15-17.

En torno a la publicidad de una obra teatral», *A B C*, 30 noviembre 1971.

Juan Germán Schroeder», *Yorick*, núm. 49-50, octubre-diciembre 1971, págs. 12-15.

García Lorca ante el esperpento. (Discurso leído en su recepción pública en la Real Academia. Contestación de D. Pedro Laín Entralgo), Madrid, 1972, 74 págs.

Tres maestros ante el público, Madrid, 1973, Alianza Editorial, 173 páginas. (Incluye: «De rodillas, en pie, en el aire», «El espejo de *Las Meninas*» y «García Lorca ante el esperpento»).

«A Gerardo Diego, en 1972» (Poema), en *Homenaje a Gerardo Diego*, Madrid, 1973, Club Urbis.

Nota al programa de mano en el estreno de *La comedia del diantre* de Ramón J. Sender, en el Teatro-Club Pueblo, 27 junio 1973.

«Obras españolas estrenadas y acceso a la profesionalidad» (Ponencia en la Primera Semana de Teatro Universitario), *Primer Acto* núm. 156, mayo 1973, págs. 14-15.

«El teatro de Aub y su espera infinita», *Cuadernos Americanos*, volumen CLXXXVIII, núm. 3, mayo-junio 1973, págs. 64-70.

III

Trabajos sobre Buero Vallejo [1]

ABELLÁN, José Luis: «El tema del misterio en Buero Vallejo», *Insula* núm. 174, mayo 1961, pág. 15.

AGUIRRE BELLVER, Joaquín: «Elogio y reproche a Buero Vallejo. Un personaje que renace al cabo de los años», *Presencia* (Madrid) núm. 2, diciembre 1962.

ALBEROLA CARBONELL, María Amparo: *Un punto de ruptura en la historia del teatro español: Antonio Buero Vallejo* (Memoria de Licenciatura), Universidad de Valencia, 1961. Texto mecanograf., 108 págs.

ALFARO, María: «Madrid. Regards sur le monde», *Les Nouvelles Littéraires*, 28 junio 1951, pág. 5.

—: «Madrid. Regards sur le monde. Les Menines sortent de leur cadre», *Les Nouvelles Littéraires*, 26 enero 1961, pág. 7.

ALFONSO, Carmen: «Buero Vallejo: *Las Meninas*», *Mujeres en la Isla* núm. 84, 1961, pág. 9.

ALTARES, Pedro: «Dal teatro dell'imperio al teatro di consumo», *Sipario*, núm. monográfico sobre «Spagna, oggi», núm. 256-257, agosto-septiembre 1967, págs. 9-17 y 50.

---

[1] Incluimos en este apartado entrevistas y encuestas, en que ha intervenido Buero, tanto de periódicos como de revistas especializadas.

—: «*El tragaluz*, de Buero Vallejo», *Mundo*, 4 noviembre 1967.

—: «Buero Vallejo o la honradez», *Mundo*, octubre 1968.

—: «Buero en la Academia: ¿La soledad del corredor de fondo?», *Cuadernos para el Diálogo*, núm. 90, marzo 1971, págs. 43-44.

ALVARADO: «El Teatro. Y ahora, a soñar», *La Región*, Orense, 7 julio 1959.

ÁLVAREZ, C. L.: «Un Velázquez de ocasión», *Índice*, núm. 145, enero 1961.

ÁLVAREZ, S. J., Dictinio: «Antonio Buero Vallejo», en *Teatroforum*, Madrid, 1966, Razón y Fe, págs. 141-145.

AMO, Álvaro del, y BILBATÚA, Miguel: «El teatro español visto por sus protagonistas. Autores» (Intervención de: A. Buero Vallejo, L. Olmo, R. Rodríguez Buded, A. Gala, C. Muñiz, J. M. Martín Recuerda y A. Sastre), *Cuadernos para el Diálogo*, núm. monográfico sobre Teatro Español, junio 1966, págs. 43-46.

ANDERSON, Farris: «The ironic structure of *Historia de una escalera*», *Kentucky Romance Quarterly*, 1972, págs. 223-236.

ANDRADE, João Pedro de: «Teatro Espanhol: uma peça entre tantas», *Atomo*, Lisboa, 30 enero 1953.

—: «Realidade e fantasia ou as duas faces da verdade na obra de Antonio Buero Vallejo», *Antologia do suplemento «Cultura e Arte» de «O Comercio do Porto»*, 1962, Estrada Larga, Organização de Costa Barreto, págs. 695-700.

ÁNGELES, José: «Buero Vallejo, o la tragedia de raíz moral», *Atenea* (Facultad de Artes y Ciencias, Universidad de Puerto Rico), VI, 1969, págs. 141-151.

«Antonio Buero Vallejo answers seven questions», *The Theatre Annual*, vol. XIX, 1962, The Press of Western Reserve University (Cleveland, Ohio).

«Antonio Buero Vallejo y su última obra. Coloquio por Jacinto López Gorgé» (Participan: Ramón de Garciasol, Francisco García Pavón, Eusebio García Luengo, Juan Emilio Aragonés y Carlos de la Vega), *La Estafeta Literaria*, 1 diciembre 1971.

APARICIO, Antonio: «Rectificación sobre Buero Vallejo», *El Nacional*, Caracas, febrero ¿1961?

ARAGONÉS, Juan Emilio: «Diálogos sobre teatro. 'Mi teatro es optimista, y lo es la tragedia en general. La fórmula de fusión de realidad y fantasía en el teatro se me antoja estéticamente irrecusable', afirma Buero Vallejo», *Informaciones*, 19 febrero 1955.

—: «Luces de candilejas. Buero Vallejo, autor del momento», *La Hora*, Madrid, 1 enero 1956, págs. 21-22.

—: «Así se escribe el teatro. Buero Vallejo: dos versiones manuscritas y la definitiva, a máquina», *Informaciones*, 7 julio 1956.

—: «*Un soñador para un pueblo* y otros estrenos», *La Hora*, Madrid, 31 enero 1959.

—: «*Las Meninas*, de A. Buero Vallejo», *La Estafeta Literaria*, 1 enero 1961.

—: «Buero Vallejo: *El Concierto de San Ovidio*», *La Estafeta Literaria*, núm. 253, noviembre 1962, pág. 8.

—: «*Aventura en lo gris*, una aventura necesaria», *La Estafeta Literaria*, núm. 276, 1963, pág. 10.

—: «*El tragaluz*, acontecimiento teatral», *Noticias Médicas*, 16 noviembre 1967.

—: «Goya, pintor baturro y liberal», *La Estafeta Literaria*, 15 febrero 1970.

—: «Antonio Buero Vallejo», en *Teatro español de postguerra*, Madrid, 1971, Publicaciones Españolas, págs. 19-25.

—: «Del costumbrismo trágico a la tragedia esperanzada. Antonio Buero Vallejo, académico», *La Estafeta Literaria*, núm. 462, 15 febrero 1971, págs. 4-11.

—: «Buero Vallejo y su revulsión», *La Estafeta Literaria*, 1 octubre 1971.

ARANZADI, Íñigo de: «Antonio Buero Vallejo, entre la angustia y la esperanza», *Avanzada*, Madrid, núm. 24, 1 marzo 1971.

ARCE ROBLEDO, Carlos del: «Buero Vallejo», *Virtud y Letras*, XV, número 60, 1956, págs. 419-430.

ARCO, Del: «Antonio Buero Vallejo», *La Vanguardia Española*, 6 diciembre 1961.

A. R. I.: «Teatro», *Bocaccio*, Barcelona, núm. 1, junio 1970.

ARIAS, Augusto: «Velázquez en drama», *El Comercio*, Quito, 26 marzo 1961.

ARIAS, Carmen: «Buero Vallejo, uno de los autores más discutidos del teatro contemporáneo», *El Progreso*, Lugo, 9 septiembre 1954.

ARRABAL, Fernando: «In particular Buero Vallejo», *Cuadernos de Ágora*, núm. 79-82, mayo-agosto 1963, pág. 22.

ARRABAL (MOREAU), Luce: «El teatro de Buero Vallejo», en Antonio Buero Vallejo. *Teatro Selecto*, Madrid, 1966, Escelicer, págs. 7-16.

—: «Entretien avec Buero Vallejo», *Les Langues Modernes*, núm. 3, mayo-junio 1966, págs. 303-308.

ARROYO, Julia: «No tiene amargura ni intenta hacer política», *Ya*, 22 octubre 1967.

ATLEE, Alfred Francis: «The Social-Political Ethic in the Plays of Antonio Buero Vallejo Produced and Published from October 1949 to October 1963», *Dissertation Abstracts*, XXVIII (dissertation written at University of Arizona, 1967), 2236 A.

—: «*Las cartas boca abajo,* clave del teatro de Buero», *Papeles de Son Armadans*, núm. 175, octubre 1970.

AUBERT, Claude: «Pour Antonio Buero Vallejo les escaliers ont aussi leur histoire», *La Tribune de Genève*, 14 agosto 1953.

AUBRUN, Charles V.: «Le théâtre espagnol engagé: Buero Vallejo et Sastre», en *Le Théâtre Moderne. II, Depuis la deuxième guerre mondiale*, París, 1968, C. N. R. S.

AUZ CASTRO, Víctor: «Os novos autores espanhois (Buero Vallejo, A. Sastre e Paso)», *Antologia do suplemento «Cultura e Arte» de «O Comercio do Porto»*, 1962, Estrada Larga, Organização de Costa Barreto, págs. 690-694.

—: «Um oportuno debate. Sobre o teatro espanhol» (Participan: J. Monleón, R. Doménech, A. Sastre, A. Buero Vallejo, C. Muñiz, L. Martínez Fresno, A. Fernández Santos, C. M. Suárez Radillo, E. García Toledano y A. Guirau), *Jornal de Letras e Artes*, Lisboa, 14 noviembre 1962.

—: «Panorame du théâtre espagnol contemporain», *Le Théâtre dans le monde*, XII, núm. 3, automne 1963, págs. 191-228.

AZORÍN: «Recuadro de escenografía», *A B C*, 4 y 5 enero 1961.

BADOSA, Enrique: «Velázquez y la literatura», *El Noticiero Universal*, 6 junio 1961.

—: «Buero Vallejo en la Academia», *El Noticiero Universal*, 2 febrero 1971.

—: «El prestigio de ser académico», *El Noticiero Universal*, 6 abril 1971.

BAEZA, Fernando: «Antonio Buero, autor dramático», *Raíz*, noviembre 1949.

BALLESTEROS, Mercedes: «Teatro atrevido», *A B C*, 23 octubre 1971.

BAQUERO, Arcadio: «Buero Vallejo, pintor», *La Estafeta Literaria*, número 198, 9 agosto 1960.

—: «Las otras vocaciones», *El Alcázar*, 9 septiembre 1960.

—: «Un año de teatro en Madrid», *Nuestro Tiempo*, núm. 115, enero 1964, págs. 102-112.

—: «Don Francisco de Goya en un escenario de Madrid», *La Actualidad Española*, 12 febrero 1970.

—: «Buero Vallejo, el hombre del teatro social, en la Real Academia», *La Actualidad Española*, 4 febrero 1971.

BARCELÓ, Pedro: «Buero Vallejo, debatido», *Vida Nueva*, 7 febrero 1959

—: «Un gran homenaje a Velázquez: *Las Meninas*», *Vida Nueva*, 31 diciembre 1960.

BARDI, Ubaldo: «La tormentata rinascita del teatro in Spagna», *La Posta Letteraria del Corriere dell'Adda*, Firenze, 26 diciembre 1970

BAUTISTA, Mauro: «Antonio Buero Vallejo, a plena luz», *Ya*, 2 junio 1973.

BAYO, Manuel: «La parábola de los ciegos», *Claustro*, Valencia, junio 1963.

BEARDSLEY, Theodore: «The illogical character in contemporary Spanish drama», *Hispania*, XLI, núm. 4, diciembre 1958, págs. 445-448

BEDOYA, Javier María de: «Un soñador y un pueblo», *Pueblo*, 12 enero 1959.

BEJEL, Emilio: *Buero Vallejo: lo moral, lo social y lo metafísico*, Montevideo, 1972, Instituto de Estudios Superiores, 164 págs.

BENACH, J. A.: «*El tragaluz*, de Buero Vallejo», *El Correo Catalán*, 13 octubre 1968.

BENÍTEZ CLAROS, Rafael: «Existencialismo en la escena española», *La Estafeta Literaria*, núm. 105, noviembre 1957, págs. 8-10.

—: «Buero Vallejo y la condición humana», *Nuestro Tiempo*, núm. 107 mayo 1963, págs. 581-593.

BERENGUER, Ángel: «Para una aplicación del método estructuralista genético al estudio del teatro español contemporáneo», *Prohemio* II, 3, diciembre 1971, págs. 503-512.

BERENGUER CARISOMO, Arturo: «Antonio Buero Vallejo», *Señales* (Buenos Aires), núm. 136, mayo-junio 1962, págs. 28-30.

BERGAMÍN, José: «Máscaras vivas de verdad», *El Nacional*, Caracas 28 febrero 1958, pág. 4. (Localizado por L. Iglesias Feijó).

—: «¡Soñemos, alma, soñemos!», *El Nacional*, Caracas, 1959.

BERNABÉU, Antonio: «Buero: las dos caras de la realidad», *La Actualidad Española*, 9 noviembre 1967.

BERNARD, Marc: «L'Ardente Obscurité», *Les Nouvelles Littéraires*, 1 diciembre 1957, pág. 14.

BILBATÚA, Miguel: «El Concierto de San Ovidio», Arista, Madrid, número 32, enero 1963.

—: «Teatro. El tragaluz», Diez Minutos, 20 enero 1968.

—: «El sueño de la razón», Cuadernos para el Diálogo, núm. 78, marzo 1970, pág. 51.

—: Vid. AMO, Álvaro del.

BLAJOT, S. J., Jorge: «Del mundo mental de Buero Vallejo», Reseña, I, núm. 2, abril 1964, págs. 85-95.

BLANCO AMOR, José: «Españoles en El tragaluz», Clarín, Buenos Aires, 16 junio 1968.

BLEZNICK, Donald W., y HALSEY, Martha T.: «Introduction», en su edición de Madrugada, Massachusetts, 1969, Blaisdell Publishing Co., págs. IX-XXVIII.

BLOCH-MICHEL, Jean: «Le réalisme espagnol en face de l'avant-garde française», Le Monde, octubre 1963.

BOREL, Jean-Paul: «Buero Vallejo o lo imposible concreto histórico», en El teatro de lo imposible, trad. y pról. de Gonzalo Torrente Ballester, Madrid, 1966, Guadarrama, págs. 225-278.

—: «Buero Vallejo, más allá de los Pirineos», Cuadernos de Agora, núm. 79-82, mayo-agosto 1963, págs. 15-17.

—: «Buero Vallejo, ¿vidente o ciego?», en Antonio Buero Vallejo, El Concierto de San Ovidio, Barcelona, 1963, Aymá, Col. Voz-Imagen, págs. 7-20.

—: «Buero Vallejo: Teatro y Política», Revista de Occidente, núm. 17, agosto 1964, págs. 226-234.

—: Quelques aspects du songe dans la Littérature Espagnole, Neuchâtel, 1965, La Baconnière, págs. 51-64.

—: «Reflexiones sobre la sociología de la literatura y el teatro español actual», Boletín de la Asociación Europea de Profesores de Español, núm. 8, marzo 1973, págs. 35-57.

BORRÁS, Ángel A.: «A Note on Buero Vallejo's La señal que se espera», Romance Notes, núm. 11, 1970, págs. 501-504.

BOURNE, Marjorie A.: Classic Themes in Contemporary Spanish Drama (Doctoral dissertation), Indiana, 1961. (Cit. J. Kronik.)

B. P.: «Teatro en España. Un dramaturgo que importa», El País, Montevideo, 16 agosto 1962.

«Buero en el banquillo» (Participan: Valdeiglesias, Areilza y Marquerie), A B C, 29 marzo 1970.

«Buero nos respondió a estas seis preguntas», *Cuadernos de Arte y Pensamiento*, Madrid, núm. 1, mayo 1959, págs. 53-54.

«Buero Vallejo y José Tamayo hablan del teatro en Hispanoamérica», *Correo Literario*, 1 octubre 1951.

BUSTAMANTE, Juby, y LOGROÑO, Miguel: «Partido por 2. Buero Vallejo, a la luz de la duda», *Madrid*, 4 enero 1969.

—: «Llegada de Buero Vallejo», *Madrid*, 30 octubre 1971.

CABEZAS, Juan: «Desde España. El Motín de Esquilache en el teatro Español», *Prensa Libre*, La Habana, 28 enero 1959, y en *Diario de Nueva York*, New York, 13 abril 1959.

CABEZAS, Juan Antonio: «El Teatro, la Novela y la Guerra Civil», *El Sol*, León, 7 diciembre 1967.

CALVO, Luis: «Penélope y la tragedia», *A B C*, 20 enero 1952.

CAMPMANY (Jaime): «*Hoy es fiesta*, de Buero Vallejo», *Juventud*, Madrid, septiembre 1956.

—: «*Hoy es fiesta*», *Arriba*, 12 diciembre 1959.

CAMPOS, Jorge: «Buero, en tres momentos», *Cuadernos de Ágora*, número 79-82, mayo-agosto 1963, pág. 23.

CANO, José Luis: «Velázquez, personaje dramático», *El Nacional*, Caracas, 19 enero 1961.

—: «Buero Vallejo y su *Concierto de San Ovidio*», *Asomante*, XIX, núm. 1, 1963, págs. 53-55.

—: «Buero Vallejo en la Academia Española», *Insula*, núm. 292, marzo 1971.

CARANDELL, Luis: «La tragedia de la esperanza», *Triunfo*, 3 junio 1972.

CARON, Francine: *L'oeuvre dramatique de Antonio Buero Vallejo ou un théâtre social dans l'Espagne* (Tesis doctoral), Universidad de Poitiers, 1966.

CARRERA BASTOS, Jesús: «Variaciones sobre el teatro» (Entrevista), *El Faro de Vigo*, 16 enero 1960.

CARRERAS, Alberto: «Buero Vallejo, un autor», *Canigó*, Figueras-Barcelona, núm. 95, enero 1962.

CARTER, Harriet: *An Exhaustive Bibliography about Antonio Buero Vallejo*, texto mecanograf., 27 págs.

—: *La tragedia esperanzada de Antonio Buero Vallejo*, Honors thesis, Tulane University, 1969. Texto mecanograf., 62 págs.

CASA, Frank P.: «The Problem of national reconciliation in Buero Vallejo's *El tragaluz*», *Revista Hispánica Moderna*, vol. XXXV, núm. 3, enero-abril 1969.

CASTÁN PALOMAR, Fernando: «*En la ardiente oscuridad*», *Cuadernos Hispanoamericanos*, núm. 20, marzo-abril 1957.

CASTELLANO, José: «Hacia una interpretación del teatro de Buero Vallejo», *Punta Europa*, 1962, núm. 75, págs. 17-32, y núm. 76-77, páginas 25-42.

CASTRO ARDUENGO, F. de: «Los ciegos protestan del drama que se representa en el teatro María Guerrero», *Pueblo*, 9 diciembre 1950.

CELAYA, Gabriel: «A Antonio Buero Vallejo» (Poema), *Rocamador*, Palencia, núm. 14, 1959. Reimpreso en *Cuadernos de Arte y Pensamiento*, Madrid, núm. 1, 1959, págs. 37-38.

—: «A Antonio Buero Vallejo (Con más conciencia)» (Poema), *Cuadernos de Ágora*, núm. 41-42, marzo-abril 1960, págs. 3-4.

—: «*Las Meninas*, de Buero Vallejo», *El Nacional*, 18 julio 1961.

CERUTTI, Lucia Maria: «Interpretazione del teatro di Antonio Buero Vallejo», *Aevum*, XL, 1966, págs. 351-364.

CLARKE, Barbara P.: «La temática social en las obras dramáticas de Antonio Buero Vallejo», *Revista de la Universidad de Madrid*, núm. 14, 1965, págs. 198-199.

CLEMENTE, Josep-Carles: «Antonio Buero Vallejo i el teatre d'avui», *Tele/Estel*, Barcelona, 13 octubre 1967.

—: «Antonio Buero Vallejo», en *Hablando en Madrid*, Barcelona, 1969, Grijalbo, págs. 163-170.

CLEMENTELLI, Elena: «Il teatro di Buero Vallejo», *Nuova Antologia*, Roma, LXXXIX, 1954, págs. 140-142.

CLEMENTS, Robert: «European Literary Scene», *Saturday Review*, 2 mayo 1970.

CLOCCHIATTI, Emilio: «España y su teatro contemporáneo», *Ínsula*, núm. 206, enero 1964.

«Coloquios en *A B C*. *El tragaluz* de Buero Vallejo» (Participan: C. Blanco, C. Luca de Tena, J. Tamayo, J. Osuna, F. Pierrá, J. Monleón y A. Marquerie), *A B C*, 2 junio 1968.

«Coloquios de *A B C*. *Llegada de los dioses*, de Buero Vallejo» (Participan: Rof Carballo, Conchita Velasco, Laly Romay, J. Osuna, A. Gallego Meré y A. Prego), 5 diciembre 1971.

COLL BAROT, J.: «Crónica de Oslo. Noche triunfal para el teatro español», *Diario de Barcelona*, 8 abril 1962.

COMAS, Mary A.: *Love in the Tragedies of Antonio Buero Vallejo* (Master of Arts), University of Tennessee, 1972. Texto mecanograf., 108 págs.

«¿Cómo recibió su premio?», *Índice*, abril 1952.

CONTRERAS PAZO, F.: «La rebeldía de Antonio Buero Vallejo», *El País*, Montevideo, 13 junio 1961.

CORBALÁN, Pablo: «Alfonso Sastre ante el *posibilismo*», *El Noticiero Universal*, 18 agosto 1960.

—: «Ahora, académico. Buero Vallejo en el laberinto de España», *Informaciones*, 4 febrero 1971.

CÓRDOBA, Santiago: «Polémica entre el humor y el drama. Buero Vallejo y López Rubio, frente a frente», *Gran Mundo*, núm. 48, 1955, págs. 50-51.

—: «Santiago Córdoba interroga a Buero Vallejo», *Ondas*, Madrid, 15 octubre 1956.

CORRALES EGEA, José: «Algo sobre el 'Goncourt' y más sobre teatro», *Ínsula*, núm. 135, febrero 1958.

CORRIGAN, Robert W.: «The Theatre and Repression in Spain», *Masterpieces of the Modern Spanish Theatre*, New York, 1967.

CORTINA, José Ramón: *El Arte Dramático de Antonio Buero Vallejo*, Madrid, 1969, Gredos, 130 págs.

—: «Quintaesencia del buerismo», *Hispanófila*, núm. 36, mayo 1969, págs. 31-39.

—: «Una feliz contradicción de Buero Vallejo», *Romance Notes*, XI, núm. 2, 1969.

—: «Preparación y presagio en los dramas de Buero Vallejo», *Duquesne Hispanic Review*, núm. 8, 1969, págs. 25-45. (Cit. J. Kronik.)

—: «El polígono de sustentación simbólico en Buero Vallejo», *Romance Notes*, XI, 1969, págs. 12-16.

COSSÍO, Francisco de: «El monólogo en el teatro», *A B C*, 29 noviembre 1957.

—: «Lo real y lo esotérico», *A B C*, 5 diciembre 1967.

—: «Un drama histórico» (Sobre *Un soñador para un pueblo*), *El Adelanto*, Salamanca, enero 1959.

COSTER, Cyrus C. de: «The theatrical season in Madrid 1954-55», *Hispania*, XXXIX, núm. 2, mayo 1956, págs. 182-185.

Cuadernos de Ágora, núm. 79-82, monográfico sobre A. B. V., mayo-agosto 1963, 41 págs.

«Cuatro autores contestan a cuatro preguntas sobre teatro social» (A. Paso, A. Sastre, A. Buero Vallejo y L. Olmo), *Arriba*, 14 abril 1963.

«Cuatro autores hablan de teatro» (M. Mihura, A. Paso, A. Buero Vallejo y V. Ruiz Iriarte), *Ya*, 31 diciembre 1967.

CRUSET, José: «Valores de mi tiempo. Antonio Buero Vallejo: por los caminos de la esperanza», *La Vanguardia Española*, 2 febrero 1967.

CRUZ, Jorge: «Con Antonio Buero Vallejo», *La Nación*, Buenos Aires, 9 febrero 1969.

CUROTTO, Ángel: «Dramaturgos españoles. Buero Vallejo», *El Día*, Montevideo, 19 mayo 1968.

CURTO, Federico: «Cita y coloquio sobre el teatro español y su porvenir, en Salamanca», *La Estafeta Literaria*, núm. 429, 1 octubre 1969.

CHAMBORDÓN, Gabriela: «El conocimiento poético en el teatro de Antonio Buero Vallejo», *Cuadernos Hispanoamericanos*, núm. 253-254, enero-febrero 1971, págs. 52-98.

CHANDLER, Richard, y SCHWARTZ, Kessel: *A New History of Spanish Literature*, 1961, Baton Rouge, págs. 141-144.

CHAVERT, Odile: «Théâtre en Espagne. Antonio Buero Vallejo», *Les Lettres Françaises*, París, 23 enero 1958.

DARANAS, Mariano: «El tinglado de la nueva farsa», *Semana*, 2 febrero 1952.

—: «Soñadores», *A B C*, 14 marzo 1959.

—: «Retablo para un Pin Pan Pun», *Informaciones*, 8 marzo 1961.

DARMOIS, Evelyne: *El teatro de Buero Vallejo* (Diplôme d'Études Supérieures d'Espagnol), Universidad de la Sorbona, 1957. Texto mecanograf., 195 págs.

DAUDET, Elvira: «Duelo entre un autor (Buero Vallejo) y un crítico (García Pavón)», *Informaciones*, 3 enero 1969.

Debate sobre *El Concierto de San Ovidio*» (Participan: F. Fernández Ordóñez, Bris, J. A. Fernández Ordóñez, E. Cierco y F. Sitja), *El Ciervo*, núm. 112, febrero 1963.

Debate sobre un gran autor», *Visión*, México, 18 diciembre 1971.

DELEYTO, José María: «Antonio Buero Vallejo, fabulista de este siglo», *El Español*, Madrid, 25 diciembre 1954.

DEVOTO, Juan Bautista: *Antonio Buero Vallejo: Un dramaturgo del moderno teatro español*, La Plata, 1954, Elite, 61 págs.

—: «La vivencia dramática de Buero Vallejo», *Teatro*, núm. 10, enero-marzo 1954, págs. 55-56.

Díaz Cañabate, Antonio: «Goya: El Concierto de San Ovidio», Semana, 20 noviembre 1962.

Díaz-Plaja, Guillermo: «La tejedora de sueños», en La voz iluminada, Barcelona, 1952, Instituto del Teatro, págs. 273-276.

—: «Velázquez, personaje teatral», en Cuestión de límites, Madrid, 1963, Revista de Occidente, págs. 179-188.

—: «Las bondades de Buero Vallejo», Destino, Barcelona, 14 octubre 1967.

Díez-Crespo, Manuel: «El Concierto de San Ovidio, en el Goya», Arbor, LIII, núm. 204, diciembre 1962, págs. 475-476.

—: «Crítica del estreno de Irene, o el tesoro», Gran Mundo, núm. 36, 1954, pág. 63.

—: «En torno a la tragedia», A B C de Sevilla, 5 noviembre 1967.

—: «El tragaluz, de Buero Vallejo», España Semanal, Tánger, 29 octubre 1967.

«Doce preguntas a Buero Vallejo», Mundo, Barcelona, 27 junio 1970.

Doménech, Ricardo: «Reflexiones sobre el teatro de Buero Vallejo», Primer Acto, núm. 11, noviembre-diciembre 1959, págs. 2-8.

—: «Las Meninas o la 'intelligentzia' proscrita», Primer Acto, núm. 19, enero 1961.

—: «Notas sobre teatro» (Sobre Las Meninas), Cuadernos Hispanoamericanos, núm. 133, enero 1961, págs. 119-124.

—: «Inciso sobre teatro», Ínsula, núm. 170, enero 1961, pág. 4.

—: «El Concierto de San Ovidio o una defensa del hombre», Primer Acto, núm. 38, diciembre 1962, págs. 14-17.

—: «El tragaluz, una tragedia de nuestro tiempo», Cuadernos Hispanoamericanos, núm. 217, enero 1968, págs. 124-135.

—: «A propósito de El tragaluz», Cuadernos para el Diálogo, núm. 51, diciembre 1967, págs. 40-41. Reimpreso en Antonio Buero Vallejo, Teatro, Madrid, 1968, Taurus, págs. 124-128.

—: «Cinco estrenos para la historia del teatro español» (El adefesio, Historia de una escalera, Escuadra hacia la muerte, El triciclo, La camisa), Primer Acto, núm. 100-101, noviembre-diciembre 1968, págs. 18-34.

—: «Notas sobre El sueño de la razón», Primer Acto, núm. 117, febrero 1970, págs. 6-11.

—: «Introducción biográfica y crítica», en su edición de Antonio Buero Vallejo, El Concierto de San Ovidio. El tragaluz, Madrid, 1971, Castalia, Col. Clásicos Castalia, págs. 7-64.

—: «Escriben los lectores. Tigres domesticados» (Rectificación a un desliz de la revista *Triunfo*), *Triunfo*, 27 febrero 1971.

DONAHUE, Francis: «Spain's Theater of Commitment», *Books Abroad*, núm. 43, 1969, págs. 354-358.

DOWD, Catherine Elizabeth: *Realismo trascendente en cuatro tragedias sociales de Antonio Buero Vallejo* (Master of Arts), Indiana University, 1972.

DOWLING, John: «Fact and Opinion (Buero Vallejo's Interpretation of Goya's *Black Paintings*)», *Hispania*, vol. 56, núm. 2, mayo 1973, págs. 449-457.

DULSEY, Bernard: «Entrevista con Buero Vallejo», *Modern Language Journal*, L, núm. 3, marzo 1966, págs. 145-156.

DUPRIEZ, Bernard: «Le Théâtre actuel en Espagne», *La Revue Théâtrale*, París, núm. 34, octubre 1956, págs. 29-31.

ECHEVARRÍA, Rosa María: «Buero Vallejo: 'No soy un amargado'», *Nuevo Diario*, 9 noviembre 1969.

EDWARDS, Gwynne: Crítica de *Las Meninas* en la ed. de J. Rodríguez-Castellano, *Bulletin of Hispanic Studies*, XLII, núm. 2, abril 1965, págs. 132-133.

—: Crítica de *Hoy es fiesta* en la ed. de J. E. Lyon, *Bulletin of Hispanic Studies*, XLIV, núm. 1, enero 1967, pág. 77.

—: Crítica a la ed. de *El Concierto de San Ovidio*, *Bulletin of Hispanic Studies*, XLIV, 1967.

ELIZALDE, Ignacio: «Buero Vallejo», *Cuadernos Hispanoamericanos*, núm. 261, marzo 1972, págs. 432-449.

ELOUSA: «La jeune littérature espagnole tend à se dégager des interdits de la censure», *Lettres Nouvelles*, París, núm. 4, 1956, págs. 466-470.

EMBEITA, María: «Tema y símbolo en *Historia de una escalera*», *Armas y Letras* (Universidad de Nuevo León, México), IX, núm. 3-4.

—: «Antonio Buero Vallejo: el teatro de la verdad», *Cuadernos Hispanoamericanos*, núm. 275, mayo 1973.

«En Hamburgo piden un psiquiatra como crítico del teatro moderno» (Respuestas de: Carmen Bernardos, A. Marquerie, F. García Pavón, E. Gómez Picazo, Gracita Morales, A. Baquero, A. Prego, A. Paso, F. Fernán-Gómez y N. González Ruiz), *Radiocinema*, Madrid, 7 marzo 1963.

«Encuesta sobre el teatro nacional», *Región*, Oviedo, 26 abril 1952.

«Encuesta sobre el teatro de Valle-Inclán», *Insula*, núm. 176-177, julio-agosto, 1961, pág. 4.

«Encuesta sobre la situación del teatro en España», *Primer Acto*, núm. 100-101, noviembre-diciembre 1968, págs. 52-69.

«Enquête sur le Réalisme», *Le Théâtre dans le monde*, XIX, núm. 2, marzo-abril 1965.

«Entrevista con Buero Vallejo», *SP*, 8 diciembre 1957.

E. R. M.: «Un dramaturgo español. El teatro de Buero Vallejo», *El País*, Montevideo, 20 agosto 1962.

ESTELLER, Juan: «En torno a *Las Meninas*», *Acento Cultural*, núm. 11, 1961, págs. 82-84.

FÁBREGAS, Xavier: Crítica de *Las cartas boca abajo*, *Jirafa*, Barcelona, núm. 11, 1958, pág. 14.

—: «Un soñador sin su pueblo», *Solidaridad Nacional*, Barcelona, 19 febrero 1960.

—: «Un vistazo al teatro español», *Canigó*, Figueras, abril 1960.

—: «Barcelona. *Hoy es fiesta*, de Antonio Buero Vallejo», *Primer Acto*, núm. 74, 1966, págs. 50-51.

FADL, Mohamed Salah el Din: *La obra dramática de Antonio Buero Vallejo* (Tesis Doctoral), Universidad Complutense de Madrid, 1971. Dirigida por Prof. Pilar Palomo.

FERNÁNDEZ, Miguel: «Entrevista con Buero Vallejo», *El Correo de Andalucía*, diciembre 1964.

FERNÁNDEZ ALMAGRO, Melchor: «¿Todo ha de ser un éxito continuo?», *Heraldo de Aragón*, 21 febrero 1953.

—: «Transfiguración del sainete», *A B C*, 17 octubre 1956.

FERNÁNDEZ-BRASO, Miguel: «Antonio Buero Vallejo por dentro», *Índice*, núm. 235, septiembre 1968.

FERNÁNDEZ CUENCA, Carlos: «En sólo una semana escribió Buero Vallejo la primera versión de *En la ardiente oscuridad*», *Correo Literario*, IV, núm. 69, 1953, págs. 12 y 15.

—: Crítica de *Casi un cuento de hadas*, *Teatro*, núm. 4, febrero 1953, págs. 6-7.

—: Crítica de *Madrugada*, *Teatro*, núm. 10, 1954, pág. 6.

FERNÁNDEZ DE LA MORA, Gonzalo: «Demasiada fantasía», *A B C*, 17 diciembre 1960.

FERNÁNDEZ SANTOS, Ángel: «Tres estrenos: *Las cartas boca abajo*, de Buero Vallejo...», *Índice*, núm. 108, diciembre 1957, pág. 17.

—: «*Un soñador para un pueblo*, de Antonio Buero Vallejo», *Índice*, núm. 122, febrero 1959, pág. 18.

—: «*Las Meninas*, de Antonio Buero Vallejo», *Índice*, núm. 145, enero 1961, págs. 27-28.

—: «*El Concierto de San Ovidio*, de Antonio Buero Vallejo», *Índice*, núm. 168, diciembre 1962, pág. 21.

—: «El enigma de *El tragaluz*» y «Una entrevista con Buero Vallejo sobre *El tragaluz*», *Primer Acto*, núm. 90, noviembre 1967, págs. 4-15.

—: «Polémica» (Sobre *El tragaluz*), *Primer Acto*, núm. 94, marzo 1968, págs. 8-10.

—: «Sobre *El sueño de la razón*. Una conversación con Antonio Buero Vallejo», *Primer Acto*, núm. 117, febrero 1970, págs. 18-27.

—: «*El sueño de la razón*, de Antonio Buero Vallejo», *Ínsula*, núm. 280, marzo 1970.

—: «Sobre *Llegada de los dioses*, una entrevista con Antonio Buero Vallejo», *Primer Acto*, núm. 138, noviembre 1971, págs. 27-38.

FERNÁNDEZ SUÁREZ, Álvaro: «Dos autores de teatro», *Ficción*, Buenos Aires, núm. 2, enero-febrero 1958, págs. 169-171.

FERNÁNDEZ TORRIENTE, Gastón: *España en el teatro social de Antonio Buero Vallejo* (Doctoral dissertation), University of Miami, 1968. (Cit. por J. Kronik).

FIGUERUELO, Antonio: «Antonio Buero Vallejo», *El Noticiero Universal*, 10 octubre 1968.

FLORIT, Ricardo: Crítica a la edición de *Las Meninas*, *Revista Hispánica Moderna*, XXX, núm. 1, enero 1964, pág. 54.

FOA, Sandra M.: *El teatro histórico de Antonio Buero Vallejo*. Unpublished, honors paper, texto mecanograf., 151 págs.

FONSECA, Virginia de: «Criaturas del teatro de Buero Vallejo», *Revista de la Universidad de Costa Rica*, núm. 27, 1969, págs. 117-123.

FOSTER, David William: «*Historia de una escalera*: A Tragedy of Aboulia», *Renascence*, XVII, núm. 1, 1964, págs. 3-10.

FRAILE, Medardo: «Twenty years of theatre in Spain», *The Texas Quarterly*, IV, núm. 1, 1961, págs. 97-101.

—: Crítica de *El Concierto de San Ovidio*, *Cuadernos de Agora*, número 71-72, 1962, págs. 47-48.

—: Crítica de *Aventura en lo gris*, *Cuadernos de Agora*, núm. 79-82, mayo-agosto 1963, pág. 44.

—: «Charla con Antonio Buero Vallejo», *Cuadernos de Ágora*, número 79-82, mayo-agosto 1963, págs. 4-8.

FUNES, Juan Ignacio: «Antonio Buero Vallejo», *Signo*, 24 diciembre 1960.

GALA, Antonio: «Meditación en Queronea» (Poema), *Cuadernos de Ágora*, núm. 79-82, mayo-agosto 1963, págs. 36-37.

GALÁN, Diego, y LARA, Fernando: «Antonio Buero Vallejo: ¿un tigre domesticado?», *Triunfo*, 13 febrero 1971.

GALINDO HERRERO, Santiago: «Antonio Buero Vallejo: *Las cartas boca abajo*», *La Estafeta Literaria*, núm. 104, 1957, pág. 10.

GALLINA, A. M.: Crítica de *Irene, o el tesoro, Quaderni Ibero-Americani*, Torino, III, núm. 19-20, 1956, págs. 252-254.

GAOS, Alejandro: «La gran posibilidad de Buero Vallejo», en *Prosa fugitiva* (Entrevistas), Madrid, 1955, Calenda, págs. 37-42.

GARCÍA APARICIO, Antonio: *La luz y la ceguera en el teatro de A. Buero Vallejo* (Memoria de Licenciatura), Universidad de Barcelona, 1973. Texto mecanograf., 266 págs.

GARCÍA CANDAU, Julián: «Una hora con Buero Vallejo», *Las Provincias*, Valencia, 25 enero 1963.

GARCÍA ESCUDERO, José María: «Un soñador para un pueblo», *Ya*, 27 diciembre 1958.

—: «Un pueblo para un soñador», *Ya*, 3 enero 1959.

—: «El teatro de Buero Vallejo», *Punta Europa*, núm. 41, mayo 1959, págs. 50-69.

—: «*Las Meninas*», *Ya*, 18 diciembre 1960.

GARCÍA ESPINA, Gabriel: «La juventud y la nostalgia», *Hoja del Lunes*, Madrid, 8 abril 1968.

GARCÍA LORENZO, Luciano: «De Jacinto Grau a Antonio Buero Vallejo: variaciones sobre un mismo tema», *Cuadernos Hispanoamericanos*, núm. 244, abril 1970, págs. 169-178.

—: Recensión crítica a la ed. de *El Concierto de San Ovidio* y *El tragaluz*, en *Segismundo*, V-VII, I-6, 1973, págs. 480-482.

GARCÍA NIETO, José: «Los ciegos» (Poema), *Cuadernos de Ágora*, número 79-82, mayo-agosto 1963, pág. 9.

GARCÍA PAVÓN, Francisco: «A. Buero Vallejo», en *Teatro social en España*, Madrid, 1962, Taurus, págs. 134-145.

—: «Semblanza de Antonio Buero Vallejo», *Cuadernos de Ágora*, núm. 79-82, mayo-agosto 1963, págs. 24-25.

—: «*El tragaluz*», *Destino*, 11 noviembre 1967.

—: «Buero, sus trabajos y sus días», *Destino,* 20 febrero 1971.

GARCÍA PÉREZ, S. J., José María: «Notas marginales al teatro», *Abside,* núm. 33, noviembre-diciembre 1961.

GARCIASOL, Ramón de: «*La tejedora de sueños*», *Insula,* núm. 24, febrero 1952, pág. 12.

—: «Antonio Buero Vallejo» (Poema), *Poesía Española,* núm. 85, enero 1960.

—: «Antonio Buero Vallejo», *Cuadernos de Agora,* núm. 79-82, mayoagosto 1963, págs. 26-27.

—: «Antonio, hermano» (Poema), *Insula,* núm. 303, febrero 1972, pág. 2.

GASCÓ CONTELL, Emilio: «Antonio Buero Vallejo», *O Diário de Notícias,* Lisboa, 21 julio 1963.

—: «Antonio Buero Vallejo o el inconformismo en la Academia», *El Libro Español,* núm. 170, febrero 1972.

GEORGESCU, Paul Alexandru: «Cu Buero Vallejo despre teatrul său expresie a prezentului», *România Literară,* Bucarest, 30 septiembre 1971.

GIL, Alfonso M.: «Prólogo» en su edición de Antonio Buero Vallejo, *La doble historia del doctor Valmy,* Philadelphia, 1970, The Center for Curriculum Development, Inc., págs. 9-14.

GIL, Ildefonso Manuel: «O centenário de Velazquez e a consagração de um autor dramático», *O Diário de Notícias,* Lisboa, 1 enero 1961.

GIMÉNEZ AZNAR, José: «El dramaturgo y el torero», *Amanecer,* Zaragoza, 30 enero 1953.

—: «*Las Meninas*», *El Noticiero,* Zaragoza, 20 diciembre 1960.

—: «*El Concierto de San Ovidio*», *Pantallas y Escenarios,* Zaragoza, núm. 20, enero 1963.

GIMÉNEZ CABALLERO, E.: «Un tradicionalista», *Arriba,* 1 febrero 1952.

GIULIANO, William: «The Role of Man and of Woman in Buero Vallejo's Plays», *Hispanófila,* núm. 39, mayo 1970.

—: *Buero Vallejo, Sastre y el teatro de su tiempo,* 1971, Las Américas Publishing Company, 264 págs.

GOETZ, W.: «Anlässlich der Aufführung *Glühende Finsternis* (*En la ardiente oscuridad*) in Berlin», *Berliner Morgenpost,* 4 febrero 1954.

GOICOECHEA, Ramón Eugenio de: «Al margen de *Las Meninas,* fantasía velazqueña», *Hermes,* Barcelona, núm. 23, febrero 1962.

GÓMEZ, L.: «Hablando con Antonio Buero Vallejo, el gran autor teatral español», *El Redondel,* México, 16 abril 1961.

GÓMEZ GARCÍA, Manuel: «Análisis de una temporada. Encuesta», *Primer Acto*, núm. 134, julio 1971, págs. 14-23.

GÓMEZ ORTIZ, Manuel: «Buero Vallejo, o el difícil oficio de escribir», *Vida Nueva*, Madrid, 28 noviembre 1964.

—: «Buero Vallejo», en *Famosos sin peana*, Madrid, 1965, Propaganda Popular Católica, págs. 197-205.

—: «Buero Vallejo estrena cincuenta años», *Ya*, 30 octubre 1966.

—: «Buero Vallejo: 'Si dejo de trabajar, dejo de comer'», *Nuevo Diario*, 9 marzo 1969.

GÓMEZ PICAZO, Antonio: *«Un soñador para un pueblo»*, *Cal y Canto*, núm. 1, 1959, págs. 81-83.

GOMIS, Lorenzo: «A propósito de un drama», *Destino*, 23 enero 1960.

GONZÁLEZ, Emilio: Crítica a la edición de *En la ardiente oscuridad*, *Revista Hispánica Moderna*, XXI, 1955, pág. 340.

GONZÁLEZ CANO, José: «Buero habla de Buero», *Gaceta Ilustrada*, 14 noviembre 1971.

GONZÁLEZ DURÁN, Ángeles: Crítica de A. Buero Vallejo, *Teatro*, en *Cuadernos Hispanoamericanos*, núm. 232, 1969, págs. 233-236.

GONZÁLEZ DE LA FUENTE, José Antonio: «Buero Vallejo, *En la ardiente oscuridad*», *Oriente*, núm. 45, 1958, págs. 81-88.

GONZÁLEZ NIETO, Luis: *Vitalismo trágico. Una interpretación del teatro de Buero Vallejo* (Memoria de Licenciatura), Universidad de Salamanca, 1964. Dirigida por Prof. Fernando Lázaro Carreter. Texto mecanograf., 82 págs.

GONZÁLEZ RUIZ, Nicolás: «Diecinueve obras de teatro considerables, entre nacionales y extranjeras», *Ya*, 31 diciembre 1954.

—: «En 1967 se ha estrenado quizás la mejor obra del teatro español de los últimos treinta años. Se trata de *El tragaluz...*», *La Verdad*, Murcia, 30 diciembre 1967.

GOTOR Y MESTRE, Matías: «A interview with Antonio Buero Vallejo. A Spanish Playwreight of World wide Interest», *Oro Verde* (Revista de turismo), núm. 57, 1968, págs. 59-67.

GRINDEL, Gerhard: «Zur Aufführung *Glühnde Finsternis* (*En la ardiente oscuridad*) im British Centre», *Der Abend*, Berlin, 4 febrero 1954.

GUEREÑA, Jacinto-Luis: «Teatro con Buero Vallejo», *Papeles de Son Armadans*, núm. XCIII, diciembre 1963, págs. 301-310.

—: «Goya en Buero Vallejo», *Imagen*, Caracas, 27 noviembre - 4 diciembre 1971.

—: «Esperpentos con García Lorca y Buero Vallejo», *Diario de Barcelona*, 27 enero 1973.

GUERRERO ZAMORA, Juan: «Le théâtre de langue espagnole à cheval sur deux continents», *Le Théâtre dans le Monde*, XI, núm. 4, 1962-63.

—: «Buero Vallejo y la esperanza», en *Historia del teatro contemporáneo*, vol. IV, Barcelona, 1967, Juan Flors, págs. 79-92.

GUEVERA CASTAÑEIRA, Josefina: «Buero Vallejo y Ruiz Iriarte ante el teatro moderno», *Puerto Rico Ilustrado*, 13 julio 1968.

GUILMAIN, Andrés: «Los escritores, en la intimidad. Antonio Buero Vallejo», *Madrid*, 26 agosto 1954.

HABERNOLL, Kurt: «Zur Aufführung *Glühnde Finsternis* (*En la ardiente oscuridad*) im British Centre», *Neue Zeitung*, Berlin, 4 febrero 1954.

«Hablando con Buero Vallejo», *Sirio*, núm. 2, abril 1962, págs. 4-5.

HALSEY, Martha: *The Tragedies of Antonio Buero Vallejo* (Tesis doctoral), Universidad de Ohio, 1964.

—: «'Light' and 'Darkness' as Dramatic Symbols in Two Tragedies of Buero Vallejo», *Hispania*, L, núm. 1, marzo 1967, págs. 63-68.

—: Crítica a la edición de *Un soñador para un pueblo*, *Hispania*, L, 1967, págs. 205-206.

—: «Buero Vallejo and the Significance of Hope», *Hispania*, LI, número 1, marzo 1968, págs. 57-66.

—: «The Dreamer in the Tragic Theater of Buero», *Revista de Estudios Hispánicos*, II, núm. 2, noviembre 1968, págs. 265-285.

—: Crítica de *Dos dramas de Antonio Buero Vallejo* (ed. de Isabel Magaña de Schevill) y de *Las cartas boca abajo* (ed. de F. G. Ilarraz), *Hispania*, LI, núm. 1, 1968, págs. 596-598.

—: «Lack of Communication in two Plays of Buero Vallejo», *Romance Notes*, X, núm. 2, 1969, págs. 233-237.

—: «The Rebel Protagonist: Ibsen's *An Enemy for the People* and Buero's *Un soñador para un pueblo*», *Comparative Literature Studies*, IV, núm. 4, diciembre 1969, págs. 462-471.

—: «More on 'Light' in the Tragedies of Buero Vallejo», *Romance Notes*, XI, núm. 1.

—: «Esquilache, Velázquez and Quevedo: Three Historical Figures in Contemporary Spanish Drama», *Kentucky Romance Quarterly*, XVII, núm. 2, 1970, págs. 109-126.

—: «Reality versus Illusion: Ibsen's *The Wild Duck* and Buero Vallejo's *En la ardiente oscuridad*», *Contemporary Literature*, vol. 11, 1970, págs. 48-57.

—: «Goya in the Theater: Buero Vallejo's *El sueño de la razón*», *Kentucky Romance Quarterly*, XVIII, núm. 2, 1971, págs. 207-221.

—: «Buero's *Mito*: A Contemporary Vision of Don Quijote», *Revista de Estudios Hispánicos*, vol. VI, núm. 2, mayo 1972, págs. 225-235.

—: «*El tragaluz*: A Tragedy of Contemporary Spain», *Romanic Review*, vol. LXIII, núm. 4, diciembre 1972, págs. 284-292.

—: *Antonio Buero Vallejo*, New York, 1973, Twayne Publishers, Inc., 178 págs.

—: *Vid.* BLEZNICK, Donald W.

HAVERBECK O., Erwin: «Aproximaciones al teatro de Buero Vallejo», *Stylo*, Temuco (Chile), núm. 10, 1970.

HERAS SARRIÓN, Alfredo: *Técnica de caracterización, proceso de creación y vivificación artística de personajes históricos en el teatro de Antonio Buero Vallejo* (Memoria de Licenciatura), Universidad de Granada, 1972. Texto mecanograf., 349 págs.

HERMIDA, Jesús: «100 españoles importantes. Buero Vallejo», *Informaciones*, 13 octubre 1967.

HERNÁNDEZ ÁVILA, Antonio: «Buero Vallejo en la Real Academia», *El Colombiano Dominical*, Bogotá, 28 marzo 1971.

HERRERO, Fernando: «La evolución de un autor teatral: Antonio Buero», *El Norte de Castilla*, 12 marzo 1972.

HERRERO, Pedro Mario: «Buero Vallejo: 'Los empresarios en general buscan el negocio'», *La Hora*, Madrid, 25 julio 1957.

—: «*Un soñador para un pueblo*: Esquilache y Carlos III en la obra número once de Antonio Buero Vallejo», *El Español*, Madrid, 28 diciembre 1958.

—: «Tres nombres en la plana mayor de la literatura: Torrente Ballester, Buero Vallejo y José Hierro», *El Español*, Madrid, número 577, 1959, págs. 12-16.

HORNEDO, S. J., Rafael María de: «Velázquez y la Inquisición», *Ya*, 7 enero 1961.

HORNO LIRIA, Luis: «Antonio Buero Vallejo», *Heraldo de Aragón*, 14 enero 1960.

HOYO, Arturo del: «Sobre *Historia de una escalera*», *Ínsula*, núm. 47, noviembre 1949.

—: *Teatro Mundial*, Madrid, 1961, Aguilar, págs. 173-174 y 1157-1158.

HUTMAN, Norma Louise: «Todo es querer», *Papeles de Son Armadans*, núm. 145, abril 1968, págs. 37-54.

ICHASO, Francisco: «*En la ardiente oscuridad*, de Antonio Buero Vallejo», *Diario de la Marina*, La Habana, 27 mayo 1955.

IGLESIA, Alfonso G. de la: «Antonio Buero Vallejo», *Gran Mundo Ilustrado*, 4 junio 1960.

IGLESIAS, Alfonso: «*Las Meninas*, de Buero Vallejo», *Aún*, Madrid, núm. 20, enero 1961.

IGLESIAS FEIJÓ, Luis: «Sobre el teatro de Buero Vallejo» (Puntualizaciones a un artículo de Menéndez Ayuso), *Triunfo*, 17 marzo 1973.

ILARRAZ, Félix G.: «Introducción», en su edición de *Las cartas boca abajo*, New Jersey, 1967, Prentice-Hall, Inc., págs. 3-17.

—: «Antonio Buero Vallejo: ¿Pesimismo o esperanza?», *Revista de Estudios Hispánicos*, I, núm. 1, 1967, págs. 5-16.

IMBERT, Julio: «Con Antonio Buero Vallejo en el café Gijón», *La Nación*, Buenos Aires, 11 julio 1965.

INIESTA, Martín: «Diálogo con Antonio Buero Vallejo», *El Alcázar*, 12 marzo 1966.

ISASI ANGULO, Amando Carlos: «El teatro de Antonio Buero Vallejo. (Entrevista con el autor)», *Papeles de Son Armadans*, núm. CCI, diciembre 1972, págs. 281-320.

JACOBBI, Ruggero: «Premessa (con divagazioni)», en Antonio Buero Vallejo, *Il sonno della Ragione*, trad. María Luisa Aguirre d'Amico, Roma, 1971, Bulzoni Editore, págs. 5-14.

JESUALDO: «La ardiente oscuridad en que vive España», *El Popular*, Montevideo, ¿noviembre? 1959.

J. C.: «Antonio Buero Vallejo, precursor y renovador del actual teatro español», *La Nación*, Buenos Aires, 26 abril 1962.

J. C. M.: «José María Rodero, intérprete de personajes ciegos», *Sirio*, núm. 9, enero 1963, págs. 13-14.

JONES, C.: Crítica a la edición de *Historia de una escalera*, *Modern Language Review*, LX, 1965, pág. 292.

KARTCHNER, John: *The Element of Hope in Selected Tragedies of Antonio Buero Vallejo* (Master of Arts), Brigham Young University, 1967. Texto mecanograf., 86 págs.

KELLER, Daniel S.: Crítica a la edición de *Historia de una escalera*, *Hispania*, XXXVIII, septiembre 1955, págs. 370-371.

KIRSNER, Robert: «*Historia de una escalera*: A Play in Search of Characters», *Homenaje a Rodríguez-Moñino*, I, 1966, págs. 279-282.

KÖNIGSBERGER, Otto: «Anlässlich der *Geschichte einer Treppe* in Dortmund», *Ruhr-Nachrichten*, 24 octubre 1955.

KRAMER, Andrés M.: «Buero se sincera: 'yo no he cambiado'», *Diario SP*, 31 mayo 1968.

KRONIK, John W.: «Cela, Buero y la generación de 1936: raigambre de una visión histórica», *Symposium*, summer 1968, págs. 164-171.

—: «Buero Vallejo y su sueño de la razón», *El Urogallo*, núm. 5-6, octubre-noviembre-diciembre 1970, págs. 151-156.

—: «Antonio Buero Vallejo: A Bibliography (1949-70)», *Hispania*, vol. 54, núm. 4, diciembre 1971, págs. 856-868.

LABAJO, Aurelio: *Buero Vallejo. Antología teatral*, Madrid, 1966, Coculsa.

LADEVEZE: «Símbolo y contraste en el teatro de Buero Vallejo», *Nuevo Diario*, 18 mayo 1969.

LADRA, David: «Tres obras y una utopía», *Primer Acto*, núm. 100-101, noviembre-diciembre 1968, págs. 36-50.

—: «Por una 'modificación fantástica' de Buero Vallejo» (Sobre *El sueño de la razón*), *Primer Acto*, núm. 120, mayo 1970, págs. 69-71.

LAFUENTE FERRARI, Enrique: «Palabras en honor de Antonio Buero Vallejo» (Discurso pronunciado en el homenaje de la Escuela de Bellas Artes a A. B. V., con motivo del estreno de *Las Meninas*). Inédito. Texto mecanograf., 7 págs.

LAGOS, Concha: «Dos romances de ciego para Antonio Buero Vallejo» (Poemas), *Cuadernos de Ágora*, núm. 38-39, mayo-agosto 1963, páginas 40-41.

LAÍN ENTRALGO, Pedro: «El camino hacia la luz», *Gaceta Ilustrada*, 8 diciembre 1962.

—: «Buero, fiel a sí mismo», *Gaceta Ilustrada*, 19 y 26 noviembre y 3 diciembre 1967.

—: «Casi veinte años después», *Gaceta Ilustrada*, 2 y 9 de junio 1968.

—: «La vigilia de la razón», *Gaceta Ilustrada*, 22 febrero y 1 marzo 1970.

—: «La entraña de nuestro tiempo» y «Ceguera y rebelión», *Gaceta Ilustrada*, 3 y 10 octubre 1971.

—: Discurso de contestación al de ingreso de Buero Vallejo en la Academia Española, en A. B. V., *García Lorca ante el esperpento*, Madrid, 1972, págs. 61-74.

LAÍN MARTÍNEZ, Milagro: «Un autor: Antonio Buero Vallejo», *Gaceta Ilustrada*, 29 marzo 1970.

LARA, Fernando: *Vid.* GALÁN, Diego.

«*Las Meninas* y sus intérpretes», *Blanco y Negro*, 4 febrero 1961.

LASA, J. F. de: «Meditación sobre la ceguera», *Tele-Express*, ¿enero 1973?

—: «Los ciegos y Buero Vallejo», *Tele-Express*, 21 abril 1973.

LAVERÓN, Alberto: «Ha vuelto Buero Vallejo», *La Actualidad Española*, 19 octubre 1967.

LÁZARO, Ángel: «*Hoy es fiesta*», *Mañana*, La Habana, 21 octubre 1956.

—: «A propósito de *Las Meninas*», *La Vanguardia Española*, 9 noviembre 1961.

L. E.: «Gran éxito de un drama de Buero Vallejo en Inglaterra», *La Vanguardia Española*, 26 noviembre 1968.

LEFEBVRE, Alfredo: «Algunas noticias de un dramaturgo español», *Atenea*, Concepción (Chile), núm. 375, abril-junio 1957, págs. 52-57.

LERA, Ángel María de: «Buero Vallejo y la literatura de la posguerra», *A B C*, 11 febrero 1971.

LESTER, H., y ZABALBEASCOA BILBAO, J. A.: «Introducción», en su edición de *Historia de una escalera*, London, 1963, University of London Press, págs. 7-16.

LOGROÑO, Miguel: *Vid.* BUSTAMANTE, Juby, y SAN JUAN, José María.

LÓPEZ GORGÉ, Jacinto: «Antonio Buero Vallejo, con *El tragaluz*, ha recobrado su gran popularidad», *España Semanal*, Tánger, 11 febrero 1968.

LÓPEZ GRADOLÍ, Alfonso: «Notas sobre Buero Vallejo», *El Gallo*, Salamanca, núm. 4, 1955, pág. 6.

«Los autores españoles nos confiesan... ¿Qué escritor, qué escuela dramática han influido en su obra?», *A B C*, 23 septiembre 1951.

«Los populares del año. Buero Vallejo», *Pueblo*, 12 diciembre 1967.

LOTT, Robert E.: «Functional Flexibility and Ambiguity in Buero Vallejo's Play», *Symposium*, summer 1966, págs. 150-162.

—: «Scandinavian Reminiscences in Antonio Buero Vallejo's Theater», *Romance Notes*, VII, núm. 2, 1966, págs. 113-116.

LYON, J. E.: «Introducción» en su edición de *Hoy es fiesta*, London, 1964, G. G. Harrap, págs. 8-39.

LLOVET, Enrique: «Teatro español actual», *El Alcázar*, 23 octubre 1954.

MANCINI, Guido: «Figure del Teatro Spagnolo Contemporaneo», *Qua-*

derni di critica e storia della Letteratura, Lucca, 1950, Edizioni Gruppo Culturale «Serra».

MANCISIDOR, José: «La literatura española bajo el signo de Franco», *Cuadernos Americanos*, núm. 3, mayo-junio 1952, págs. 26-48.

MANEGAT, Julio: «*Aventura en lo gris*, de Buero Vallejo», *El Noticiero Universal*, 19 octubre 1954.

—: «*Hoy es fiesta*», *El Noticiero Universal*, 13 agosto 1957.

—: «Los premios literarios de la Fundación Juan March», *El Noticiero Universal*, 15 diciembre 1959.

—: «Don Antonio Buero Vallejo», *El Noticiero Universal*, 10 octubre 1968.

MANRIQUE DE LARA, José Gerardo: «El Concierto de San Ovidio» (Poema), *Poesía Española*, núm. 120, diciembre 1962.

MANTERO, Manuel: «De Amelia a su madre» (Poema), *Cuadernos de Agora*, núm. 79-82, mayo-agosto 1963, págs. 30-33.

MANZANARES DE CIRRE, Manuela: «El realismo social de Antonio Buero Vallejo», *Revista Hispánica Moderna*, XXVII, núm. 3-4, julio-octubre 1961, págs. 320-324.

MARÍA Y CAMPOS, Armando de: «*Historia de una escalera*, de Antonio Buero Vallejo», *El teatro está siempre en crisis*, México, 1954, Edit. Arriba el Telón, págs. 133-143.

—: *Informe sobre el teatro social (XIX-XX)*, México, 1959, Testimonios y Comentarios.

MARQUERÍE, Alfredo: «Prólogo», en *Historia de una escalera*, Barcelona, 1950, José Janés, págs. 7-13.

—: «Nuestros autores de postguerra», *Teatro*, núm. 19, mayo-agosto 1956, págs. 11-12.

—: «Antonio Buero Vallejo o la preocupación», en G. Díaz-Plaja, *El Teatro. Enciclopedia del Arte Escénico*, Barcelona, 1958, Noguer, pág. 501.

—: «Antonio Buero Vallejo», en *Veinte años de teatro en España*, Madrid, 1959, Editora Nacional, págs. 177-187.

MARQUET MANDICO, María: *Comportamiento de los personajes de Antonio Buero Vallejo ante la realidad* (Memoria de Licenciatura), Universidad de Barcelona, 1972. Texto mecanograf., 102 págs.

MARRA LÓPEZ, José Ramón: «Conversación con Antonio Buero Vallejo», *Cuadernos del Congreso por la Libertad de la Cultura*, núm. 42, mayo-junio 1960, págs. 55-58. Reimpreso en Antonio Buero Vallejo, *Teatro*, págs. 53-59.

MARTÍ FARRERAS: «*Un soñador para un pueblo*», *Destino*, 16 enero 1960.

—: «Conversando con Buero Vallejo», *Destino*, 12 marzo 1960.

—: «*El Concierto de San Ovidio*», *Destino*, marzo 1963.

MARTÍ ZARO, Pablo: «Buero y su teatro», *Pulso*, Barcelona, núm. 0, febrero 1962. Reimpreso en Antonio Buero Vallejo, *Teatro*, Madrid, 1968, Taurus, págs. 30-33.

MARTÍN, Eutimio, y PELLEN, René: *La Littérature espagnole d'aujourd'-hui*, París, 1972, Editions Fernand Natham, 256 págs.

MARTÍN ABRIL, Francisco Javier: «El experimento de Buero», *Diario Regional*, Valladolid, 11 noviembre 1967.

MARTÍN VIVALDI, Elena: «La tejedora de sueños» (Poema), *Cuadernos de Ágora*, núm. 79-82, mayo-agosto 1963, págs. 18-19.

MARTÍNEZ AZAÑA: «Magistrale causerie de Martínez Azaña sur: 'Buero Vallejo et le théâtre espagnol contemporain'», *La Dépêche du Midi*, Toulouse, 5 mayo 1961.

MARTÍNEZ MONTESINOS, Arcadio: «Polémica sobre *El tragaluz*», *Primer Acto*, núm. 94, marzo 1968, págs. 6-7.

MARTÍNEZ ROMERO: «Antonio Buero Vallejo, premio March 1959», *Las Provincias*, Valencia, 19 diciembre 1959.

MARTÍNEZ RUIZ, F.: «Buero Vallejo o el sueño de la razón», *Razón y Fe*, CLXXXI, núm. 868, mayo 1970.

MAXWELL DIAL, Eleanore: «Critical reaction to Buero Vallejo and Casona in Mexico», *Hispania*, LIV, núm. 3, septiembre 1971.

MAYO, Luis: «Entrevista con Antonio Buero Vallejo, el más discutido de nuestros dramaturgos actuales», *El Noticiero Universal*, 28 abril 1955.

MAZARIO, Carmen: «*Un soñador para un pueblo*», *Revista de la Institución Teresiana*, Madrid, febrero 1959, pág. 3.

—: «El teatro de Buero Vallejo», *Eidos*, Madrid, núm. 11, julio-diciembre 1959, págs. 216-232.

MC SORLEY, Bonnie S.: *Perspectives of Reality in Antonio Buero Vallejo, Lauro Olmo, and Carlos Muñiz* (Doctoral dissertation), Northwestern University, 1972. Texto mecanograf., 271 págs.

MEDINA, Tico: «Un frac para Buero», *A B C*, 26 septiembre 1971.

MENÉNDEZ AYUSO, Emilio: «El teatro español, hoy. Un público en busca de autor», *Triunfo*, 10 febrero 1973, págs. 32-35.

MENOR, David: Crítica de *Casi un cuento de hadas*, *Ateneo*, núm. 26, 1953, pág. 22.

MILLER, Arthur: «The Family in Modern Drama», *Atlantic Monthly*, núm. 197, 1956, págs. 41-43. (Cit. por J. Kronik.)

MOLINA, Antonio: «Antonio Buero Vallejo, en sus mismas palabras», *Baleares*, Palma de Mallorca, 24 noviembre 1968.

MOLINA, Ida: *Search for Truth in Buero Vallejo's Plays in the Light of his Multi-faceted Concept of Tragedy* (Doctoral dissertation), University of Cincinnati.

—: «Note on the Dialectics of the Search for Truth in *El Otro* and in *El tragaluz*», *Romance Notes*, vol. XIV, núm. 1, 1972.

MOLLA, Juan: «Paso adelante y paso atrás. *El tragaluz*, de Buero Vallejo», *El Ciervo*, núm. 165, noviembre 1967.

—: «El mundo interior de Goya», *El Ciervo*, núm. 194, abril 1970.

MONLEÓN, José: «Antonio Buero Vallejo: premio March», *Triunfo*, 17 diciembre 1959.

—: «El viejo problema» (Sobre *Las Meninas*), *Triunfo*, 15 diciembre 1960.

—: «Estruendosa representación de *Hamlet* en el Español», *Triunfo*, 28 diciembre 1961.

—: «Buero, historia de una responsabilidad», *Presencia*, Madrid, número 2, diciembre 1962.

—: «*El Concierto de San Ovidio*, de Antonio Buero Vallejo», *Primer Acto*, núm. 38, diciembre 1962, pág. 58.

—: «Seis dramaturgos», *Triunfo*, 16 marzo 1965.

—: «El experimento de Antonio Buero», *Triunfo*, 21 octubre 1967.

—: «El retorno de Antonio Buero», *Triunfo*, 4 noviembre 1967.

—: «Un teatro abierto», en Antonio Buero Vallejo, *Teatro*, págs. 13-29.

—: «*Mito*, un libro de Buero para una ópera», *Primer Acto*, núm. 100-101, noviembre-diciembre 1968, pág. 72.

—: «*El sueño de la razón*, de Buero Vallejo», *Triunfo*, 21 febrero 1970.

—: «Sección crítica. *Llegada de los dioses*, de Antonio Buero Vallejo», *Primer Acto*, núm. 137, octubre 1971, págs. 57-59.

MONTANE, Michel: «Vérité du théâtre espagnol», *L'Heure de Paris*, Paris, diciembre 1957.

MONTERO, Isaac: «Una baraja en tres posturas», *La Estafeta Literaria*, núm. 105, 1957, págs. 9-10.

—: «*El tragaluz*, de Antonio Buero Vallejo», *Nuevos Horizontes* (Ateneo Español de México), núm. 3-4, enero-abril 1968, págs. 28-40.

MONTERO ALONSO, José: «Una lectura y un premio», *Madrid*, 22 diciembre 1971.

MONTGUERRE, Jean-Marc: Crítica de *En la ardiente oscuridad, Artaban,* París, diciembre 1957.

MONTIJA, Edwin: «Zur Aufführung *Glühende Finsternis* (*En la ardiente oscuridad*), im British Centre», *Der Kurier,* Berlin, 4 febrero 1954.

MÜLLER, Rainer: *Antonio Buero Vallejo. Studien zum Spanischen Nachkriegstheater.* Tesis doctoral, Universidad de Colonia, 1970, 226 págs.

—: «Notas sobre *El tragaluz*», Madrid, 28 diciembre 1967.

—: «El eco de Unamuno en Buero Vallejo», *Madrid,* 11 febrero 1971.

MUNRO, Carolyn Johanna: *The Conflict Between the Individual and the Values Around Him as a Theme in the Social-Drama of Antonio Buero Vallejo* (Master of Arts), Southern Methodist University, 1968. Texto mecanograf., 74 págs.

MUÑIZ, Carlos: «Antonio Buero Vallejo, ese hombre comprometido», *Primer Acto,* núm. 38, diciembre 1962, págs. 8-10.

—: «Pena de muerte» (Cuento), *Cuadernos de Agora,* núm. 79-82, mayo-agosto 1963, págs. 38-39.

MUÑIZ, S. J., Carlos: «El simbolismo religioso en el teatro de Buero Vallejo», *Proyección,* Granada, núm. 37, abril 1963, págs. 92-102.

MURCIA, Juan Ignacio: «Nouvelle littérature espagnole», *Esprit,* XXIV, núm. 9, 1956, págs. 370-378.

Negro sobre Blanco (Boletín de la Editorial Losada), «Buero Vallejo nos habla», núm. 12, abril 1960.

NERVA, Sergio: «Teatro en Madrid. Lo que nos dice Buero Vallejo», *España,* Tánger, 29 agosto 1954.

—: «*Irene, o el tesoro,* de Antonio Buero Vallejo», *España,* Tánger, 2 enero 1955.

—: «Teatro en Madrid, *Hoy es fiesta,* sainete negro de Buero Vallejo», *España,* Tánger, 7 octubre 1956.

—: «Teatro en Madrid. *Las cartas boca abajo,* de Buero Vallejo», *España,* Tánger, 17 noviembre 1957.

—: «*Un soñador para un pueblo,* de Buero Vallejo», *España,* Tánger, 18 enero 1959.

—: «Teatro en Madrid. *Las Meninas,* de Antonio Buero Vallejo», *España,* Tánger, 8 enero 1959.

NICHOLAS, Robert Leon: «The History Plays: Buero Vallejo's Experiment in Dramatic Expression», *Revista de Estudios Hispánicos,* III, núm. 2, noviembre 1969, págs. 281-293.

—: «The Evolution of Technique in the Theater of Antonio Buero Vallejo», *Dissertation Abstracts*, XXIX (dissertation written at University of Oregon, 1967), 269 A.

—: *The Tragic Stages of Antonio Buero Vallejo*, Valencia, 1972, Estudios de *Hispanófila*, 128 págs.

N(ieto), R(amón): «Antonio Buero Vallejo, premio March», *Mundo Hispánico*, núm. 144, marzo 1960, pág. 34.

NOBLE, Beth W.: «Sound in the Plays of Buero Vallejo», *Hispania*, XLI, marzo 1958, págs. 56-59.

NORIEGA, Néstor Alfredo: «Entrevista con el dramaturgo Antonio Buero Vallejo», *Tribuna*, San Juan, 27 diciembre 1964.

NORTHUP, George Tyler: *An Introduction to Spanish Literature*, Chicago, 1960, págs. 462-463.

NOVEL MAYER, Roger: «¿Existe una joven literatura española?», *Cuadernos del Congreso por la Libertad de la Cultura*, núm. 33, noviembre-diciembre 1958, págs. 53-58.

«Nuevas corrientes teatrales en España», *El Diario de Nueva York*, New York, 25 diciembre 1963.

O'CONNOR, Patricia: «Government Censorship in the Contemporary Spanish Theatre», *Educational Theatre Journal*, XVIII, núm. 4, diciembre 1966.

—: «Censorship in the Contemporany Spanish Theater and Antonio Buero Vallejo», *Hispania*, LII, núm. 2, mayo 1969, págs. 282-288.

OLMO, Lauro: «Antonio Buero Vallejo: el compañero», *Cuadernos de Agora*, núm. 79-82, mayo-agosto 1963, págs. 34-35.

«*Orlando Furioso*, en Madrid. Debate» (Participan: A. Gala, A. Buero Vallejo, F. Nieva, A. González Vergel, A. Sastre y Un Goliardo), *Primer Acto*, núm. 126-127, noviembre-diciembre 1970, págs. 58-63.

ORTIZ, E.: «Buero Vallejo fue pintor antes de llegar al teatro», *Careta*, enero 1955.

OSUNA, José: «Las dificultades de mi puesta en escena» (de *El tragaluz*), *Primer Acto*, núm. 990, noviembre 1967, págs. 16-19. Reimpreso en Antonio Buero Vallejo, *Teatro*, págs. 102-107.

PACO DE MOYA, Mariano de: «*Llegada de los dioses*: la tragedia de la inautenticidad», *La Estafeta Literaria*, 1 junio 1972.

PAJÓN MECLOY, Enrique: «¿Ciegos o símbolos?», *Sirio*, núm. 2, abril 1962, págs. 11-14.

—: «De símbolos a ejemplos», *Sirio*, núm. 9, enero 1963, págs. 9-12. Reimpreso en Antonio Buero Vallejo, *Teatro*, págs. 34-39.

PÁNIKER, Salvador: «Antonio Buero Vallejo», en *Conversaciones en Madrid*, Barcelona, 1969, Kairós, págs. 175-189.

PASO, Alfonso: «*Las Meninas*. Libre interpretación de la historia», *Primer Acto*, núm. 19, enero 1961, pág. 9.

—: «Carta a Antonio», *Fotos*, 10 agosto 1963.

PASTOR, Miguel Ángel: «España en el Español. Un estreno de Buero Vallejo», *Cisne*, Valladolid, marzo 1959.

PASTOR PETIT, D.: «Buero Vallejo-Dostoievski», *La Vanguardia Española*, 9 julio 1971.

—: «Charla con Antonio Buero Vallejo», *Destino*, 9 diciembre 1972.

Patria: «Así nos contesta Buero Vallejo», Granada, 19 marzo 1959.

PAULIELLO DE CHOCHOLOUS, Hebe: «El procedimiento grotesco en *El Concierto de San Ovidio*», *Cuadernos de Filología* (Universidad Nacional de Cuyo), Mendoza, núm. 3, 1969.

PECKHAM, D. H.: Crítica de *Historia de una escalera* en la ed. de H. Lester y J. A. Zabalbeascoa Bilbao, *The New Vida Hispánica*, London, XII, núm. 1, 1964, págs. 27 y sigs.

PELLEN, René: *Vid.* MARTÍN, Eutimio.

PEMÁN, José María: «La tragedia», *A B C*, 13 diciembre 1962.

PÉREZ GALLEGO, J.: «Goya, héroe inesperado de Buero Vallejo», *Heraldo de Aragón*, 12 octubre 1969.

PÉREZ MINIK, Domingo: «Buero Vallejo o la restauración de la máscara», en *Teatro Europeo Contemporáneo*, Madrid, 1961, Guadarrama, págs. 381-396.

—: «Itinerario patético de una generación de dramaturgos españoles», *Ínsula*, núm. 224-225, 1965, págs. 3 y 30.

PÉREZ DE OLAGUER, Gonzalo: «La nueva generación teatral española», *Reseña*, I, 1964, págs. 257-268.

—: «Buero Vallejo. Entrevista», *Yorick*, núm. 46, marzo 1971.

PERMANYER, Luis: «Antonio Buero Vallejo a través del cuestionario Marcel Proust», *Destino*, 25 mayo 1963.

PERULERO, Antón: «*Un soñador para un pueblo*, de Antonio Buero Vallejo». *Radiocinema*, 27 diciembre 1958.

PICCOLO, Francesco: «Buero Vallejo», *Il Giornale d'Italia*, Roma, 31 enero y 1 febrero 1962.

PLA, Juan: «Estrena Buero Vallejo: acierto seguro. *El tragaluz* es un experimento ambicioso de corte clásico», *SP*, 10 octubre 1967.

—: «Comentario a Buero Vallejo», *SP*, 9 abril 1968.

—: «Con Antonio Buero Vallejo. La madurez es la duda», *Pueblo*, 16 enero 1971.

P. M.: «*Un soñador para un pueblo*, de Buero Vallejo», *Nuestras Ideas*, Bruselas, núm. 6, mayo 1959.

POMBO ANGULO, Manuel: «Estreno de *Las Meninas* en el Teatro Español», *La Vanguardia Española*, 11 diciembre 1960.

«¿Por qué y para qué escribe?», *Revista del Mediodía*, Córdoba, número 1, marzo-abril 1958.

PORCEL, Baltasar: «Antonio Buero Vallejo, a dos vertientes», *Destino*, 8 julio 1967.

PORTO, Carlos: «Sobre algum teatro de Antonio Buero Vallejo», *O Comercio do Porto*, 12 abril 1960.

POUSA PÉREZ, José: «*Las Meninas*», *El Ideal Gallego*, 21 diciembre 1960.

POZO, Raúl del: «Buero Vallejo, el escéptico, cree en los platillos volantes», *Pueblo*, 11 septiembre 1968.

—: «Buero-Goya: se alza el telón», *Pueblo*, 24 enero 1970.

PRAAG-CHANTRAINE, Jacqueline van: «Tendances du Théâtre espagnol d'aujourd'hui», *Synthèses*, Bruselas, marzo 1961, núm. 178, págs. 111-121, y abril 1961, núm. 179, págs. 278-288.

—: «Tendencias del teatro español de hoy. Antonio Buero Vallejo y el buerismo», *Cuadernos Americanos*, XXII, núm. 5, 1963, páginas 254-263.

PRADERA, Víctor: Crítica de *Historia de una escalera*, *Arbor*, XV, número 49, enero-abril 1950, pág. 158.

PRECIADO, Nativel: «*El tragaluz*, acontecimiento teatral de la temporada», *Madrid*, 26 diciembre 1967.

PREGO, Adolfo: «*Las Meninas*, de Buero Vallejo, en el Español», *Primer Acto*, núm. 19, enero 1961, pág. 10.

—: «Con *El tragaluz* Buero Vallejo lanza un desafío», *Blanco y Negro*, 28 octubre 1967.

PRIETO, Antonio: «*Historia de una escalera*. Análisis de la obra teatral de Buero Vallejo», *Hoy*, México, 25 marzo 1950.

PUENTE, José V.: «*Las Meninas*», *Clarín*, Buenos Aires, 22 enero 1961.

PUENTE, Pilar de la: «El teatro histórico de Buero Vallejo», *El Urogallo*, núm. 2, abril-mayo 1970, págs. 90-95.

QUADRI, Franco: «S. Miniato. La parabola dei ciechi da Buñuel a Brecht», *Sipario*, núm. 258, octubre 1967, págs. 33-34.

QUEIZÁN, Eduardo: «Si amanece, nos vamos» (Sobre *El sueño de la razón*), *Primer Acto*, núm. 117, febrero 1970, págs. 12-17.

—: «Buero en San Miniato», *Primer Acto*, núm. 126-127, noviembre-diciembre 1970, pág. 7.

QUINTO, José María de: «Crónica de la quincena. Buero Vallejo confirma con *Madrugada* la autenticidad de su teatro», *Correo Literario*, V, núm. 87, 1 enero 1954, pág. 10.

—: «El Teatro», *Los cuatro ángeles de San Silvestre. Almanaque para el año 1958 y Papeles de Son Armadans*, Palma de Mallorca, 1958, págs. 331-343.

—: «Radiografía breve de los últimos 30 años de teatro», *Cuadernos para el Diálogo*, núm. monográfico sobre Teatro Español, junio 1966, págs. 26-27.

—: «*El tragaluz*, de Buero Vallejo», *Insula*, núm. 252, diciembre 1967.

—: «E dopo García Lorca?», *Sipario*, núm. monográfico sobre «Spagna Oggi», núm. 256-257, agosto-septiembre 1967, págs. 6-7.

QUIÑONERO, Juan Pedro: «Don Antonio Buero Vallejo, desde la Real Academia: 'Nuestro retraso teatral es espantoso'», *Informaciones*, 4 febrero 1971.

—: «Buero Vallejo, ensayista», *Informaciones*, 15 marzo 1973.

REAL, André: «*Madrugada*, de Antonio Buero Vallejo, pelo Teatro Experimental do Porto», *O Diário de Notícias*, Lisboa, 28 junio 1962.

REBELLO, Luiz Francisco: «Antonio Buero Vallejo e o moderno teatro espanhol», *Diário Ilustrado*, Lisboa, 30 julio 1957.

—: «Teatro estrangeiro em Lisboa», *Gazeta Musical e de todas as Artes*, núm. 103-104, octubre-noviembre 1959.

—: *Imagens do teatro contemporâneo*, Lisboa, 1961, Atica, 267 págs.

REIS, José: «Buero Vallejo: 'Abandoné la pintura profundamente desanimado'», *Diário de Lisboa*, 12 enero 1961.

REY, Emilio: «*El sueño de la razón* (última obra de Buero Vallejo) se representará íntegra», *Ya*, 4 enero 1970.

RIAL, José Antonio: «El teatro de Buero Vallejo. *La tejedora de sueños*», *El Universal*, Caracas, 7 mayo 1955.

—: «El nacionalismo y los exiliados», *El Universal*, Caracas, 5 febrero 1961.

—: «El teatro español contemporáneo», *El Universal*, Caracas, 27 febrero 1961.

—: «*Las Meninas*, de Buero Vallejo», *El Universal*, Caracas, 21 junio 1961.

—: «Antonio Buero Vallejo: *Teatro*», *El Universal*, Caracas, 25 septiembre 1962.

Rivas, Josefa: Crítica a la edición de *Un soñador para un pueblo*, *Duquesne Hispanic Review*, VI, núm. 1, 1967, págs. 41-42.

Rivero, Carlos: «Al filo de la hoja. Las verdades de Buero», *Hoja del Lunes*, Madrid, 18 diciembre 1967.

Rodríguez, Miguel Luis: «*Las cartas boca abajo*, de Buero Vallejo», *Índice*, núm. 111, marzo 1958, pág. 10.

—: «Diálogo con Antonio Buero Vallejo», *Índice*, núms. 116-117, 118 y 119, agosto-septiembre, octubre y noviembre 1958.

Rodríguez, Pedro: «Buero Vallejo, las cartas boca arriba», *Arriba*, 14 diciembre 1967.

Rodríguez-Castellano, Juan: «El teatro español desde 1939», *Hispania*, XXXIV, núm. 3, agosto 1951, págs. 240-244.

—: «Un nuevo comediógrafo español: A. Buero Vallejo», *Hispania*, XXXVII, marzo 1954, págs. 17-25.

—: «Introduction», en su edición de *En la ardiente oscuridad*, New York, 1954, Scribner.

—: «Estado actual del teatro español», *Hispania*, XLI, 1958.

—: «Introduction», en su edición de *Las Meninas*, New York, 1963, Scribner.

—: «Introduction», en su edición de *El Concierto de San Ovidio*, New York, 1965, Scribner.

Rodríguez Méndez, José María: «Aportaciones positivas al teatro. Un autor: Antonio Buero Vallejo», *El Noticiero Universal*, 7 octubre 1966.

—: «*El tragaluz*, de Buero Vallejo», *El Noticiero Universal*, 24 noviembre 1967.

Rodríguez Moñino y Soriano, R.: «*Irene, o el tesoro*», *Nueva Etapa*, Madrid, enero 1956, pág. 73.

—: «Posible generación del 36 en la escena española», *Nueva Etapa*, Madrid, núm. 13, 1957.

Rodríguez-Puértolas, J.: «Tres aspectos de una misma realidad en el teatro español contemporáneo: Buero, Sastre, Olmo», *Hispanófila*, núm. 31, septiembre 1967, págs. 43-58.

Rodríguez Richart, J.: «Entre renovación y tradición. Direcciones principales del teatro español actual», *Boletín de la Biblioteca Menéndez Pelayo*, Santander, núm. 3-4, julio-diciembre 1965, páginas 383-418.

Roig, S. J., Rosendo: «Talante trágico del teatro de Buero Vallejo», *Razón y Fe*, CLVI, noviembre 1957, págs. 363-367.

—: «Teatro para la juventud actual. Entrevista con Antonio Buero Vallejo», *Aún*, Madrid, núm. 59, abril 1964.

—: «Buero, un estilo de vida», *Ya*, 24 febrero 1971.

—: «Buero Vallejo en la Academia», *Las Provincias*, Valencia, 3 marzo 1971.

—: «Cuatro preguntas a don Antonio Buero Vallejo, de la Real Academia Española», *CQD* (*Como queríamos demostrar*), Valencia, junio 1971.

—: «El hombre de hoy, amargo huésped de sí mismo», *Ya*, 21 octubre 1971.

—: «Escuchando a Buero Vallejo», *HD* (Hechos y Dichos) (Zaragoza), núm. 425, enero 1972, págs. 38-41.

ROMERO, Emilio: «Un sótano y el tren», *Pueblo*, 10 octubre 1967.

ROSINELLI, Carmen: «Bühne, Buch und Film in Spanien», *Kassler Nachrichten*, núm. 100, 6 marzo 1968.

RUIZ RAMÓN, Francisco: «Buero Vallejo y la pasión de la verdad», en *Historia del teatro español. Siglo XX*, Madrid, 1971, Alianza Editorial, págs. 377-416.

RUPLE, Joelyn: «Individualism and dignity. *El Concierto de San Ovidio* by A. Buero Vallejo», *Hispania*, XLVIII, 1965, págs. 512-513.

—: «Angustia. *Historia de una escalera* by A. Buero Vallejo», *Hispania*, XLVIII, 1965, págs. 513-514.

—: *Antonio Buero Vallejo: The First Fifteen Years*, New York, 1971, Eliseo Torres and Sons.

SALAZAR BONDY, Sebastián: «Conversación con Buero Vallejo», *La Prensa*, Lima, julio 1957.

—: «Buero Vallejo elige el sacrificio, la germinación», *El Comercio*, Lima, 3 diciembre 1961.

SALCEDO, Emilio: «Para una revisión de Buero Vallejo», *El Norte de Castilla*, 22 marzo 1973.

SALVAT, Ricardo: «Buero Vallejo», en *El teatre contemporani*, vol. II, Barcelona, 1966, Edicions 62, págs. 227-231.

—: «Buero Vallejo estudia tres maestros y los sitúa ante el público», *Tele-Express*, 24 abril 1973.

SAN JUAN, José María, y LOGROÑO, M.: «El teatro español juzgado por sus personajes», *La Actualidad Española*, 14 octubre 1965.

SÁNCHEZ, José: Crítica a la edición de *Historia de una escalera*, *Books Abroad*, XXV, autumn 1951, pág. 376.

SÁNCHEZ AGESTA, Luis: «Un drama del siglo XVIII», *Ya*, 7 enero 1959.

SANTALÓ, José Luis: «El teatro de Madrid. _El tragaluz_, en el Bellas Artes», _Arbor_, núm. 263, noviembre 1967, págs. 115-118.

SANTOS, Dámaso: «El teatro de Buero Vallejo», _Alcalá_, núm. 27, 25 febrero 1953.

—: «Escritores con clave. Buero Vallejo, en su ardiente oscuridad», _Arriba_, 2 agosto 1959.

—: «Buero Vallejo —premio March— no es todavía gloria nacional», _Acento Cultural_, Madrid, núm. 6, enero-febrero 1960, págs. 63-66.

—: «Buero Vallejo, académico de la Lengua», _Pueblo_, 29 enero 1971.

SARTO, Juan del: Entrevista con Buero Vallejo, _Correo Literario_, junio 1952.

—: «Pasado, presente y porvenir del escritor en España», _Correo Literario_, núm. 52, 15 julio 1962.

SASSONE, Felipe: «Dos comedias importantes», _La Vanguardia Española_, 1 enero 1955.

SASTRE, Alfonso: «El Premio Lope de Vega 1949», _La Hora_, Madrid, 6 noviembre 1949.

—: «_Madrugada_, de Buero Vallejo. Un buen drama», _Cuadernos Hispanoamericanos_, febrero 1954, págs. 284-285.

—: «Teatro imposible y pacto social», _Primer Acto_, núm. 14, mayo-junio 1960, págs. 1-2.

—: «A modo de respuesta», _Primer Acto_, núm. 16, septiembre-octubre 1960, págs. 1-2.

—: «Le théâtre espagnol contemporain», _Preuves_, núm. 123, mayo 1961, págs. 25-28.

—: _La Revolución y la Crítica de la Cultura_, Barcelona, 1970, Grijalbo, págs. 144-145.

SCOTT, Nina M. B.: _Velázquez in Modern Spanish Literature_ (Doctoral dissertation), Stanford, 1968. _DA_, 29 (1968), 1547 A. (Cit. por J. Kronik.)

SCHEVILL, Isabel Magaña de: «Lo trágico en el teatro de Buero Vallejo», _Hispanófila_, núm. 7, septiembre 1959, págs. 51-58.

—: «Introduction», en su edición de _Dos dramas de Buero Vallejo_, New York, 1967, Appleton-Century Crofts, págs. 1-15.

SCHON, Gerhard: «Anlässlich der Aufführung _Geschichte einer Treppe_ im Dormund», _Rheinische Post_, Düsseldorf, 24 octubre 1955.

SCHROGENDORFER, Konrad: «Spanische Dramatik der Gegenwart», _Maske und Kothurn_, núm. 5, 1959, págs. 15-27.

SCHWARTZ, Kessel: «'Posibilismo' and 'imposibilismo'. The Buero Vallejo-Sastre polemic», *Revista Hispánica Moderna*, XXXIV, núm. 1-2, enero-abril 1968.

—: «Buero Vallejo and the Concept of Tragedy», *Hispania*, LI, diciembre 1968, págs. 817-824.

—: *Vid.* CHANDLER, Richard.

SERRA, Antonio: «Buero Vallejo visto por Ricardo Doménech», *Última Hora*, Palma de Mallorca, 12 enero 1967.

SERRANO, Eugenia: «Mentiras populares y verdades impopulares», *Pueblo*, 23 diciembre 1960.

—: «El teatro al día: su caravana», *Arriba*, 27 octubre 1967.

SERVER, Alberta Wilson: «Notes on the Contemporary Drama in Spain», *Hispania*, marzo 1958, págs. 56-60.

SHELNUTT, William L.: «Symbolism in Buero's *Historia de una escalera*», *Hispania*, XLI, marzo 1959, págs. 61-65.

Sipario: «Inchiesta. Il perché di una crisi» (Participan: A. Buero Vallejo, J. M. de Quinto, R. Doménech, F. Fernán-Gómez, A. Marsillach, L. Olmo, D. Pérez Minik, F. Rabal, R. Rodríguez Buded, J. M. Rodríguez Méndez y A. Sastre), núm. 256-257, agosto-septiembre 1967, págs. 27-28.

Sirio: núm. monográfico sobre A. B. V., núm. 2, abril 1962, 22 págs. (Artículos de Antonio Buero Vallejo, Enrique Pajón Mecloy, Ángeles Soler Guillén y J. A. Vallejo Nágera.)

SITJA PRÍNCIPE, Francisco: «*Hoy es fiesta*, de Buero Vallejo», *El Ciervo*, diciembre 1956.

—: «La lección de los *sueños. Un soñador para un pueblo*, de Antonio Buero Vallejo», *El Ciervo*, abril 1959.

—: «Cincuenta años de teatro proscrito», *Ínsula*, núm. 157, diciembre 1959, págs. 15-16.

—: «El creador, el poder constituido y el pueblo. *Las Meninas*, de Antonio Buero Vallejo», *El Ciervo*, marzo 1961.

—: «Acerca de Buero Vallejo», *Cuadernos de Agora*, núm. 79-82, mayo-agosto 1963, págs. 28-29.

—: «El caso singular de Antonio Buero», *La Vanguardia Española*, 13 noviembre 1969.

«Situación de la cultura en España», *Diario SP*, 7 febrero 1968.

SOLANO, F. de P.: «O teatro de Buero Vallejo», *Rumo*, Lisboa, 1959.

SOLER GUILLÉN, Ángeles: «La victoria de lo imposible», *Sirio*, núm. 2, abril 1962, págs. 17-18.

SORDO, Enrique: «Buero Vallejo y *Madrugada*», *Revista*, Barcelona, núm. 92, 14 enero 1954.

—: «Sobre el teatro español contemporáneo», *Revista*, Barcelona, número 330, 1958.

—: «*Un soñador para un pueblo*», *Revista*, Barcelona, 16 julio 1960.

—: «Autores de postguerra. El primer Buero Vallejo», *El Noticiero Universal*, 17 julio 1964.

—: «El drama y la tragedia en Buero Vallejo», en Guillermo Díaz-Plaja, *Historia general de las literaturas hispánicas*, Barcelona, 1967, Vergara, vol. VI, págs. 781-787.

SORIANO, Elena: «Buero Vallejo, autor moral», *Cuadernos de Agora*, núm. 79-82, mayo-agosto 1963, págs. 20-21.

SOTO, Vicente: «Un personaje en busca de obra», *Insula*, núm. 260-261, julio-agosto 1968, pág. 25.

—: «Londres. *La historia del doble caso del doctor Valmy*, de Buero Vallejo», *Primer Acto*, núm. 107, abril 1969, págs. 61-62.

S(OUVIRÓN), J(OSÉ) M(ARÍA): «Teatro, verdad y poesía», *Papeles de Son Armadans*, VIII, noviembre 1957, págs. 228-230.

SUÁREZ SOLÍS, Rafael: «El teatro español quiere modernizarse», *Diario de la Marina*, La Habana, 16 febrero 1952.

—: «Un dramaturgo», *Diario de la Marina*, La Habana, 1 diciembre 1957.

SUEIRO, Daniel: «¿Qué es la literatura española para los escritores españoles? Una encuesta de *Pueblo*», *Pueblo*, 9 julio 1959.

TAIBO, Paco Ignacio: «Antonio Buero Vallejo y su última puerta. Quién es el hombre de *En la ardiente oscuridad*», *Claridades*, México, ¿octubre? 1959.

TAVARES RODRIGUES, Urbano: «*Un soñador para un pueblo*. As duas faces da razão no teatro de Buero Vallejo», en *Noites de Teatro*, Lisboa, 1961, Atica.

TENTORI, Francesco: «La Spagna. Un nuovo scritore di teatro. *Storia di una escala*», *La Fiera Letteraria*, Roma, 28 octubre 1951.

TERZANO, María Luisa: «*Historia de una escalera*», *Hispania*, Buenos Aires, julio 1950.

TORRE, Claudio de la: «Mis estrenos de Buero Vallejo», en Antonio Buero Vallejo, *Teatro*, págs. 99-101.

TORRE, Guillermo de: «Libertad y cohibición en dos dramas contemporáneos», *El Nacional*, Caracas, 23 agosto 1956.

—: «Dos dramas fronterizos», *La Nación*, Buenos Aires, 2 agosto 1956. Reimpreso en *Al pie de las letras*, Buenos Aires, 1967, Losada, páginas 159-167.

TORRE FRANCO, Jesús: «Cuatro autores de hoy opinan sobre el teatro de Arniches» (A. Buero Vallejo, L. Olmo, J. A. Alonso Millán y A. Paso), *Arriba*, 20 febrero 1966.

TORRENTE BALLESTER, Gonzalo: «Antonio Buero Vallejo», en *Teatro Español Contemporáneo*, Madrid, 1957, Guadarrama, págs. 101-104 y 325-332.

—: «Buero Vallejo», en *Panorama de la Literatura Española Contemporánea*, Madrid, 1961, Guadarrama, págs. 510-511.

—: «Torrente Ballester enjuicia tres estrenos» (*La tejedora de sueños*), *Correo Literario*, febrero 1952.

—: «Notas de introducción al teatro de Buero Vallejo», *Primer Acto*, núm. 38, diciembre 1962, págs. 11-14. Reimpreso en Antonio Buero Vallejo, *Teatro*, págs. 40-45.

TRENAS, Julio: «Buero Vallejo en y ante el teatro moderno», *A B C*, 4 junio 1969.

«Tres preguntas a Buero Vallejo», *Ínsula*, núm. 147, febrero 1959, pág. 4.

«Tres dramaturgos opinan» (A. Buero Vallejo, J. López Rubio y A. Sastre), *La Gaceta Regional*, Salamanca, 1 enero 1956.

ULLÁN, José Miguel: «*El Concierto de San Ovidio*», *Presencia*, Madrid, núm. 2, diciembre 1962.

UMBRAL, Francisco: Entrevista, *El Norte de Castilla*, noviembre 1961.

—: «*El tragaluz*, de Buero Vallejo», *El Norte de Castilla*, 15 octubre 1967.

—: «Buero y Aranguren», *La Voz de Asturias* (Oviedo), 22 abril 1973.

«Un dramaturgo alcarreño en vanguardia del teatro contemporáneo. Buero Vallejo habla para nuestros lectores», *Nueva Alcarria*, Guadalajara, 22 febrero 1958.

«Un reportaje al joven dramaturgo español Antonio Buero Vallejo», *La Nación*, Buenos Aires, 5 septiembre 1954.

«Una encuesta de *Ínsula*» (Sobre García Lorca), *Ínsula*, núm. 168, noviembre 1960, pág. 8.

«Una encuesta de *Ínsula*» (Sobre Moratín), *Ínsula*, núm. 161, abril 1960, pág. 4.

URBANO, Victoria: «Antonio Buero Vallejo», en *El teatro español y sus directrices contemporáneas*, Madrid, 1972, Editora Nacional, págs. 195-210.

URMENETA, Fermín de: «Antonio Buero Vallejo o el teatro pictórico moderno», *Revista de Ideas Estéticas*, núm. 112, octubre-noviembre 1970.

VALBUENA BRIONES, Ángel: «La sociedad española a través de dos dramaturgos contemporáneos», en *Ideas y palabras*, New York, 1968, Eliseo Torres, págs. 86-96.

VALBUENA PRAT, Ángel: «En la mitad del siglo xx: Buero Vallejo y el teatro de la angustia», en *Historia del Teatro Español*, Barcelona, 1956, Noguer, págs. 657-663.

VALEMBOIS, Victor: *La représentation du temps dans l'œuvre de Antonio Buero Vallejo (Contribution à l'interprétation de ses drames)*, Katholieke Universiteit Lenven, Faculteit van Wisbegeerte en Letteren, Septembre 1969, 132 págs.

—: «Buero Vallejo por fin académico», *Reseña*, núm. 44, abril 1971.

VALLAIRE, Stéphane: «Un drame terriblement réel», *Les Lettres Françaises*, diciembre 1957.

VALLEJO NÁGERA, J. A.: «Tipos psicológicos de *En la ardiente oscuridad*», *Sirio*, núm. 2, abril 1962, pág. 10.

VAN GELDER, Jerrissa: *Traduction Commentée de El Concierto de San Ovidio* (Memoria de Licenciatura), 1969, Rijksuniversitair Centrum Antwerpen Oger Instituut voor Vertalers en Tolken.

VÁZQUEZ ZAMORA, Rafael: «*La señal que se espera*», *Ínsula*, núm. 78, junio 1952.

—: «*Las cartas boca abajo*, de Buero Vallejo», *Ínsula*, núm. 134, 1958, pág. 15.

—: «*Un soñador para un pueblo*, de Buero Vallejo», *Ínsula*, núm. 147, 15 febrero 1959, pág. 12.

—: «*Las Meninas*, de Buero Vallejo, en el Español», *Ínsula*, núm. 170, enero 1961, pág. 15.

—: «En el Goya, los trágicos ciegos de Buero Vallejo», *Ínsula*, número 193, diciembre 1962, pág. 16.

VEGA PICO, J.: «Buero Vallejo: *La tejedora de sueños* en el Teatro Español», *España*, Tánger, 13 enero 1952.

VELÁZQUEZ, Flavia Paz: «Forum a *Las Meninas*, de Buero Vallejo», *Revista de la Institución Teresiana*, marzo 1961, págs. 8-9.

VELOSO, A.: Crítica a la edición de *Historia de una escalera, Broteria,* Lisboa, núm. 7, 1966, pág. 142.

VELLOSO, José Miguel: «*El Concierto de San Ovidio», El Español,* Madrid, 24 noviembre 1962.

VERDÚ DE GREGORIO, Joaquín: *La lumière et l'obscurité dans le théâtre de Buero Vallejo* (Tesis doctoral), Universidad de Fribourg, Suiza, 1971.

VEYRAT, Miguel: «Buero Vallejo: 'No soy un amargado'», *Nuevo Diario,* 7 febrero 1971.

VIAN, Francesco: «Il teatro di Buero Vallejo», *Vita e pensiero,* Milano, marzo 1952, págs. 165-169.

VIDELA DE RIVERO, Gloria: «*Las Meninas* en el teatro de Antonio Buero Vallejo», *Cuadernos de Filología* (Universidad Nacional de Cuyo, Mendoza), núm. 3, 1969.

VILA SELMA, José: «Buero sí. Buero no. Cuidado con la amargura», *La Estafeta Literaria,* núm. 105, noviembre 1957, pág. 9.

VILAR, Sergio: «Antonio Buero Vallejo», en *Manifiesto sobre Arte y Libertad (Encuesta entre los intelectuales y artistas españoles),* New York, 1963, Las Américas Publishing Company, págs. 100-104.

—: «Antonio Buero Vallejo», *La Vanguardia Española,* 5 abril 1966.

VILLAVERDE CABRAL, Manuel: «Notas sobre el teatro de Buero Vallejo», *Jornal de Letras e Artes,* Lisboa, núm. 97, 7 agosto 1963.

VIÑAR ZULOAGA, Mercedes de: «Buero Vallejo, dramaturgo insigne», *Diario Regional,* Valladolid, 23 octubre 1966.

WEBBER, Edwin J.: «The 'Problem' of the Spanish Theater today», *Hispania,* XLIX, 1956, págs. 63-67.

WEIS, Gerard R.: «Buero Vallejo's theory of tragedy in *El tragaluz»,* *Revista de Estudios Hispánicos,* V, núm. 2, 1971, págs. 147-160.

WELLWARTH, George E.: «The Spanish-Speaking Drama», en *The Theater of Protest and Paradox,* New York, 1971, New York University Press, págs. 353-384.

WOOLSEY, Wallace: «Buero Vallejo: Versatile Spanish Dramatist», *South Central Bulletin,* 26, 1967, págs. 10-16.

ZABALBEASCOA BILBAO, José Antonio: «Antonio Buero Vallejo», *The New Vida Hispánica,* X, núm. 3, 1962, págs. 17 y 25.

—: *Vid.* LESTER, H.

ÍNDICE DE NOMBRES Y OBRAS *

* Van incluidos los nombres de personas relacionadas con la vida de Buero y los nombres de artistas que figuran en entrevistas y coloquios. Se entiende que las «obras» son las de Buero.

ÍNDICE GENERAL

BIBLIOTECA ROMÁNICA HISPÁNICA

Dirigida por: DÁMASO ALONSO

I. TRATADOS Y MONOGRAFÍAS

II. ESTUDIOS Y ENSAYOS

40. Emilio Carilla: *El Romanticismo en la América hispánica*. Segunda edición revisada y ampliada. 2 vols.

41. Eugenio G. de Nora: *La novela española contemporánea (1898-1967)*. Premio de la Crítica. Reimpresión. 3 vols.

42. Christoph Eich: *Federico García Lorca, poeta de la intensidad*. Segunda edición revisada. 206 págs.

43. Oreste Macrí: *Fernando de Herrera*. Segunda edición corregida y aumentada. 696 págs.

44. Marcial José Bayo: *Virgilio y la pastoral española del Renacimiento (1480-1550)*. Segunda edición. 290 págs.

45. Dámaso Alonso: *Dos españoles del Siglo de Oro*. Reimpresión. 258 págs.

46. Manuel Criado de Val: *Teoría de Castilla la Nueva (La dualidad castellana en la lengua, la literatura y la historia)*. Segunda edición ampliada. 400 págs. 8 mapas.

47. Ivan A. Schulman: *Símbolo y color en la obra de José Martí*. Segunda edición. 498 págs.

49. Joaquín Casalduero: *Espronceda*. Segunda edición. 280 págs.

51. Frank Pierce: *La poesía épica del Siglo de Oro*. Segunda edición revisada y aumentada. 396 págs.

52. E. Correa Calderón: *Baltasar Gracián. Su vida y su obra*. Segunda edición aumentada. 426 págs.

53. Sofía Martín-Gamero: *La enseñanza del inglés en España (Desde la Edad Media hasta el siglo XIX)*. 274 págs.

54. Joaquín Casalduero: *Estudios sobre el teatro español*. Tercera edición aumentada. 324 págs.

55. Nigel Glendinning: *Vida y obra de Cadalso*. 240 págs.

57. Joaquín Casalduero: *Sentido y forma de las «Novelas ejemplares»*. Segunda edición corregida. 272 págs.

58. Sanford Shepard: *El Pinciano y las teorías literarias del Siglo de Oro*. Segunda edición aumentada. 210 págs.

60. Joaquín Casalduero: *Estudios de literatura española*. Tercera edición aumentada. 478 págs.

61. Eugenio Coseriu: *Teoría del lenguaje y lingüística general (Cinco estudios)*. Tercera edición revisada y corregida. 330 págs.

62. Aurelio Miró Quesada S.: *El primer virrey-poeta en América (Don Juan de Mendoza y Luna, marqués de Montesclaros)*. 274 págs.

63. Gustavo Correa: *El simbolismo religioso en las novelas de Pérez Galdós*. Segunda edición, en prensa.

64. Rafael de Balbín: *Sistema de rítmica castellana*. Premio «Francisco Franco» del C. S. I. C. Segunda edición aumentada. 402 páginas.

65. Paul Ilie: *La novelística de Camilo José Cela*. Con un prólogo de Julián Marías. Segunda edición. 242 págs.

67. Juan Cano Ballesta: *La poesía de Miguel Hernández*. Segunda edición aumentada. 356 págs.

69. Gloria Videla: *El ultraísmo*. Segunda edición. 246 págs.

70. Hans Hinterhäuser: *Los «Episodios Nacionales» de Benito Pérez Galdós*. 398 págs.

71. Javier Herrero: *Fernán Caballero: un nuevo planteamiento*. 346 páginas.

72. Werner Beinhauer: *El español coloquial*. Con un prólogo de Dámaso Alonso. Segunda edición corregida, aumentada y actualizada. Reimpresión. 460 págs.

73. Helmut Hatzfeld: *Estudios sobre el barroco*. Tercera edición aumentada. 562 págs.

74. Vicente Ramos: *El mundo de Gabriel Miró*. Segunda edición corregida y aumentada. 526 págs.

75. Manuel García Blanco: *América y Unamuno*. 434 págs. 2 láminas.

76. Ricardo Gullón: *Autobiografías de Unamuno*. 390 págs.

77. Marcel Bataillon: *Varia lección de clásicos españoles*. 444 págs. 5 láminas.

80. José Antonio Maravall: *El mundo social de «La Celestina»*. Premio de los Escritores Europeos. Tercera edición revisada. 188 págs.

81. Joaquín Artiles: *Los recursos literarios de Berceo*. Segunda edición corregida. 272 págs.

82. Eugenio Asensio: *Itinerario del entremés desde Lope de Rueda a Quiñones de Benavente (Con cinco entremeses inéditos de Don Francisco de Quevedo)*. Segunda edición revisada. 374 págs.

83. Carlos Feal Deibe: *La poesía de Pedro Salinas*. Segunda edición. 270 págs.

84. Carmelo Gariano: *Análisis estilístico de los «Milagros de Nuestra Señora» de Berceo*. Segunda edición corregida. 236 págs.

85. Guillermo Díaz-Plaja: *Las estéticas de Valle-Inclán*. Reimpresión. 298 págs.

86. Walter T. Pattison: *El naturalismo español (Historia externa de un movimiento literario)*. Reimpresión. 192 págs.

88. Javier Herrero: *Ángel Ganivet: un iluminado*. 346 págs.

172. Benito Brancaforte: *Benedetto Croce y su crítica de la literatura española*. 152 págs.

173. Carlos Martín: *América en Rubén Darío (Aproximación al concepto de la literatura hispanoamericana)*. 276 págs.

174. José Manuel García de la Torre: *Análisis temático de «El Ruedo Ibérico»*. 362 págs.

175. Julio Rodríguez-Puértolas: *De la Edad Media a la edad conflictiva (Estudios de literatura española)*. 406 págs.

176. Francisco López Estrada: *Poética para un poeta (Las «Cartas literarias a una mujer» de Bécquer)*. 246 págs.

177. Louis Hjelmslev: *Ensayos lingüísticos*. 362 págs.

178. Dámaso Alonso: *En torno a Lope (Marino, Cervantes, Benavente, Góngora, los Cardenios)*. 212 págs.

179. Walter Pabst: *La novela corta en la teoría y en la creación literaria (Notas para la historia de su antinomia en las literaturas románicas)*. 510 págs.

180. Antonio Rumeu de Armas: *Alfonso de Ulloa, introductor de la cultura española en Italia*. 192 págs.

181. Pedro R. León: *Algunas observaciones sobre Pedro de Cieza de León y la Crónica del Perú*. 278 págs.

182. Gemma Roberts: *Temas existenciales en la novela española de postguerra*. 286 págs.

183. Gustav Siebenmann: *Los estilos poéticos en España desde 1900*. 582 págs.

184. Armando Durán: *Estructura y técnica de la novela sentimental y caballeresca*. 182 págs.

185. Werner Beinhauer: *El humorismo en el español hablado (Improvisadas creaciones espontáneas)*. Con un prólogo de Rafael Lapesa. 270 págs.

186. Michael P. Predmore: *La poesía hermética de Juan Ramón Jiménez (El «Diario» como centro de su mundo poético)*. 234 págs.

187. Albert Manent: *Tres escritores catalanes: Carner, Riba, Pla*. 338 páginas.

188. Nicolás A. S. Bratosevich: *El estilo de Horacio Quiroga en sus cuentos*. 204 págs.

189. Ignacio Soldevila Durante: *La obra narrativa de Max Aub (1929-1969)*. 472 págs.

190. Leo Pollmann: *Sartre y Camus (Literatura de la existencia)*. 286 páginas.

6. *Todo Ben Quzmān*. Editado, interpretado, medido y explicado por Emilio García Gómez. 3 vols.

7. *Garcilaso de la Vega y sus comentaristas (Obras completas del poeta y texto íntegro de El Brocense, Herrera, Tamayo y Azara)*. Edición de Antonio Gallego Morell. Segunda edición revisada y adicionada. 700 págs. 10 láminas.

V. DICCIONARIOS

1. Joan Corominas: *Diccionario crítico etimológico de la lengua castellana*. En reimpresión.

2. Joan Corominas: *Breve diccionario etimológico de la lengua castellana*. Tercera edición muy revisada y mejorada. 628 págs.

3. *Diccionario de Autoridades*. Edición facsímil. 3 vols.

4. Ricardo J. Alfaro: *Diccionario de anglicismos*. Recomendado por el «Primer Congreso de Academias de la Lengua Española». Segunda edición aumentada. 520 págs.

5. María Moliner: *Diccionario de uso del español*. Reimpresión. 2 vols.

VI. ANTOLOGÍA HISPÁNICA

1. Carmen Laforet: *Mis páginas mejores*. 258 págs.

2. Julio Camba: *Mis páginas mejores*. Reimpresión. 254 págs.

3. Dámaso Alonso y José M. Blecua: *Antología de la poesía española. Lírica de tipo tradicional*. Segunda edición. Reimpresión. LXXXVI + 266 páginas.

6. Vicente Aleixandre: *Mis poemas mejores*. Tercera edición aumentada. 322 págs.

7. Ramón Menéndez Pidal: *Mis páginas preferidas (Temas literarios)*. Reimpresión. 372 págs.

8. Ramón Menéndez Pidal: *Mis páginas preferidas (Temas lingüísticos e históricos)*. Reimpresión. 328 págs.

9. José M. Blecua: *Floresta de lírica española*. Tercera edición aumentada. 2 vols.

11. Pedro Laín Entralgo: *Mis páginas preferidas*. 338 págs.

12. José Luis Cano: *Antología de la nueva poesía española*. Tercera edición. Reimpresión. 438 págs.

13. Juan Ramón Jiménez: *Pájinas escojidas (Prosa)*. Reimpresión. 264 págs.

Homenaje Universitario a Dámaso Alonso. Reunido por los estudiantes de Filología Románica. 358 págs.

Homenaje a Casalduero. 510 págs.

Homenaje a Antonio Tovar. 470 págs.

Studia Hispanica in Honorem R. Lapesa. Vol. I: 622 págs. Vols. II y III, en prensa.

José Luis Martín: *Crítica estilística*. 410 págs.

Vicente García de Diego: *Gramática histórica española*. 3.ª edición revisada y aumentada con un índice completo de palabras. 624 págs.

Graciela Illanes: *La novelística de Carmen Laforet*. 202 págs.

François Meyer: *La ontología de Miguel de Unamuno*. 196 páginas.

Beatrice Petriz Ramos: *Introducción crítico-biográfica a José María Salaverría (1873-1940)*. 356 págs.

Los «Lucidarios» españoles. Estudio y edición de Richard P. Kinkade. 346 págs.

Vittore Bocchetta: *Horacio en Villegas y en Fray Luis de León*. 182 páginas.

Elsie Alvarado de Ricord: *La obra poética de Dámaso Alonso*. Prólogo de Ricardo J. Alfaro. 180 págs.

José Ramón Cortina: *El arte dramático de Antonio Buero Vallejo*. 130 págs.

Mireya Jaimes-Freyre: *Modernismo y 98 a través de Ricardo Jaimes Freyre*. 208 páginas.

Emilio Sosa López: *La novela y el hombre*. 142 págs.

Gloria Guardia de Alfaro: *Estudios sobre el pensamiento poético de Pablo Antonio Cuadra*. 260 págs.

Ruth Wold: *El Diario de México, primer cotidiano de Nueva España*. 294 págs.

Marina Mayoral: *Poesía española contemporánea. Análisis de textos*. 254 págs.

Gonzague Truc: *Historia de la literatura católica contemporánea (de lengua francesa)*. 430 págs.

Wilhelm Grenzmann: *Problemas y figuras de la literatura contemporánea*. 388 págs.

Antonio Medrano: *Lingüística inglesa*. 408 págs.

Veikko Väänänen: *Introducción al latín vulgar*. 414 págs.